古典文獻研究輯刊

十 編

潘美月・杜潔祥 主編

第 1 冊

十編總目

編 輯 部 著

莫伯驥五十萬卷樓藏書研究

劉 振 琪 著

國家圖書館出版品預行編目資料

莫伯驥五十萬卷樓藏書研究／劉振琪 著 — 初版 — 台北縣永
和市：花木蘭文化出版社，2010〔民 99〕
目 2+274 面；19×26 公分
（古典文獻研究輯刊 十編；第 1 冊）
ISBN：978-986-254-139-5（精裝）
1. 莫伯驥 2. 傳記 3. 私家藏書 4. 私藏目錄 5. 研究考訂
029.88   99001801

ISBN - 978-986-254-139-5

9 789862 541395

古典文獻研究輯刊
十 編 第 一 冊   ISBN：978-986-254-139-5

莫伯驥五十萬卷樓藏書研究

作　　者　劉振琪
主　　編　潘美月　杜潔祥
總 編 輯　杜潔祥
企劃出版　北京大學文化資源研究中心
出　　版　花木蘭文化出版社
發 行 所　花木蘭文化出版社
發 行 人　高小娟
聯絡地址　台北縣永和市中正路五九五號七樓之三
　　　　　電話：02-2923-1455／傳真：02-2923-1452
網　　址　http://www.huamulan.tw 信箱 sut81518@ms59.hinet.net
印　　刷　普羅文化出版廣告事業
初　　版　2010 年 3 月
定　　價　十編 20 冊（精裝）新台幣 31,000 元

十編總目

編輯部　編

《古典文獻研究輯刊》十編　書目

《十編》各書作者簡介‧提要‧目次

第一冊　莫伯驥五十萬卷樓藏書研究

作者簡介

劉振琪，一九六七年出生於台中市。東海大學中文所碩士，中山大學中文所博士候選人。現任中州技術學院通識教育中心專任講師。主要研究領域為台灣文學、台灣現代詩。撰有〈《虞註杜律》之作者爭議及其板本介紹〉、〈朱天心小說〈從前從前有個浦島太郎〉析論〉、〈讀皮錫瑞《經學歷史》箚記〉、〈論清末民初學界之「排荀」與「尊荀」〉、〈李清照詩文析論〉、〈七等生〈我愛黑眼珠〉的接受美學分析〉、〈沈默的垂釣者——羅浪詩析論〉、〈笠詩社詩人「生肖詩」研究——以杜國清、非馬、陳鴻森作品為討論對象〉……等論文十餘篇。

提　要

莫伯驥，字天一，廣東東莞人，清光緒四年生，民國四十七年卒（西元一八七八至一九五八），享年八十一歲，是近代廣東著名的藏書家，藏書處所名為「五十萬卷樓」，著作傳世者有《五十萬卷樓藏書目錄初編》及《五十萬卷樓群書跋文》兩部藏書目錄。本論文分為五章：第一章：介紹莫伯驥的生平，以明其藏書背景，採傳記方式，列其事蹟、志趣；交游部份，簡介與莫氏往來頻繁之友朋，知其以書交友之情形；從莫氏藏書題跋中，整理其著述之概略內容。第二章：分析莫氏藏書的來源，並繪製表格以明其藏書之版本，接著論述圖書散佚狀況，藉以了解其藏書之價值和流散之情形，最後說明整理利用之情形，並分析藏書內容。第三章：綜論莫氏之藏書目錄，首先釐清《初編》及《跋文》

之關係，再闡述題跋撰寫體例及分類情形，藉以考知其類例。第四章：對《五十萬卷樓藏書目錄》之解題內容作一分析，舉例說明其義例，藉以呈現莫氏在目錄版本學上的成就和特色。第五章：略述《五十萬卷樓藏書目錄》之優缺點，以明其價值。

目　次

第二、三、四、五冊　陳振孫之文學及其《直齋書錄解題》集錄考證

作者簡介

何廣棪，字碩堂，號弘齋。早歲追隨羅元一（香林）、李幼椿（璜）、王懷冰（韶生）諸教授問學最久，獲益良多。其後則親炙饒選堂（宗頤）教授，以迄於茲。良師耳提面命，言教身教之餘，品學日以進。終乃獲香港新亞研究所文學博士學位。民國八十二年（1993）東渡赴臺，受聘華梵大學東方人文思想研究所教授，後兼所長，在臺凡十六年。近榮休賦歸，仍出任香港樹仁大學、新亞研究所教授。平素勤於治學，著述頗富，以鑽研李清照、陳振孫成績卓著而負盛名，甚受海峽兩岸三地學人注目與揚譽。

提　要

撰人對陳振孫及其《直齋書錄解題》研究多年，功力湛深，前此已就振孫其人其書暨其經、史、子三方面學術撰作成書，由花木蘭文化出版社付印行世。

本書命名《陳振孫之文學及其〈直齋書錄解題〉集錄考證證》，及繼前三書之後，續而鑽研振孫文學及針對《解題》集錄進行考證。

全書凡六章：首章〈緒論〉，二章〈陳振孫文學創作考述〉，三章〈陳振孫對文學書籍之收藏、編理與識見〉，四章〈《直齋書錄解題》集錄分類及其對集部書籍之評價〉，五章〈《直齋書錄解題》集錄考證〉，六章〈結論〉。另附「參考書目」、「參考文獻」、「〈《直齋書錄解題》集錄考證〉書名索引」、「〈《直齋書錄解題》集錄考證〉著者索引」，均置書末，以供檢索。

有關陳振孫文學及其《解題》集錄考證，自宋以還，以迄當世如陳樂素、喬衍琯、武秀成、張守衛諸君子，均未有能作深入而詳備之鑽研者。本書則對上述問題作全方位探討，故研究所就，確時下有重大突破，遠邁前人；至

所得成績之超越，亦恐非學人所易逮也。

目　次

第六冊　《史記・六國年表》與史料編纂

作者簡介

劉俊男，1978 年生，台灣台北人，東吳大學歷史學研究所碩士班畢業。興趣及專長爲《史記》研究。

提　要

〈六國年表〉記載了周元王元年（西元前 476 年）至秦二世滅亡（西元前 207 年）約兩百七十年的歷史，爲研究戰國史之重要史料。本文藉著分析〈六國年表〉序文，以深入了解司馬遷創作〈六國年表〉之意圖，並嘗試以〈六國年表〉表內文字、紀年、記事與相關史料做詳細的比對，來突顯〈六國年表〉的特色。一般而言，〈六國年表〉除了具有「整齊年差」的功能之外，亦是司馬遷「通古今之變」思想的實踐──即劃分出春秋之後至秦滅這一段歷史時期，以其中的歷史事件，說明秦與六國興滅的原因。但因史料不足和若干編輯、思想上的考量，使得〈六國年表〉幾乎僅是以秦國史料《秦記》爲骨幹所撰寫出來的，雖大致保存了原始史料《秦記》的風貌，卻也使〈六國年表〉呈現的內容有不小的侷限性，無法眞正全面客觀地還原戰國史實。無論如何，在漢儒一味反秦的聲浪當中，司馬遷以秦國史料《秦記》爲主所撰寫的〈六國年表〉，用獨特的形式羅列了各國史事，展現出司馬遷重視在歷史事實中探索影響個人乃至於國家盛衰的因素，以給予後人借鑒和反思的精神。

目　次

第七冊　《廿二史箚記》研究

作者簡介

黃兆強：祖籍廣東省番禺縣（今隸廣州市），1951 年 11 月出生於香港。

先後畢業於香港浸會大學、香港新亞研究所及法國巴黎大學。博士學位論文以最優等（TRES HONORABLE）成績通過。在香港肄業期間，先後所追隨之史學界耆宿，計有章群、羅炳綿、蕭作樑、孫國棟、羅夢冊、嚴耕望、全漢昇等等；哲學界則有唐君毅、牟宗三；教育界則有吳俊升；文史哲學界則有徐復觀諸大師。負笈法國期間，博士論文導師則爲國際漢學界泰斗謝和耐教授（J. GERNET）。此外，嘗從遊之著名漢學家計有桀溺（J.-P. DIENY）、施舟人（K. M. SCHIPPER）、吳德明（Y. HERVOUET）、雷威安（A. LEVY）等等教授。1987 年迄今任教於東吳大學歷史學系。其間嘗擔任系主任（1995-98、2001-2004）、人文社會學院院長（2004-07）、錢穆故居執行長（2008- ）。主要研究領域爲明清學術史、史學史。近今則從事現代新儒家（尤其唐君毅先生之歷史哲學）之研究。

提　要

　　本書除〈緒言〉及第四章〈綜論〉外，主要內容計有三章。第一章旨在考辨《廿二史記》一書的作者。其實，前賢如杜維運先生對這個課題已做過研究（詳見《趙翼傳》）；其結論精當不可易。筆者不揣譾陋，以四萬字的篇幅，在資料更豐富、方法更周延、論證更細密的情況下，對該問題，再作探討。

　　趙翼學術上最大的成就是史學，代表作是《廿二史記》。世人藉該書以研究他的史學，比比皆是。然而，一般都只注意他如何綜述、剖析、批判廿二史（其實是廿四史）之編纂體例、編纂方法及如何考證、綜合、歸納此等正史所載之史事而已。然而，《記》一書，尤其末尾數卷，其實是相當廣泛地涉獵稗乘小說的。趙氏本人對援引這些書籍以治史究竟抱持何種態度？史官纂修正史時，曾篩選、棄置用不上的稗史小說；後人重撿再拾這些書籍，並據以糾駁正史，趙氏又有甚麼意見等等問題，都是前賢比較不曾注意的。上述種種問題，便構成本書第二章所要探討的內容。

　　第三章是順隨第二章而來的。筆者蒐羅排比《記》所徵用援引的各種野史之後，發覺此等書籍的應用途徑，若隱隱然有一規律可尋。剋就與正史的關係來說，野史到底扮演怎麼樣的角色？是主角？抑只是配角？或與正史同爲主角？在書中相關條目中，居正位（成爲正文的一部份）？抑居輔位（只出現在趙氏的自註中）？又野史可曾完全"獨立自主"過，不與正史發生任何轇轕，而成爲趙氏做"記"的對象？以上種種問題的答案，可否揭示趙氏對野史刮目相看，而實有不可貶視的地位？上述種種問題，便構成了本書第

三章所處理的對象。

目　次

第八冊　《孫子兵法》與《吳子兵法》比較研究

作者簡介

孫建華，1955 年 1 月 2 日生於苗栗，學齡前遷於新竹眷村成長（貿易八村），小學就讀於建功國小，最後一屆初中的犧牲品（竹二中），翹課與麻將的三年高中（竹東高中），連續考四年的大專聯考。

1976 年以老童生考取大學，1980 年畢業於文化大學中文系，1982 年服預官役畢，1982 年至 2005 年任職軍訓教官，2003 年畢業於玄奘大學中文研究所，曾任職明新科技大學講師，現任職空中大學講師。

提　要

研究範圍以先秦兵學為主，其中《孫子兵法》以台灣中華書局出版之據平津館本校刊四部備要子部本為主；《吳子兵法》同樣以台灣中華書局出版之據平津館本校刊四部備要子部本為主。

研究方法先從孫武、吳起當時背景、社會狀況做一概略說明，再探討儒、道、墨、法四家兵學思想，接著探討《左傳》，綴之《尚書》、《詩經》之相關論述，因《左傳》詳於敘事，尤其全書記錄了四百九十二起戰爭，其中又有行人辭令往往是相互較勁之工具，因此行人附焉。次論其人、其書及思想，最後做一比較，分政治、經濟、軍事、心理、特殊見解、軍事上的仁本觀、不合時宜及難解之處等七方面來比較。

中國古書，向來不乏探討其真偽及作者為何人，二子自不例外，因此本

文於第二章人物篇，皆有專文敘述。

　　二書皆名兵法，所以多從軍事角度觀之，故軍事方面論述爲主，但中國古時兵家之言，從未離仁，故「仁本」是非常重要的觀念，因仁本之故，方知「以民爲本」，「本固邦寧」之道，所取《尙書》、《詩經》、《左傳》皆然，儒、道、墨、法各家亦然，故以仁本論述爲輔，庶幾從事軍事者，知所取捨矣。

目　次

第九、十冊　《文選》選詩研究

作者簡介

　　楊淑華，台中師專語文組、臺灣師大國文系畢業。民國七十八至八十二年間就讀臺灣師大國文研究所碩士班，師事邱燮友教授，撰寫《文選選詩研究》；八十六至九十二年間就讀成功大學中文研究所博士班，師事張高評教授，撰成《方東樹《昭昧詹言》及其詩學定位》，現任國立台中教育大學語文教育學系副教授。另有《臺灣當代小說論評》（1999，春暉）、《語文教學與應用》（排版中）等合著專書出版。

提　要

　　基於對傳統選集在文學批評意義上的疑惑，本論文針對《文選》詩卷進行選錄現象的統計與分析，探究其藉實際批評所呈現的詩歌評價與理論。

　　正文六章約依以下三個層次展開論述：

　　第一、二章先考辨全書之編纂時間、成員、選材與背景等選集基礎，以及版本異同、編輯體例等構成《文選》評論的客觀條件，以使時空的詮釋、材料的選用有較具體而清楚的立論點。

　　第三、四章則藉由選錄原則的釐析、詩篇選目的分析、選錄地位的比較、和歷代詩話評價的縱橫聯繫，以檢證學者對《文選》選詩現象的諸多批評是否屬實？比對《文選》選編者對於各詩家的評價與定位為何？

　　第五、六章則綜觀前述量化統計結果，配合詩篇內容分析與詩人其他創作、後代選集等比較，以評估《文選》所選詩篇於各家、各類詩中之代表性；並舉與同代《玉臺新詠》略作比較，彰顯《文選》詩卷之評論特色。而後，並統整前述各章所分析的選錄線索，結合序文、編者論述等文獻，將《文選》選詩所呈現的評論內涵歸納為詩歌原理、詩歌源流、詩歌體類、詩歌批評四個面向論述。

　　經此研究，可確定《文選》的評詩理論因立足當代、遵循時尚著重實用之傾向，而致評論之開創性不足、評選亦未能對後世發揮持續性影響。但回歸文學史應考察文學活動實象之目的考察，《文選》選詩實已充分反應齊梁當代評詩風尚與論詩觀點，並對後續唐代詩學產生具體影響，故雖無《文新雕龍》之論理、《詩品》之品藻，仍當為齊梁文論的主脈之一，在中國文學評論史中佔有更顯著、明確的地位。

目　次

上　冊

第十一、十二、十三冊　洪邁生平及其《夷堅志》之研究

作者簡介

　　王年双，台北縣人，國立政治大學中國文學研究所博士。曾任蒙藏委員會聘用專員，蒙藏月刊總編輯，中華工業專科學校講師，現為國立彰化師範大學教授。專長為小說研究、文法與修辭、國文教學研究。

提　要

　　本書分"洪邁生平"與"夷堅志研究"兩部分，洪邁父親洪出使金國，三兄弟都以博學宏詞科入仕，次兄洪遵還官至宰相，他也以博學多聞，官至中書舍人。

　　他以容齋隨筆和夷堅志兩部著作知名，前書為世所重，甚至以毛澤東鍾愛一生，臨終閱讀，喧騰一時。然而以洪邁個人著述態度而言，夷堅志之作，時間最早，持續最久，積力也最深，不能單純以"好奇之過"視之。

　　他長期為史官，熟於朝章制度，也以此見重當時，作夷堅志，未嘗不是史學的延伸，將幽明神鬼之事，記錄以下，留給後人。由於故事來源不一，講述者各異，正表現了當時士庶的集體觀念，基此，本人採取容格原型理論，從集體潛意識下手，分析鬼怪故事潛藏的人類心理機制，更重要的看出南宋人不同於以前的社會心理。

目　次

第十四冊　馮夢龍編作《三言》的社會經濟基礎

作者簡介

黃明芳，中山大學中文碩士。台北海洋技術學院專任講師。

提　要

　　整個文學作品的創作與鑑賞的過程是由作者、作品和讀者之間相互組成。以馮夢龍而言，學者多著重對三言之研究，雖然已有學者對生平做一些探討，但是對於馮夢龍所處時代背景和地理環境與他所以從事通俗文學的搜輯和編撰間的關係還是著墨太少，故本篇論文由了解馮夢龍的出身、經濟和教育背景、生活方式、活動地點、社會地位與在社會中的各種關係入手。

　　本篇論文主要由三個部分組成：

　　第一章馮夢龍的生平與三言編作，由分析馮夢龍的生平資料入手，藉以獲知馮夢龍一生主要活動地爲蘇州，而所與交往者亦以蘇州文人居多，因而以蘇州府爲中心展開討論。嘗試尋求可能影響其編作三言的因素。後文即從兩個方面著手：一爲所處的文化環境，一爲區域的社會經濟條件。

　　第二章馮夢龍與蘇州文風的關係，由觀察蘇州文人的生活言行之表現入手，試圖了解蘇州文風的內涵。進而觀察蘇州整個大環境所蘊釀出的文化氛圍是否對馮夢龍產生影響。

　　第三章馮夢龍編三言與明季的社會經濟，欲探討蘇州一地文化事業興盛的外在基礎──經濟繁榮。因爲經濟繁榮帶動文化事業的發展，亦促使文學

形式產生變化。在經濟不虞匱乏後，為滿足人民精神娛樂之需求，加上印刷事業之發展，書價因而低廉，使市場需求激增，書坊有利可圖，於是結文士大量編輯刊刻。馮夢龍即從事這樣的工作。

擬話本之產生是有一定的條件：包括文參與、民眾需求、印刷事業發展與書賈們刊刻出版。由馮夢龍的例子來看，適可為這些條件的結合做一例證。

目 次

《水滸後傳》研究

作者簡介

　　趙淑美，臺灣台中人。國立中興大學中國文學系畢業，後進入東海大學中文研究所碩士班就讀。在研究所期間，受教於知名學者李田意和羅錦堂二位教授，對於中國文學史、中國古典小說、元曲等的研究，涉獵頗深。尤其專長於中國古典小說。因畢業論文為《水滸後傳研究》，故而陸續發表了一系列有關《水滸傳》續書研究的文章，分別刊登於《修平學報》上。

　　現今從事於教職，為台中縣大里市修平技術學院教師。

提　要

　　水滸英雄自征方臘回來後，個個早已安居樂業，誰知朝廷中的奸佞小人，仍要興風作浪，惹事生非，致使英雄們不得不起來反抗，因而再次的聚集在一起。英雄們雖然懲治了這些奸佞惡人，但仍阻止不了童貫等人的誤國，而道君皇帝在宋江等人被害後，仍然執迷不悟。欽宗更聽信郭京等人的話，不理國事，終於把整個美好河山，白白送掉，以致身陷敵人之手，百姓亦遭塗炭。

　　梁山泊英雄們原是抱著滿腔熱血，想要抵禦外侮，報效國家。然而，當

情勢無法挽回時，再加上朝廷的高宗，本有中興的指望，不料仍用一般奸佞之臣。既是正人君子遭受排擠，加上國內已無立身之地，英雄們只好前往海外投靠李俊，以成就另一番大事業。

既身遭亡國之痛，又認識了失國的經驗教訓，陳忱因而極力在書中，發揚水滸英雄的愛國精神，與鼓吹民族氣節，並且寄託了他的理想，因為陳忱所要告訴世人的，是他要表揚忠義之士。這些忠義之士，不是朝廷上的近臣勳戚，而是草野鄉民，他們才是真正的英雄豪傑。故而讓他們終能在海外立國，期能早日驅逐敵人，光復神州，以續創另一番豐功偉業。所以海外的暹羅，就是英雄們興復宋室的根據地，同時也是陳忱企望「反清復明」，而託旨遙深的真意所在。

目　次

第十五冊　《山海經》山經祭儀初探

作者簡介

　　龍亞珍，國立政治大學中國文學研究所博士。著有碩士論文：《山經祭儀初探》，博士論文：《先秦兩漢山岳信仰研究》，與〈苦悶的象徵——永州八記〉、〈中庸之道根源試探　個神話傳說的考察〉、〈青詞試探——周西波〈杜光庭青詞作品初探〉讀後〉、〈關於道藏蠱儀與蠱神話的討論〉、〈史前山嶽信仰考察：三星堆祭山圖初探〉等多篇論文。主要研究領域爲：中國古代山嶽信仰、中國古代神話、《詩經》、《楚辭》、《山海經》等。

提　要

　　本論文以《山海經》山經祭儀爲研究主題。該祭儀是目前所能見到的先秦山嶽祭祀最完整的記錄。本論文主要內容即在於闡釋山經各個祭祀用語的起源與意義，探討山經各項祭品的使用情形、祭祀方法，與宗教義蘊，最後綜合論述山經山嶽祭祀的等級與形成原因。由於山經祭儀與殷商二代關係密

切，因此本論文在討論山經各項祭儀之前，皆先據殷周文獻與考古資料，論述殷周兩代相關的祭祀現象，作為研究山經祭儀的基礎。全書分為九章，先討論山經祭儀專用語「祠」字的意義，再依山經祭儀，以《山經》祭品：祭牲、祭玉、祭米為綱，分別詮釋其祭牲術語「毛」字、祭玉術語「嬰」字、祭米術語「糈」字的來源與宗教意義。繼則逐一探討山經祭儀的祭牲：牢牲、羊、彘、豚、犬、雞、魚，祭玉：璧、珪、珪璧、璋、玉、吉玉、藻玉、瑜，祭米：稌、稻、黍、稷、五種之糈的使用情形、祠祭方法，及其所具有的宗教意義與特色。末章為前八章分論的總結，總論山經祭儀體系中的兩大祭祀等級：一般眾山，與特殊山嶽：「帝」、「神」、「魁」、「冢」的差異與形成之因。以為山經原始資料來自周朝王室的檔案，但可能經過楚人整理，故其祭儀有繼承自殷周祭祀的特質，也有楚國獨具的特點。且隱約流露了編輯者的宇宙觀和神靈世界的次序。

目　次

第十六冊　周達觀《眞臘風土記》研究——十三世紀末中國華人的域外訪察與文化交流

作者簡介

　　何修仁，1964 年生，台灣屏東人，國立中央大學中國文學研究所畢，現任職國立聯合大學華語文學系。主要研究方向為：華人社會與文化、中國文學、中國藝術、多媒體與華語教學、寫作學。出版專書《美術鑑賞》、《旅遊與藝術欣賞》、《吳哥窟——叢林裡的眾神之城》、《中國藝術欣賞入門》，散文集《法雲》、《禪歌》、《九十九朵曇花》、《印象山城》等，並發表多篇學術論文。

提　要

　　十三世紀末，亞洲的中國版圖主要由蒙古人執行實際統治權，這支具有外拓性格的游牧民族建立了中國歷史上的正統朝代：「大元」，並展開對海外征伐、探索與貿易活動。其中，征伐東亞及東南亞的行動均以失利告終，但

在探索活動中，元朝則產出中國地理文獻的關鍵性報告，足以反映當時中國華人對域外的訪察與文化交流現象。

　　其中，周達觀的《真臘風土記》爲關鍵代表作。周達觀在一次官訪的行動中抵達真臘，停留約一年時光，返國後撰成此書，保留當時中、真之間的交流情況。《真臘風土記》成書以來，在中國引起的迴響不大，因此《元史》不記錄周達觀本傳，但《真臘風土記》卻在近代歐洲引起重視，以其是柬埔寨古史唯一書面資料，法國考古學家並因之重新發現吳哥古文明遺跡，價值不言可論。

　　《真臘風土記》全書計四十則，充分記錄真臘一地風土，並提及與中國的貿易關係，反映周達觀的思維觀點。經由梳理詮釋，得以釐清當時中國華人對異域的看法，並瞭解當時周達觀出訪使團的主要任務，乃在於貿易訪問考察。從中也得以理解貿易現象的本質觀察與活動，主要將以文化交流爲主軸，這有助我們觀察、探究七百年前中國華人社會的思維模式，經由傳統文獻提供的檢索，更多層面地提供當代的反省。

目　次

第十七、十八冊　王靜安先生生平及其學術

作者簡介

　　陳光憲博士，1942 年生於台北市。台北市立教育大學博碩士生指導教授、專任德明財經科技大學講座教授，兼任文官培訓所專題講座教授。

　　曾任教育大學應用語言文學研究所所長、副校長，德明科技大學前校長、人間福報專欄寫作，1998 年榮獲教育學術貢獻木鐸獎。

　　主要著作有《范仲淹文學與北宋詩文革新》、《實用華語文閱讀寫作教學》、《神采飛揚》、《戰勝自己》、《絕無盲點》，編著《生活禮儀》、《現代孝經倫理》及有聲光碟《鄉土語言數位教學》、《盛唐三家詩的饗宴》、《唐詩宋詞的饗宴》等。

提　要

　　海寧王靜安先生，一代大儒也。生平無論治甲骨、金文、文字、聲韻、訓詁、史地學、敦煌學、戲曲學、均能深造自得，詩、詞、駢、散文亦靡不精工。

　　先生治學，凡經數變，早年醉心西洋哲學，尤喜叔本華、康德之說；繼而治詩詞、小說，有《人間詞話》、《茗華詞》、〈紅樓夢評論〉之撰著；中年

轉攻小學以及甲骨金文之學，創以古文字研究古史，發明甲骨綴合之法，用以考證殷商制度，創或至多，終至蜚聲中外；晚年專研西北史地，於蒙古史料、遼金邊陲史地，有突破性之發現。

本書之撰著，旨在綜論先生之學術，俾後之學者知其爲學之方法，效其治學之精勤，進而繼先生未竟之志，以光大我中華之學術。

本書之撰計分十二章，首章緒論敘先生之治學及其學術貢獻，第二章述其生平、交遊及其自沉，第三章至十一章申其志事，述其絕學，論述先生甲骨金文之學、文字聲韻之學、古史學、西北史地學、敦煌學，而以先生之文學殿之。

本書撰寫期間，爲求客觀嚴謹，曾拜訪先生次女王東明女士於台北永和，據以撰寫先生年表，用以補正趙萬里、姚名達二氏撰著年譜、年表漏列先生五子慈明之缺憾，書後並附有王東明女士所撰〈先父王國維自沉前後〉，以供讀者參閱。

目　次

第十九、二十冊　《魚山聲明集》研究──中國佛教梵唄發展的考察

作者簡介

　　賴信川，台灣台北縣人。台灣華梵大學東方人文思想研究所文學碩士，香港新亞研究所文學博士。學術專長爲中國文學史、中國思想史、佛教史、梵唄史及佛典翻譯等。歷任光武技術學院、北台科技學院、德霖技術學院、經國管理暨健康學院、國立台北商業技術學院等多校通識學科教師。現任淨覺僧伽大學（泰國摩訶朱拉隆功佛教大學台灣分校）、經國管理暨健康學院、國立台北商業技術學院通識教育中心兼任助理教授，主授語文及佛教學相關學科。著有《一路念佛到中土──梵唄史談》、《遊心法海》。

提　要

　　梵唄，固然可以當作佛教藝術／音樂的層面來研究，然而梵唄不僅只是音樂藝術而已，最重要的：它是一個成佛做祖的方便道──「戒、定、慧」三無漏學之藝術。如果忽略了梵唄在佛教教理上的位置，將無法探得梵唄的真實面貌。而研究中國佛教的梵唄發展史，需要一個有利的視角，以方便切入發展上的脈絡，使成爲全面性開展考察的基礎。《魚山聲明集》符合了這個條件，它不僅是自唐以來流傳至今，日本佛教天臺宗的「聲明集」，更是一本收錄了隋唐風格的梵唄課誦本。其所具備的條件正可以扮演了這個切入中國佛教梵唄研究的重要角色，因此選擇了本書作爲學位論文的研究主題。本研究是以「梵唄的四個重要基源問題」所構成的「梵唄研究模型」作爲考察基礎，「梵唄的四個重要基源問題」，也就是以「結構論」、「角色論」、「功能論」與「歷史觀」的架構作爲本研究的開展。就此將本研究的章節敘述如次：

　　第一篇序論，在「序論」中下屬三章，分別是：第一章、《魚山聲明集》研究的主題；第二章、前人研究成果及佛教梵唄與音樂的研究徑向；第三章、本論文的研究方法。

　　第二篇爲聲明的意義與唄讚文化的發展，這一篇是用來作爲了解「魚山聲明」的背景知識，下屬三章二節，分別是：問題點之所在；第四章、「聲明」與「梵唄」；第五章、梵唄的功能與角色思想；第六章、印度與我國自漢魏到隋唐唄讚文化的發展；小結。

　　第三篇爲隋唐梵唄的遺風──《魚山聲明集》，這篇就是研究本文主題

《魚山聲明集》的成果，下分三章二節，內容如次：問題點之所在；第七章、
《魚山聲明集》的編訂及其流傳；第八章、《魚山聲明集》內容的特色與構
造；第九章、《魚山聲明集》的保存與研究現況；小結。

　　第四篇爲總結——《魚山聲明集》帶給我們的啓示，該篇不分章，直接
分成四節，內容如次：第一節、禮失而求於諸野；第二節、現行臺灣梵唄研
究方式的省思；第三節、成立「佛教梵唄史」的條件；第四節、「魚山聲明」
研究的未來展望。

目　次

莫伯驥五十萬卷樓藏書研究

劉振琪　著

作者簡介

劉振琪，一九六七年出生於台中市。東海大學中文所碩士，中山大學中文所博士候選人。現任中州技術學院通識教育中心專任講師。主要研究領域為台灣文學、台灣現代詩。撰有〈《虞註杜律》之作者爭議及其板本介紹〉、〈朱天心小說〈從前從前有個浦島太郎〉析論〉、〈讀皮錫瑞《經學歷史》劄記〉、〈論清末民初學界之「排荀」與「尊荀」〉、〈李清照詩文析論〉、〈七等生〈我愛黑眼珠〉的接受美學分析〉、〈沈默的垂釣者——羅浪詩析論〉、〈笠詩社詩人「生肖詩」研究——以杜國清、非馬、陳鴻森作品為討論對象〉……等論文十餘篇。

提　　要

　　莫伯驥，字天一，廣東東莞人，清光緒四年生，民國四十七年卒（西元一八七八至一九五八），享年八十一歲，是近代廣東著名的藏書家，藏書處所名為「五十萬卷樓」，著作傳世者有《五十萬卷樓藏書目錄初編》及《五十萬卷樓群書跋文》兩部藏書目錄。本論文分為五章：第一章：介紹莫伯驥的生平，以明其藏書背景，採傳記方式，列其事蹟、志趣；交游部份，簡介與莫氏往來頻繁之友朋，知其以書交友之情形；從莫氏藏書題跋中，整理其著述之概略內容。第二章：分析莫氏藏書的來源，並繪製表格以明其藏書之版本，接著論述圖書散佚狀況，藉以了解其藏書之價值和流散之情形，最後說明整理利用之情形，並分析藏書內容。第三章：綜論莫氏之藏書目錄，首先釐清《初編》及《跋文》之關係，再闡述題跋撰寫體例及分類情形，藉以考知其類例。第四章：對《五十萬卷樓藏書目錄》之解題內容作一分析，舉例說明其義例，藉以呈現莫氏在目錄版本學上的成就和特色。第五章：略述《五十萬卷樓藏書目錄》之優缺點，以明其價值。

引　言

　　我國的私人藏書，淵源甚早。漢以前即有私人收藏，《莊子》〈天下篇〉稱「惠施多方，其書五車。」〔註1〕是較早的記載。東漢以後，紙墨之用漸廣，書籍之流傳較易，經魏晉六朝，至唐代中期，雕版印刷術發明後，〔註2〕對藏書事業具有推波助瀾之功。宋代之後，私藏之風漸盛，明代更是愈見其烈，至清則達到了極盛時期，而藏書家無論於版本、目錄、校讎、考據之學，均較前代出色，成就斐然。潘師美月曾云：

　　　　欲察一時代學術文化之盛衰，輒可於其典籍收藏的豐富與否窺見消

　　　　息。故我國歷史上每屆易代之際，或逢盛世明主，往往廣肆搜訪，

　　　　增益所藏，宏獎風流，學術以昌。〔註3〕

經籍之收藏，實有益於學術文化的提昇。高禩熹以為：

　　　　藏書家挾其收藏之富，以資考訂、校讎、賞鑑，及廣流傳，多兼而

　　　　有之。雖所重者未盡相同，而其有功於學術文化則一。〔註4〕

洪有豐亦認為歷代藏書家之裨助學術，貢獻社會者有四：「一、讎校鈔藏之專精。二、利便好學之士。三、多自致於深造之學問。四、保存傳留希貴之典冊。」〔註5〕此外，潘銘燊亦認為私人藏書對社會文化之貢獻有五：「一、保

〔註1〕陳登原，《中國典籍史》，頁300。台北：樂天出版社，民國60年4月台一版。

〔註2〕雕版印刷的起源，有多種說法，此處採潘美月先生《圖書》第三章〈印刷術的發明及唐五代的圖書〉，頁44的論點。

〔註3〕潘美月，《宋代藏書家考》，頁1。台北：學海出版社，民國69年4月出版。

〔註4〕高禩熹，〈清季藏書四大家考〉，《教育資料科學月刊》第九卷第二期，頁31，民國65年3月。

〔註5〕洪有豐，〈清代藏書家考〉，《圖書館學季刊》第一卷第一期，頁40～41，民國15年3月。

存圖籍，流傳後世。二、綴輯零編，裒輯遺文。三、校讎眾本，是正舛誤。四、借閱流通，嘉惠學林。五、刊布善本，輯印叢書。」〔註6〕皆可見私人藏書與學術文化之關係，密不可分，而清代學術之興盛，與學者究心於藏書之研究，亦相互輝映。

明清時期，江浙爲私家藏書的中心，名家備出，到了清末民初，廣東藏書家興起，蔚爲一股勢力，其犖犖大者，有：南海曾釗的面城樓，豐順丁日昌的持靜齋，順德李文田的泰華樓，南海孔廣陶的三十三萬卷樓，新會梁啓超的飲冰室，揭陽曾習經的湖樓，南海潘宗周的寶禮堂，南海康有爲的萬木草堂，番禺徐信符的南州書樓，東莞莫伯驥的五十萬卷樓等，都爲顯赫有名的藏書家。其中尤以莫伯驥的五十萬卷藏書最著名。〔註7〕

莫伯驥，字天一，清光緒四年生，民國四十七年卒（1878～1958），年八十一，廣東東莞人。「少即好學，嗜書如飴」，〔註8〕「而性喜購古書，書疊如山，丹黃爛然，而獨甘飯蔬衣練，積三四十年如一日，藏書達五十餘萬卷，所謂上企瞿楊，無慚丁陸。」〔註9〕由嗜書至喜購書，終成藏書大家，其間之歷程，應予以表彰，以勵後人。

莫氏將多年手自捉摸之心得，編成《五十萬卷樓藏書目錄初編》及《五十萬卷樓群書跋文》，而二書之前後傳承關係，及其所錄內容之異同，亦待釐清。喬衍琯云：

> 讀之雖稍覺支蔓蕪雜，然由於戰亂頻仍，近世之人、事記載，最感缺略。是以莫氏於所見所聞之事，所交往之人，述於目錄者，固已足珍，即其徵引當時刊行之文獻，今日若覓其原本，亦感不易。使有人欲續《藏書紀事詩》或《書林清話》，則莫氏藏目及跋文可資取材者，最稱豐富。〔註10〕

莫氏之藏書目錄，成爲研究版本目錄者，重要之參考資料。蘇精亦云：

> 莫伯驥的題跋是歷來最特殊的一家，不僅篇幅可觀，動輒洋洋數千

〔註6〕潘銘燊，〈宋代私家藏書考〉，《華國》第六期，頁202，民國60年7月。

〔註7〕見鄭偉章、李萬健合著，《中國著名藏書家傳略》，頁248，〈莫伯驥與五十萬卷樓〉，北京：書目文獻出版社，1986年9月出版。

〔註8〕莫培元、莫培遠，〈五十萬卷樓藏書目錄初編跋〉，頁1。

〔註9〕容肇祖，〈五十萬卷樓群書跋文序〉，頁3。「瞿楊丁陸」爲清末四大藏書家：瞿鏞、楊紹和、丁丙、陸心源。

〔註10〕喬衍琯，〈五十萬卷樓藏書目錄初編敍錄〉，頁2，廣文書局《書目叢編》。

言，而且内容幾於無所不有，取材引證則古今中外不居，……除莫

伯驥之外，還眞沒有第二個人如此的寫法。〔註11〕

對於這位藏書豐富，題跋特殊之藏家，正應爲其深加考述與闡揚，以表彰其
於學術文化之功。

　　然筆者著手研究莫氏其人其書，即發現相關資料極少，這可能與其偏居
一隅，甚少與政治界、學術界往來有關。民國以來，對於莫氏的生平事蹟及
藏書做全面性而有系統的探討，僅少數文獻曾論及若干故實。倫明《辛亥以
來藏書紀事詩》，〔註12〕記莫氏生平及藏書志業；徐信符《廣東藏書紀事詩》，
〔註13〕記其藏書之散佚，以上二書是以紀事詩之體裁寫成，故較簡略；何
多源《廣東藏書家考》，〔註14〕略述藏書來源及利用；宇翁〈五十萬卷書樓〉，
〔註15〕對於莫氏事略較詳，於藏書劫掠經過爲他文所無；蘇精《近代藏書
三十家》，〔註16〕鄭偉章、李萬健〈莫伯驥與五十萬卷樓〉，〔註17〕皆粗具
梗概，惜篇幅有限，未能詳盡；周連寬〈羊城訪書偶記──（三）廣東藏書
家近況〉，〔註18〕於莫氏近況亦簡略。

　　綜觀上述諸篇，所載莫氏事蹟皆簡略，其內容大都摘引自莫氏藏書目錄中
之序跋，計有莫伯驥〈五十萬卷樓藏書目錄初編自序〉，論述藏書歷程、態度及
若干讀書見解，可徵引之資料不少；莫氏從子莫培元、莫培遠〈五十萬卷樓藏
書目錄初編跋〉，記載莫氏言行最詳，極具參考價值；〔註19〕莫伯驥〈五十萬卷

〔註11〕蘇精，〈莫伯驥五十萬卷樓〉，《近代藏書三十家》，頁 153～154。台北：傳記
　　　　文學出版社，民國 72 年 8 月出版。

〔註12〕倫明著，雷夢水校補，《辛亥以來藏書紀事詩》，頁 94～95。上海：上海古籍
　　　　出版社，1990 年 9 月出版。

〔註13〕徐信符，《廣東藏書紀事詩》，頁 252～253。台北：大華印書館，民國 57 年 5
　　　　月出版。

〔註14〕何多源〈廣東藏書家考（二）〉，《廣州大學圖書館季刊》第一卷第三期，頁 398
　　　　～399。民國 23 年 6 月出刊。

〔註15〕宇翁，〈五十萬卷書樓〉（近代東粤藏書家之二），《藝林叢錄》第一編，頁 187
　　　　～191。

〔註16〕蘇精，〈莫伯驥五十萬卷樓〉，《近代藏書三十家》，頁 151～155。台北：傳記
　　　　文學出版社，民國 72 年 9 月出版。

〔註17〕鄭偉章、李萬健，〈莫伯驥與五十萬卷樓〉，《中國著名藏書家傳略》，頁 248
　　　　～252。北京：書目文獻出版社，1986 年 9 月出版。

〔註18〕周連寬，〈羊城訪書偶記──（三）廣東藏書家近況〉，《廣東圖書館學刊》1986
　　　　年第二期，頁 13～16 及 40。

〔註19〕莫氏自序列於《五十萬卷樓藏書目錄初編》之卷首，莫培元、莫培遠之跋，

樓群書跋文自序〉，文字繁複，難以窺見事略；葉恭綽〈東莞莫氏五十萬卷樓群書跋文序〉，詳記莫書散佚狀況，及政府挽救過程；容肇祖〈五十萬卷樓群書跋文序〉，論其生平、藏書概況，及題跋之優點，常爲後人引用。〔註20〕此外，容媛〈五十萬卷樓群書跋文書評〉，〔註21〕喬衍琯〈五十萬卷樓藏書目錄初編敍錄〉〔註22〕亦受限於書評、敍錄的體制，無法詳述。

論及莫氏藏書目錄之體例者，上述篇章曾略及之，而目錄學專著鮮少提及現代之藏書目錄，昌彼得先生和潘師美月合著的《中國目錄學》，〔註23〕曾略述其體例上之特點及評價，但屬通論性質，未能詳盡。

本文限於前人對莫伯驥五十萬卷樓藏書討論之不足，故根據莫氏藏書題記之記載，以及方志、同時人著作、友朋書信、各家藏書志、期刊論文及有關圖書文獻或版本目錄學之論著，加以分析、綜合、歸納，從具體證據之羅列，希望能彰顯其價值。

論文分爲五章：

第一章：介紹莫伯驥的生平，以明其藏書背景，採傳記方式，列其事蹟、志趣；交游部份，簡介與莫氏往來頻繁之友朋，知其以書交友之情形；從莫氏藏書題跋中，爬梳其著述之概略內容。

第二章：分析莫氏藏書的來源，及整理利用之情形，並以繪製表格以明其藏書之內容和版本，最後論述圖書散失狀況。藉以了解其藏書之價值和流散之情形。

第三章：綜論莫氏之藏書目錄，首先釐清《初編》及《跋文》之關係，再闡述題跋撰寫體例及分類情形，藉以考知其類例。

第四章：對《五十萬卷樓藏書目錄》之解題內容作一分析，舉例說明其義例，藉以呈現莫氏在目錄版本學上的成就和特色。

第五章：略述《五十萬卷樓藏書目錄》之優缺點，以說明其價值。

文末附列參考書目、相關書影及附錄。

本文寫作時，所遭遇之困難及不足，約言如下：第一，生平資料極其有

則置於全文之末。

〔註20〕莫氏跋文序、葉序、容序皆列於《五十萬卷樓群書跋文》之卷首。

〔註21〕容媛，〈五十萬卷樓群書跋文書評〉，《燕京學報》第三十七期，頁249～251。1949年12月出刊。

〔註22〕喬衍琯，〈五十萬卷樓藏書目錄初編敍錄〉，《書目叢編》，台北：廣文書局。

〔註23〕昌彼得、潘美月，《中國目錄學》，台北：文史哲出版社，民國75年9月初版。

限，亦不詳莫伯驥子孫於澳門之情形，無法獲取更詳實的資料。第二，莫氏題跋徵引之史料極豐，限於時間迫促，筆者無法一一尋其原文比對，其中若有錯誤，亦無法查知。第三，題跋內容涵蓋經史子集之範疇，莫伯驥學識淵博，於經學、史學、文學、佛學等，皆有見解，考論莫氏之學術，實非筆者才力所可勝任，故此部份未列入論文內。

第一章　莫伯驥的生平述略

第一節　家世及生平事蹟

一、家　世

　　莫伯驥的家世不詳，僅可從《東莞縣志》中，略見其父莫啓智之行事。
〔註1〕

　　莫啓智字毓奇，號鏡川，東莞廩生。性孝友，幼時曾隨同母親侍奉生病的曾祖母；父親去世時，十分悲痛，以致「哀毀骨立」。家境貧窮，以教讀爲業，究心於宋儒的學問，而以敦飭倫紀爲先務。案頭放置「日省錄」，記錄一天中的言行。

　　族人爭產時，請啓智解決紛爭，他一語不發，召請諸弟對飲，暢談家庭瑣事，甚爲歡樂，族人因此感悟。

　　蔣益澧任廣東巡撫時，〔註2〕觀其風行，選決爲積學勵行之士。啓智又創「闔族完糧法」，解決族人催科之苦，公私皆稱便利。

─────────

〔註1〕以下所言之莫啓智生平事蹟，均見於民國十年陳伯陶篡修之《東莞縣志》卷七十三，頁13。莫啓智的生平資料，除《東莞縣志》所載外，吳道鎔所著之《澹盦文存》有〈莫鏡川像贊并序〉，記其學術；《廣東文徵》有〈莫啓智誡子庸言自序〉，敘述其對子孫之期盼；以及《廣東文徵作者考》簡介其生平，與《東莞縣志》之記載雷同。

〔註2〕蔣益澧，字薌泉，湖南湘鄉人。年少憨急，曾國藩、胡林翼素不滿之，而左宗棠特器重。同治五年（1866年）任廣東巡撫，次年，以病乞休。卒於同治十三年（1874年）。傳記資料見《清史稿》卷四百八，《咸豐以來功臣別傳》卷二十二，《清史列傳》卷五十，《清代七百名人傳》第二編軍事陸軍。

辭世時，年僅三十七歲。著有《誡子庸言》二卷。有子三人：長子伯壎，宣統元年（1909）歲貢；次子伯璿；幼子即爲伯驥。〔註3〕

莫啓智對於子孫的諄諄教誨及殷切期盼，載於〈誡子庸言自序〉一文：

> 爰以暇日生年之甘苦，草爲學之箴規，嘉言至德，采自前賢，華藻
> 不加，匪覬問世，專於克己省身，爲吾兒體察之先導。〔註4〕

在待人處世方面，莫啓智堪爲族人表率，但他不以此自滿，更蒐集前賢的至德嘉言，作爲子孫體察的先導，可知其深致期許之意。

> 然愛子之心，古今實爲同揆，偶所憶及，輒即記之，自今以始，日
> 必爲此，凡聞諸古而踐諸躬者，咸甄錄焉。〔註5〕

由此可見其愛子心切，雖以英年早逝，但他的身教、言教，亦足以影響後代子弟。

二、生平事蹟

莫伯驥，字天一，廣東東莞縣人，生於清光緒四年（1878），卒於民國四十七年（1958），享年八十一歲。

弱冠時，以案首入縣學，又到廣州光華醫學堂學醫，畢業後自設「仁壽藥房」於廣州西關十七甫。青年時期，傾向康、梁維新派。一八九八年，戊戌變法失敗，改革未成，使他精神深受打擊。〔註6〕

光緒庚子（1900）後，協助堂兄莫伯伊（字任衡，光緒二十三年拔貢）創辦《羊城日報》，〔註7〕伯驥負責編輯工作。〔註8〕

〔註3〕見莫啓智〈誡子庸言自序〉：「啓智年未四十，撫有三子：大兒伯壎，昀屆成童；次兒伯璿，亦已十齡；幼子伯驥，呱呱在抱。」蘇精《近代藏書三十家》云：「（莫啓智）有子二人：莫伯壎，字友箴，宣統元年歲貢；莫伯驥居次。」蘇氏之言，似有誤。《東莞縣志》云：「子伯壎歲貢生，伯驥邑諸生。」或許蘇氏即據此以爲莫啓智僅有二子，筆者認爲《東莞縣志》以曾中舉業作爲記載的原則。

〔註4〕見莫啓智〈誡子庸言自序〉。

〔註5〕同上。

〔註6〕見容肇祖〈五十萬卷樓群書跋文序〉，頁3，「先生弱冠即以案首入縣學，爲生員時，先君子與先生從兄任衡先生（伯伊）同選丁酉科拔貢，三人盱衡時局，握腕興嗟，……戊戌政變，改革未成，國事益不可問。」；及徐信符《廣東藏書紀事詩》，頁252，臺北：大華印書館，民國57年5月出版。

〔註7〕《羊城日報》創刊的時期說法不一。沈瓊樓《清末民初廣州報業雜憶》作1902年；李默《辛亥革命時期廣東報刊錄》作1904年；余少山、李衡皋《清末廣州幾家日報簡介》作1905年。陳曙鳳《清末維新派辦報對士林和場屋之影響

莫伯驥幼時即有藏書的志向：

> 吾家上世以力田讀書爲彝訓，陳編世守，嬋嫣不絕，先君子研精宋
> 學，所藏宋元名臣大儒之遺書，森森連屋。當是時，吾縣人張小圃
> 布政、倫棣卿大令，游宦歸來，擁書不鮮。而陳提學子勵，執經於
> 東塾之門，蒐蓄尤備。伯驥幼奉檢書，弱冠來游都市，奉手於巨子
> 俊人，益毅然有儲藏之志。〔註9〕

家學淵源，再加上縣人張小圃、倫棣卿、陳子勵等人的影響，〔註10〕伯驥已
隱然產生儲書的志向，赴城市求學期間，更增強其意志。

莫伯驥藏書處所初名爲「福功書堂」，〔註11〕是取阮元〈虞山張氏詁經
堂記〉一文，勉人藏書、撰書、刻書，則於己有福，於人有功的說法而來。
〔註12〕後改名爲「五十萬卷樓」，以其總藏書達五十萬卷而名之。莫氏於〈初
編自序〉云：

> 大凡伯驥所得三十餘年舊本新刊，古今纂述，都五十萬卷有奇。
> 〔註13〕

則「五十萬卷樓」所收不僅是善本書，亦包含通行本。宇翁曾描述其書樓規
模：

> 莫氏藏書充棟，嘗僱鈔書者數人，日夕從事。餘暇時爲之口講指畫，
> 其子弟工作之餘，亦助之整理，復有二三人司翻書曝書，書樓組織

及文瀾書院之活動》則寫明：「《羊城日報》于光緒二十九年癸卯正月十五日（公
元 1903 年 2 月 12 日）創刊。」較前幾說爲具體，從之。（以上所言皆引自方
漢奇撰《中國近代報刊史》，頁 303，山西教育出版社，1991 年 11 月出版）

〔註8〕 方漢奇撰《中國近代報刊史》：「《羊城日報》。1903 年創刊。主辦人鍾宰荃、
　　　 莫任衡、趙秀石，編輯人莫天一、譚汝儉、蒲萃卿等。」，頁 294。

〔註9〕 見莫伯驥〈五十萬卷樓藏書目錄初編自序〉，頁 2、3。

〔註10〕 張小圃布政不知爲何人；倫棣卿，名常，曾任江西崇仁縣知縣，喜藏書，任
　　　　 內增建毓秀書院，爲倫明之父；陳提學子勵，即指陳伯陶，曾任江寧提學使、
　　　　 江寧布政使，撰有《東莞縣志》等書。

〔註11〕 莫培元、莫培遠撰〈五十萬卷樓藏書目錄初編跋〉，頁 1。

〔註12〕 此處引用蘇精先生的語意。阮元〈虞山張氏詁經堂記〉云：「虞山張氏金吾世
　　　　 傳家學，代有藏書，不但多藏書至八萬餘卷，且撰書至二百餘卷，不但多撰書，
　　　　 抑且多刻書至千數百卷。其所纂著校刻者，古人實賴此與後人接見也。後人亦
　　　　 賴此及見古人也。是詁經堂、詩史閣、求舊書莊諸地，皆羅列古今人，使後人
　　　　 共見之地也。此於古今人謂之有功，於己謂之有福。」見《揅經室續集》，卷
　　　　 三，頁 133，上海商務印書館，民國 24 年 12 月出版，叢書集成初編本。

〔註13〕 見莫伯驥〈五十萬卷樓藏書目錄初編自序〉，頁 6。

不亞於圖書館也。〔註14〕

當時海內專家，許爲「富甲西南」，有「上企瞿楊，無慚丁陸」之譽，足與清末四大藏書家匹美。〔註15〕他的聲勢規模直逼我國近代藏書第一的劉承幹「嘉業堂」六十萬卷，藏書之多成爲民國以來廣東第一。

莫伯驥不僅「藏書」，還大量閱讀所藏書籍，「少即好學，嗜書如飴。守約習勞，不爲物役」，「數十年來，非有人事要務，未嘗一日廢書」，〔註16〕可見其讀書甚勤。莫氏並將其閱讀所獲，每用小冊子手自筆記，而家中的婦孺及館童，幫忙摘錄，以儲備著作的資糧，積稿不下十餘簏。對於無法買得的書籍，便向人借錄，或請人精寫、影寫，或親自動手鈔寫，頗有明代毛晉汲古閣影鈔宋本書的風格。〔註17〕

莫伯驥後來兼營商業，因以致富，提供充裕的購書資金，但這不影響他在學術上的進步。他的學問是以乾嘉學派爲入門，而加以擴大。治史方面受陳垣（援庵）的影響頗深，治目錄學方面受余嘉錫（季豫）的影響甚巨。〔註18〕他的著述非常豐富，有五十多種，可惜今多不見。

伯驥一生與書爲伍，連兒子之命名，亦與圖書有關：

> 予生兒翌日，淡東先生（羅惇曧）適以德清俞氏（樾）五百餘卷之
>
> 叢刊來遺，因名兒曰培樾。〔註19〕

莫培樾後亦學醫，曾在澳門開設藥局。〔註20〕

民國二十六年（1937），抗日戰爭爆發，日軍侵襲廣州，莫伯驥先寄居香港友人家中，後由其子接往澳門定居，以督課子女排遣韶光。〔註21〕晚年雙目失明，閉門謝客，並患癱瘓，於民國四十七年（1958）卒於澳門。〔註22〕

〔註14〕見宇翁撰〈五十萬卷書樓〉（近代東粵藏書家之二），《藝林叢錄》第一編，香港商務印書館，1961年10月出版。

〔註15〕《北平國立圖書館館刊》第六卷第一號，刊登〈五十萬卷樓藏書目錄初編自序〉，編者所加之識語。

〔註16〕見莫培元、莫培遠撰〈五十萬卷樓藏書目錄初編跋〉，頁1。

〔註17〕見莫培元、莫培遠撰〈五十萬卷樓藏書目錄初編跋〉，頁2。

〔註18〕見容肇祖〈五十萬卷樓群書跋文序〉，頁4。

〔註19〕見莫伯驥《五十萬卷樓群書跋文》，頁300，〈白孔六帖〉之題跋。

〔註20〕見陳智超編注《陳垣來往書信集》，頁405。上海古籍出版社，1990年6月出版。

〔註21〕同上，頁404、405。

〔註22〕見宇翁撰〈五十萬卷書樓〉，頁188；周連寬〈羊城訪書偶記（三）廣東藏書家近況〉，頁40。

第二節　交　游

　　莫伯驥久居廣東，以經商讀書爲生活重心，除了買書，必須「江河南北，浙水東西」到處訪尋外，甚少離鄉背井，故其友朋多限於廣東地區，由於莫氏「早歲索居寡交，朋游日乏，外間消息，多未知曉。」〔註 23〕眞正與其往來的友朋資料不多，記載亦鮮，況且莫伯驥並未留下文集、日記、手札等作品，故僅能從現存之序跋題記及與友人書信中，爬梳其交游概況。

一、倫　明（1875〜1944）

　　倫明，字哲如，廣東東莞人，生於清光緒元年（1875），卒於民國三十三年（1944），享年七十歲。清光緒二十七年（1901）中舉人，入京師大學堂，畢業後從事教職。歷任奉天通志館協修、北京大學、北平師大、輔仁大學等校教授。受其父倫常（字元第，號棣卿）影響，一生喜好藏書。旅居北京二十餘年間，每日必赴書肆購書。執教廣東期間，收購孔廣陶三十三萬卷書堂，易學清目耕堂等藏書不少。〔註 24〕因立志續修《四庫全書》，名其藏書樓爲續書樓。藏書多歸北京圖書館。著有《續修四庫全書爭議》、《續書樓藏書記》、《王漁洋著述考》、《續修四庫全書提要稿》、《版本源流》、《建文遜國考疑》等。另有《辛亥以來藏書紀事詩》，繼葉昌熾之後，專補民國以後的藏書故實，凡一四二首。〔註 25〕

　　倫明與莫伯驥有同鄉之誼，「少相習」，〔註 26〕本已二十年不見，民國十四年（1925）閱粵報，見莫氏之論著，始恢復連絡。民國十八年（1929），倫明返廣東，曾觀莫氏所藏之書，對其藏書志業頗多推崇，「自南海孔氏（廣陶），豐順丁氏（日昌）相繼陵替後，繼起之責，舍君誰屬？」〔註 27〕並讚賞他購書的豪情，「君少攻舉業，壯究醫經。中歲以後，始治目錄，而弱齡錫字，

〔註 23〕見陳智超編注《陳垣來往書信集》，頁 405，莫伯驥 1941 年 8 月 1 日予陳垣之信。

〔註 24〕孔廣陶（1832〜1890 年），字鴻昌，號少唐，清代廣東南海人，藏書處名「嶽雪樓」，別稱「三十三萬卷堂」。易學清，字蘭池，清末廣東鶴山人。藏書處名「有是樓」。

〔註 25〕見蘇精著《近代藏書三十家》，頁 131〜140，傳記文學出版社，民國 72 年（1983 年）出版。

〔註 26〕見倫明著，雷夢水校補，《辛亥以來藏書紀事詩》，頁 94，上海古籍出版社，1990 年出版。

〔註 27〕同上。

即與范氏藏書之閣相符，豈偶然哉。」〔註28〕故其紀事詩曰：「冊萬卷書非倖致，後身應是范東明（欽）」。莫伯驥終可蔚爲藏書大家，是經過多年的努力搜購，而非僥倖得之，故能與明代著名的天一閣主人范欽之藏書相提並論。

二、陳　垣（1880～1971）

陳垣，字援庵，廣東新會人，生於清光緒六年（1880），卒於民國六十年（1971），享年九十二歲。清光緒二十三年（1897）赴北京參加順天鄉試未中，回廣州，後曾考取秀才。改習醫，宣統三年（1911）畢業於廣州光華醫學堂。曾創辦《時事畫報》及《震旦日報》，自爲主筆。民國六年（1917），擔任北京大學研究所國學門導師，曾一度出任教育部次長，未幾即卸職。從此致力於學術研究，不復過問政事。治學精勤刻實，對火祆、摩尼、佛、道、天主等宗教史，以及元史、校勘、輯佚、史諱等方面，成就斐然。民國三十七年（1948）當選中央研究院第一屆院士。一生著述甚多，有《通鑑胡注表微》、《二十史朔閏表》、《中西回史史日曆》、《史諱舉例》、《元西域人華化考》等史學論著二十餘種，論文約百餘篇，爲近代重要史學家。〔註29〕

莫伯驥與陳垣之交往，以書信往來爲主。〔註30〕見面的記錄只出現於莫氏《跋文》云：「陳援庵垣曾來樓中閱書，謂錢本今在英倫。」〔註31〕莫陳二人雖同籍廣東，但一南一北各自發展，陳垣曾邀莫伯驥赴河北，可是莫氏「留戀故鄉而不赴冀」。〔註32〕容肇祖說：「先生與援庵師有三同之目：一同爲案首秀才，二同習西洋醫學，三則同精國學也。」並認爲「先生治學有似於陳援庵師」，〔註33〕二人的經歷與治學背景如此相似，而莫氏題跋中，亦多次引用陳垣之文章作爲論證，〔註34〕故容氏此言不虛。

〔註28〕 同上。
〔註29〕 見《民國人物小傳》第二冊，頁 176～177。又臺北新文豐出版公司於 1993 年出版《陳援庵先生全集》。
〔註30〕 陳垣孫陳智超編注《陳垣來往書信集》一書，其中收錄莫伯驥寫給陳垣的信共九封。
〔註31〕 見《五十萬卷樓群書跋文》，頁 203。錢本即錢大昕疏本。
〔註32〕 《陳垣來往書信集》，頁 405。
〔註33〕 〈五十萬卷樓群書跋文序〉，頁 4。
〔註34〕 《五十萬卷樓群書跋文》中引用陳垣之文章如下：
明鵜鳴館刻本《西溪叢語》引〈火祆教入中國考〉（頁 269）；汲古閣影元本《金臺集》引〈元人華化考〉（頁 496）；舊寫本《鶴年先生詩集》引〈也里可溫考述〉（頁 499）；呂旡咎寫本〈苕溪漁隱詩評叢話〉引《湯若望與水陳忥》（頁 635）。

　　陳垣曾寄自著之《元典章校補釋例》予莫氏，〔註35〕而莫伯驥亦積極懇請援庵爲所著書目賜序，依現有資料看來，援庵並未寫成，《五十萬卷樓藏書目錄初編》的題字，亦是透過援庵向傅增湘求得的，可見莫氏對陳垣學術地位之敬佩與肯定。

三、張元濟（1867～1959）

　　張元濟，字筱齋，號菊生，浙江海鹽人，生於清同治六年（1867），卒於民國四十八年（1959），享年九十三歲。〔註36〕清光緒十八年（1892）進士，官陳刑部主事、總署章京，因參加維新運動被革職。一九〇一年到上海商務印書館工作，任編譯所所長、經理、監理、董事、董事長等職，大力搜購古籍，於商務印書館內特闢「涵芬樓」爲藏書處所，到民國二十年（1931），共收藏三千七百四十五部善本書，在當時僅次於北京圖書館。又先後校印百納本《二十四史》，影印《四部叢刊》，爲出版事業作出巨大貢獻。

　　張家藏書累代有名，「涉園」一名沿自明末十世祖張奇齡的齋名，九世祖張惟赤闢建於海鹽，並開始搜藏圖書，綿延數代，至乾嘉之際六世祖張宗松時，藏書更富。道光以後，家道較中落，藏書相繼散亡。張元濟則多方搜集先人舊藏，陸續收回五十二部之多，以期恢復昔日盛名。〔註37〕

　　莫伯驥曾言：

> 海鹽張家自清初已富收藏，康熙間有與新城王氏同官者，風雅好事，遂成家教，二三百年猶未歇絕，故先生（元濟）之愛書固家風也。
> 〔註38〕

張元濟與莫伯驥之來往，未知起於何時，《張元濟年譜》中記錄一九三〇年，「莫伯驥（天一）致先生書，告以莫氏五十萬卷樓藏書中，有版本優於《四部叢刊》所選者數種。」〔註39〕此後，二人便以書信方式連絡，一直到一九四七年爲止。〔註40〕

〔註35〕見《陳垣來往書信集》，頁401。此書於中央研究院刊本稱爲《元典章校補釋例》，1959年北京中華書局重版時，改名爲《校勘學釋例》。
〔註36〕張元濟之生卒年有爭議，今以張樹年編《張元濟年譜》所載爲依據。《張元濟年譜》，北京商務印書館，1991年12月出版。
〔註37〕見蘇精著《近代藏書三十家》，頁53～62。
〔註38〕見《五十萬卷樓群書跋文》，頁145，寫本《西晉新語》之題跋。
〔註39〕《張元濟年譜》，頁356。
〔註40〕這些信件現存浙江海鹽張元濟圖書館，《年譜》僅錄其要。

　　莫氏於一九三二年初，曾贈張元濟涉園舊藏的明刻《事物紀原》五冊，乃其「六世第八叔祖詠川先生（張宗楠）遺物」，張並回贈莫氏《詞林紀事》一部。〔註41〕莫藏之明嘉靖揚州刊本《白沙子集》曾借給上海商務印書館影印，作爲《四部叢刊三編》之底本。莫張二人最後一次通信是一九四七年「伯驥復先生書，告以方功惠（柳橋）「碧琳琅館」藏書散佚情形。」〔註42〕二人之書信內容多圍繞圖書的話題，而《五十萬卷樓藏書目錄初編》則交由上海商務印書館出版，更見二人以書會友之情誼。

四、容庚、容肇祖

　　容庚，原名肇庚，字希白，號頌齋，廣東東莞人。生於清光緒二十年（1894），卒於民國七十三年（1984），享年九十歲。早年入北京大學，歷職於燕京大學、廣西大學、嶺南大學等，長期從事古文字研究，著述甚豐。

　　容肇祖，原名念祖，後改名肇祖，字元胎，廣東東莞人，生於清光緒二十三年（1897），爲容庚之弟。歷任廈門大學、嶺南大學、中山大學、北京大學等校，著作亦多。

　　容氏兄弟之父與莫伯驥的堂兄伯伊，同爲光緒二十三年（1897）拔貢，當時伯驥爲縣學生員，「三人盱衡時局，握腕興嗟」，〔註43〕足見莫氏與容父交情匪淺。容肇祖於民國二十年才與伯驥見面，從此「往返遂多」。〔註44〕容肇祖曾替莫氏校閱《通雅》一書，〔註45〕並爲其《五十萬卷樓群書跋文》作序，亦曾爲陳垣與莫氏傳遞消息。

五、鄧爾雅（1884～1954）

　　鄧爾雅，字萬歲，廣東東莞人，生於清光緒十年（1884），卒於民國四十三年（1954），享年六十一歲。父鄧蓉鏡爲同治十年（1871）進士，乃粵中名金石家。爾雅爲容庚兄弟的四舅，治小學，攻篆刻，容庚、肇祖皆從其學。〔註46〕莫伯驥嘗論其事：

〔註41〕見《張元濟年譜》，頁361。莫伯驥《初編》卷十二有此書題跋。
〔註42〕同上，頁524。
〔註43〕見容肇祖〈五十萬卷樓群書跋文序〉，頁3。
〔註44〕同上。
〔註45〕見《五十萬卷樓群書跋文》，頁84，清康熙刻前人朱筆批校本《通雅》。
〔註46〕見《民國人物小傳》第六冊「容庚」一文，頁188～196，台北：傳記文學出版社。

吾鄉鄧爾雅爲元度先生（鄧雲霄之字）後人，好吟詩，精小學篆刻，曾爲伯驥制藏書章數事，其用巴比侖古文者，尤古拙，……爾雅比年又喜仿寫，歸善鄧鴻臚承修書法，鴻臚爲人以品節清剛成名；爾雅則恬退淡遠，似宋之文石室，皆濁世所難能也。嘗以前人著書已多，今日難於下筆，語鄉人盧子樞用此意，戒伯驥毋輕編纂，且屬以少作之大同天籟，重刊傳布。蓋清季頗有創國音新字者，此編爲同學劉陳二君作，始伯驥實貢獻微末，其時曾刊本印行，久而忘之，故爾雅重提舊話也。（跋文，頁 537）

蓋伯驥與爾雅自幼即相識，伯驥部分的藏書章出自其手，其友誼匪淺，可惜無詳細的資料以資佐證。

六、羅惇曧（1872～1924）

羅惇曧，字掞東，號癭公，廣東順德人，生於清光緒十一年（1872），卒於民國十三年（1924），享年五十三歲。〔註 47〕工詩文書法。

莫伯驥提及與掞東交往情形：

長沙張尚書百熙官管學，每以事寄之，順德羅掞東先生惇曧出長沙門下，嘗薦新會譚仲鸞先生及伯驥於張，任官局編譯事。

予生兒翌日，掞東先生適以德清俞氏（樾）五百餘卷之叢刊來遺，因名兒曰培樾。

伯驥覆謝羅函，述遼太祖事。……羅又字孝遹。北游後，則曰癭公，書名鵲起於都中，搦管無虛日，與從弟敷庵（羅惇㬊，1874～1954）同以詩稱，有《癭庵詩集》若干卷，流傳於世。（跋文，頁 300）

文中可見羅惇曧之生平概略，而二人之交往不僅有圖書的贈與，並論及學術。

莫伯驥與廣東近代藏家聞人應有往來，可是囿於資料的限制，未能考察

〔註 47〕羅惇曧之生卒年有爭議。大陸雜誌社《中國近代學人象傳》第一輯之〈羅惇曧傳〉，傳記文學出版社《民國人物小傳》第一冊的〈羅惇曧小傳〉，作生於 1885 年，均是沿用臺灣商務印書館《中國人名大辭典》續編民國之部「羅惇曧：民前 27（即光緒十一年，1885 年）－民國 13 年。四十歲」的說法。

《民國人物小傳》第六冊〈羅惇㬊小傳〉的作者則推翻上述說法。他引用吳天任《何翽高先生年譜》民國 13 年：「羅癭公卒，年五十三。」此項證據推算而得羅惇曧生於同治十一年（1872 年）。筆者認爲㬊爲曧之堂弟，生於 1874 年，則曧生於 1885 年之說法待商榷。

交往之詳情，但是能肯定的是友朋往來必與圖書密不可分，或觀書，或易書，或談論學術，以書作爲交流溝通的媒介，更能促進學識之增進。

　　茲將筆者查得之莫氏其餘友朋往來資料臚列如下：

姓　　名	字　　號	里貫	生卒年	事　　　蹟
葉恭綽	裕甫、玉甫 譽虎、玉父 玉虎、遐庵 遐翁	廣東 番禺	1881～ 1968	※先是吾于莫氏有仍世通家之雅，十八年回粵，訪天一丈于廣州城西，獲觀其藏珍之一部。（葉跋） ※遐庵爲南雪先生衍蘭文孫，好古博識。……抗戰軍興，致意寒家，運藏本達安謐之域，以資保存，事出倉卒，未之能行，深負高義，附識之以志吾過。（跋文，頁167）
莫　棠	楚生、楚孫	貴州 獨山		※聞楚生來粵時，攜書篋頗多，到粵後亦喜訪書，予於肆中恆遇之，燕語帶吳音，予未能盡聽受也。一日贈予舊本若干，予酬以小詩，破題云：羨君刺史廣州材，書卷牛腰捆載來。（跋文，頁203） ※有清摽季，楚生官粵中，伯驥嘗與之論流略之學，備承嘉與。其後邅居滬濱，所好群書，恆以易米，吾家頗有采獲。（跋文，頁973）
李　椒	勁庵	廣東 順德	1910	※吾粵順德李氏泰華樓藏寫本（《六書故》），卷帙極富，伯驥嘗登樓讀之。（跋文，頁90） ※侍郎文孫勁庵，游學北平，好書，饒有祖庭風味。南歸時，曾來伯驥處觀書，並見其攜家中善本北行。（跋文，頁197～198） ※順德李（椒）南反，來寓觀書。（與陳垣書，一九三四年九月十七日函） 案：李椒爲泰華樓主人李文田孫。
陳伯陶	子礪、子勵	廣東 東莞	1855～ 1930	※近年陳子勵先生脩志，曾來吾家徵書。（跋文，頁277） ※提學與先君子爲友，每多商兌。（初編序，頁3） 案：陳伯陶曾修《東莞縣志》，於民國十年完成。
黃慈博		廣東 中山		※中山黃慈博曾以此見告，慈博爲文裕後人，熟於廣東遺事，曾編《廣東城坊巷志》。（跋文，頁105）

徐紹棨	信符	廣東番禺	1879～1948	※教授喜搜粵中先哲遺書，晤時輒問其收得土貨若干。（跋文，頁43）
朱希祖	逷先酈亭	浙江海鹽	1879～1944	※教授廣東時，曾臨寒家觀書。（跋文，頁329）
鄭邦家				※曾以叢殘請鄭君整理別篋之，鄭能變書之面貌，振書之精神，有似獺髓治美人之瘢，龍宮肉已死之骨，眞粵中好手也。鄭名邦家，住廣州市外大浦口。（跋文，頁393）

第三節　著　述

　　莫伯驥的著作，內容包羅萬象，據作者〈五十萬卷樓主人所著書附記其目〉所載，[註48] 共五十種，實際上，超過此數，可惜絕大部分均於戰火中喪失，「其著述原稿五十種，寄存富成押店，未及付印，盡淪劫灰，晚年登報尋訪，亦無結果。」[註49] 台灣現今已見出版的僅有《五十萬卷樓藏書目錄初編》、《五十萬卷樓群書跋文》（以下簡稱《初編》、《跋文》）兩部目錄書，及散見於期刊學報上之題跋。現從可見之題跋資料中，察考其著作與著作之可能內容，以彰顯其學術。

一、專　著

（一）已見書

1、《五十萬卷樓藏書目錄初編續編》

　　《續編》已付印，但未見。

　　《初編》共二十二卷，分成二十二本，大略七十萬言，版式行款完全按照葉德輝的《郋園讀書志》，「鄙意以爲近日書目，郋園活字本行格尚佳，裝訂亦樸雅，擬照此印行。」[註50] 每半頁十一行，行二十二字。由上海商務印書館於民國二十五年（1936）出版，臺北廣文書局於民國五十六年（1967）收入《書目叢編》。

　　著錄圖書九百一十四種，其中經部一百二十四種，史部一百九十七種，

[註48] 收錄於《五十萬卷樓群書跋文》全書之末。
[註49] 見宇翁著〈五十萬卷書樓〉。又陳智超編注《陳垣來往書信集》，頁401，莫伯驥寫給陳垣之信曰：「心愛本子已付煙雲，手自網繆之散帚亦同時散佚。」
[註50] 見《陳垣來往書信集》，頁403。

子部二百五十八種，集部三百三十五種，全係宋元版刻、影宋元鈔本、明清精刻精校本、舊鈔名家藏本等。每書撰有提要，詳考撰者、鈔刻者、收藏者之生平。

2、《五十萬卷樓群書跋文》

此書乃莫氏僑居澳門時，以《初編》所述錯誤頗多，詳略不一，重加改訂刪補而成，其中所收均屬善本。收書四百零四種，經部四十種，史部七十七種，子部一百零五種，集部一百八十二種，除了《虛齋樂府》一書為《初編》所無，其餘均曾收錄。全書依四部分類，由廣州文光館於一九四八年排印出版，分線裝七冊，臺北文海出版社於民國五十七年（1968）輯入《國學集要二編》。

與《初編》相較，《跋文》的篇幅增加許多資料，可見莫伯驥用力甚勤，參稽甚博，兩書之詳情請參第三章第一節，此處不再敘述。

（二）書名曾出現於《初編》、《跋文》者

書名之前有「※」記號者，為〈五十萬卷樓主人所著書附記其目〉所無者。

1、《資治通鑑校記》

莫伯驥以「元刻本」與「明嘉靖間仿宋本」互校，積成校記若干卷。

> 前人校司馬公書者，除胡刻《資治通鑑校字記》四卷外，有常熟張瑛《通鑑宋本校勘記》五卷，《元本校勘記》二卷，伯驥步武前賢，別有徵述，既可讀鑑，兼檢他書，殊樂事也。（跋文，頁123）

此二種版本，伯驥皆有題記。

2、《五代史記校記》

> 以「元刊本」校「明汪文盛刊本」，已成校記三卷。（初編，頁242）

這兩種版本，伯驥亦寫成題記。

3、《歷代名臣奏議拾遺》、※《歷代名臣奏議補》

> 然則此三百五十卷之書，搜羅雖富，然遺陋亦多，其待後人之補闕者當不尟焉，伯驥正從事乎此也。（初編，頁329）

名稱雖略有差異，但應為相同之內容。

4、《官史》

> 而史傳及唐宋各朝著作，可為《分紀》援據者正多，是以伯驥草創

《官史》一書，取材於彥同遺作者實繁，千金領珠，往往探得，比
之朱查諸公，尤以爲幸，跬步不休，跛鼈千里，假我歲月，繼事編
摩，倘丹鉛之長勤，庶汗青之有日。（跋文，頁198）

此與《官史考索》不知是否相同？

5、《職官分紀校證》

清四庫以此書（《職官分紀五十卷》）列子部二十一類書類。伯驥謂
宜編入職官類中，以備考古官制者之研討，清世讀此書者無幾人，
查氏補注蘇詩曾博采之。伯驥則嘗手校斯編，惜藏者頗尠，無從借
勘。（跋文，頁198）

由此可見伯驥對於歷代官制，曾精心研究過。

6、《中國風俗史料類編》、※《風俗史》、※《中國風俗史》

伯驥所撰《風俗史》，於出贅一事，言之頗詳。（初編，頁1089）
伯驥撰《中國風俗史》，於此事（焚屍、火化）至詳，此附及之。（跋
文，頁574）

莫氏題記中，曾多處提及各種風俗，蓋因廣搜風俗史料，編成《類編》，進而
有系統地撰成風俗史。

7、《滿人漢化史》

伯驥所撰《滿人漢化史》於（納蘭）容若事實言論，述之頗多。（跋
文，頁20）
予撰《滿人漢化史》，末附蒙藏人頗寥落，如晨星三五也。（跋文，
頁147）
伯驥所撰《滿人漢化史》則已詳之矣（端方）。（初編，頁416）

莫氏題跋論及金、女眞、清等史事及人物，考證詳細。

8、《中國近五十年史》

任公嘗稱說吾鄉陳子勵先生之《遺民錄》，謂不讀此書，幾失吾老友。
伯驥嘗以拙著《中國近五十年史》中，有一事須叩之大匠而始明者，
承即答述，並促早成。蓋任公於史實舊聞，殊表饑渴之望，以爲現
世史實，不肯記載以詒後人，則爲罪甚大，皆由奪於考古之興味，
而爲乾嘉學派所籠牢，專喜掊撦殘編，不思創垂，今錄固嘗以此責
人而責己者也。（跋文，頁654）

9、《經籍故》

> 明人某集有會通君傳，拙著《經籍故》嘗采錄之。（跋文，頁 70）
>
> 伯驥所撰《經籍故》，二十餘卷，第十二卷頗詳此事，茲略及之。（初編，頁 1061）
>
> 季父撰《經籍故》一書，凡數十卷，中有考論策冊卷葉沿革者，言之至悉。（初編，黃培元、黃培遠跋，頁 1）

此書應不限於經部的內容。

10、《清四庫全書總目提要舉正》

> 伯驥有《清四庫書目舉正》若干卷。（跋文，頁 139）
>
> 《清四庫總目》列此書於釋家類，殊未諦，此陽湖孫氏、長沙葉氏所以多所變更庫例也。伯驥於孫葉諸家，亦間有訂誤，拙撰《四庫書目舉正》，屢嘗論之，此不復著。（初編，頁 597～598）
>
> 館臣編纂群書，每於內容多未繙閱，證之《竹隱集》而益明，否則胡以略之歟？伯驥撰《清四庫全書總目提要舉正》已及此節，因著錄趙集，復綴之於此。（跋文，頁 441～442）

莫伯驥對《四庫提要》的補充與糾謬頗多。

11、《清四庫撰人攷附編纂人攷》

> 伯驥撰《清四庫撰人及脩書人考》頗詳其遺事（劉喜海）。（跋文，頁 414）

12、《研經室外集攷正》

> 阮氏（元）誤寫為沄，蓋考之未諦也。伯驥撰《研經室外集考正》，嘗著此條。（初編，頁 450）

《研經室外集》是補充《四庫提要》的不足，從以上三書，可看出莫伯驥對四庫之一系列研究。

13、《葉氏藏書紀事詩補續》

> （鄒炳泰）生平雅意儒素，見於詩集及叢談者甚詳，而葉氏《藏書紀事詩》竟遺其人，伯驥所撰《補正》已及之，得之墜緒，賴其鉤沉，固屬藝林美事。（初編，頁 940）
>
> 葉氏所列書賈，宋如陳道人，明如童子鳴、胡貿棺，可云略備。然如元之李氏種德齋、清之馮駝子，均應補入，伯驥所撰之《藏

書紀事詩補編》，已輯錄多人，因論子鳴事，略記於此。（初編，
頁 1215～1216）

莫伯驥對書籍之舊藏者，多有詳細的敘述，此可補正葉昌熾的不足。

14、《塑述》

予撰《塑述》嘗采之，此種爲四述之一，頗繁富，曾以一部份刊於
《東方雜志》。（跋文，頁 438）

15、《王荊公事類》、※《王荊公事類義例》

（梁）嘗集刻《藤花亭》十種，此外，《東坡事類》一種別刻。伯驥
爲《王荊公事類義例》頗仿此。（跋文，頁 654）

16、《中國文學史料類編》、《中國文學史》

伯驥所纂《文學史》於此事頗詳，或足備前人所未備，蓋皆舉其大
者也。（跋文，頁 626）

此伯驥所撰《中國文學史》，特采理堂之說，而書目並錄斯書也。（初
編，頁 627）

莫氏題跋以集部所收書最多，而對其之考證亦繁複，除了自言於戲曲爲門外
漢外，〔註51〕對文學史史料掌握充分，可見其爲學紮實。

17、《權載之集校記》

宋蔡寬夫詩話，謂《權文公集》皆不避其父名皋，此不可解。明吳
安國《甓瓦編》又論其以古人姓名藏詩句中，創爲此體，伯驥於讀
書私記詳之，此不著，蓋予於《權集》曾點勘一過也。（初編，頁
865）

伯驥有《權載之集》之題記，所收版本爲海源閣藏孫星衍舊寫本。

18、《湛然居士集旁證》、※《文正集旁證》

伯驥於數年前，發願爲《文正集旁證》，朱墨叢雜，削稿未遑，今日
曉起，從事筆硯，偶披吳氏此本，輒題記之。（初編，頁 1031）

此爲耶律楚材之作品，莫氏撰有題記，所藏版本爲清吳錫麟手寫本。

19、※《明史分撰紀事》

伯驥嘗編《明史分撰紀事》一冊子，稍備此事始末。（跋文，頁 34）

〔註51〕《跋文》，集七明刊本《新編目蓮救母勸善戲文》之題跋：「我於曲爲門外漢，
然文義亦略能解。」（頁 656）

20、※《清代家學史》

　　光緒三十四年子封署廣東提學使，宣統間並署布政使，是沈氏與吾粵頗有前緣。余所編《清代家學史》詳之。（跋文，頁60）

　　伯驥撰《清代家學史》頗詳。密之（方以智）父子學術淵源，桐城學人不從方密之而從方望溪，則任公所太息而道也。（跋文，頁87）

　　葉氏（雲素、志詵、名琛、澧）一家之學如此，余所撰《清代家學史》已詳之。（跋文，頁154）

　　伯驥撰《清代家學史》，嘗述先生（葉衍蘭）學行而附及之。（跋文，頁167）

說明清代學者之家學淵源，及學風之傳承。

21、※《官史考索》

　　架上藏此書，題長白瓜爾佳氏嵩崑書農校刊，吾撰《官史考索》，至清代每見滿族瓜爾佳不少高官，而不意即物窮理之君子，亦憑生於果勒、敏珊，延阿林下也。（跋文，頁87）

22、※《佛學與西洋學輸入中國比較史》

　　曉嵐識力固甚慚於徐文定，且不及於王文簡。伯驥嘗撰《佛學與西洋學輸入中國比較史》，所由對於紀氏責賢者備歟。（跋文，頁196）

莫氏題記多處採用西方學說，而子部釋家類所收書亦多，於此方面之學術涉獵亦夥。

23、※《明初僧特別史》

　　伯驥嘗撰《明初僧特別史》，頗有趣。（跋文，頁522）

24、※《唐代公主之研討》

　　李氏（調元）固欲加以了解金蓮（公主）事，亦必於史事之大者有若干連繫。伯驥嘗撰《唐代公主之研討》，於此固未能詳也。（跋文，頁489）

　　（三）僅見於〈五十萬卷樓主人所著書附記其目〉，而不見於《初編》、《跋文》者

　　1、《經學文獻》
　　2、《萬姓統譜補續》
　　3、《中國先民生活史》

4、《歷代文人生活史》

5、《唐詩人生活史》

6、《元高僧傳》

7、《萬邦黎獻畫象述贊》

8、《張氏書目答問述補》

9、《清代女子著述考》

10、《歷代廣東書徵》

11、《書城馨逸》

12、《舞述》

13、《貝龜石玉金五述》

14、《校碑日札》

15、《王荊公年譜補正》

16、《辛稼軒事類》

17、《曾文正公年譜》

18、《古器物詩鈔》

19、《全北宋文》

20、《王文公文沈註商》

21、《曾文正公文集旁證》

22、《歷代詩方言攷》

23、《全唐詩方言攷》

24、《當世文編》

25、《夕陽人語》

26、《廣東故》

27、《動物名實圖攷》

28、《福功堂隨筆》

29、《福功堂日記節存》

30、《群書索引》

31、《廿四史索引》

二、期刊雜誌

期刊雜誌中所刊登之內容，與《初編》相同，時代亦相近，茲分別列出

期刊名、卷期、時間、頁數：

1、《國立北平圖書館館刊》

刊登〈五十萬卷樓藏書目錄初編序〉及題跋二篇。

2、《圖書館學季刊》

第六卷第三期　頁 452～458　民國 21 年 9 月

刊登〈五十萬卷樓題跋〉兩篇，爲明嘉靖刊本之《五燈會元》，及明鶋鳴
館刊本之《西溪叢語》。

3、《國立中山大學文史學研究所月刊》

第二卷第三四期合刊　頁 63～71 及頁 855～863　民國 23 年 1 月

刊登〈五十萬卷樓題跋〉兩篇，爲明刊本之新刊《歐陽文忠公集殘本》
三十四卷，及清厲鶚手寫本之《辛稼軒詞》十二卷。

4、《嶺南學報》

共有三期刊登莫伯驥之作品，分述如下：

（1）第二卷第二期　頁 137～144

刊登題記三篇，爲《詩外傳》十卷、《湛然居士集》十四卷、《吹圖錄》
五十卷。

（2）第三卷第二期　頁 224～232

刊登〈五十萬卷樓題跋〉四篇，分別爲鈔本《元秘史》十五卷、精寫本
《孫子》三卷、元刊本《樂府詩集》一百卷、明刊本《李中麓閒居集》
十二卷。

（3）第三卷第四期　頁 197～200

刊登明嘉靖丁酉廣東崇正書院刻本《兩漢書》。

5、《廣州大學圖書館季刊》

第一卷第四期　頁 706～708　民國 23 年 9 月

刊登〈五十萬卷樓題跋〉壹篇，爲明刊本《新編目蓮救母勸善戲文》不
分卷

莫伯驥於《五十萬卷樓群書跋文》中，附錄一張〈五十萬卷樓主人所著
書附記其目〉，除列書名外，尚有一段文字，茲錄其全文如下：

> 以上各種全係稿本，有用五十萬卷樓藍格寫者，有用貢宣紙及京文
> 紙寫者，大致再須修理，便可付印，中華民國二十五年秋間，正在

印成《書目初編》，預計繼續付印各種，正在計劃間而廣州亂作，各
稿均隨壹千三四百簏之書蕩然無存，此五十種之目已附刊《書目初
編》之後，現特刊出以待尋訪，倘有以原稿還我者，附記其始末，
以拜仁人之賜，往者屬太鴻撰《遼史拾遺》，有買其稿者，尚缺若干
卷，後得於僧人字紙簏，遂能全璧，有此幸運，余日望之。

辛苦完成的稿件喪失，對熱愛學術研究者是一沉痛的打擊，因為，每一件作
品的完成，均是作者嘔心瀝血的成果，如今見其著作之豐富，涵括經史子集
四部，除了感佩之意，尚有更多惋惜之情。

第二章　莫伯驥的藏書

第一節　藏書來源

壹、藏書來源

　　莫伯驥在明刊本《白孔六帖》跋文中，論方功惠藏書時，提及自身藏書之來源：

> 方氏編有書目，端楷分部，惟多有錯亂處，當是未定本。伯驥以書向友易得數之可十餘冊，是以寒家千餘篋之書，有先人遺本，有以書物易得本，有朋好贈本，……多數書則買自兩京及各行省，皆錢聽默、宋賓王之流輩所詒，蓋書友之眖予厚矣。（跋文，頁300）

由此可知，其藏書來源可分爲先人遺本、交換、贈送、購買四部份，再加上伯驥屬館童傳鈔之書籍，共分五項述之：

一、先人遺本

　　莫伯驥極少論及先人遺本爲何，其〈初編自序〉云：

> 吾家上世以力田讀書爲彝訓，陳編世守，嬋媛不絕。先君子研精宋學，所藏宋元名臣大儒之遺書，森森連屋。（頁2～3）

又於寫本《說楛》七卷云：

> 陳（建）著《治安要議》，吾家有之，先君子遺本。（跋文，頁277）

二、交　換

　　莫氏亦與友朋換書，如於元刊本《樂府詩集》一百卷云：

　　明梅鼎祚……著書多屬文藝一門，予所得則爲白棉紙《古樂苑》、竹
　　紙《禹金集》。其餘若《書記洞詮》、《宛雅》二種，亦嘗藏之，以易
　　古人書，出於篋矣。（跋文，頁 596）

未說明與何人換書。又於元至大戊申江浙儒司刊本《唐詩鼓吹》十卷云：

　　李氏集（案：李衛公）吾家於庫本外，又藏明本《李文饒文集》二
　　十卷，前題吳興韓敬求仲甫評點，則近於俗本矣。明袁州刻十四卷
　　本，予舊有之，曾以此換友別書。（跋文，頁 605）

又明朱墨本《琵琶記》二卷：

　　（琵琶記）別有一種爲陳繼儒評，亦四十三齣，明萬曆間蕭慶雲六
　　合同春本舊裝二冊，吾家曾藏。伯驥於此門學問實屬外行，已與友
　　換別書矣。其後友復以此種，請改換別一書，故猶存櫃中。（跋文，
　　頁 651）

莫氏未說明所換爲何書，而此種以書易書的方式，經常出現在藏書家之間，
各取所需，卻不使友誼蒙上利益色彩。

三、贈　送

　　莫伯驥以此種方法所得之書，似乎不多，記載亦鮮，如明刊本《白孔六
帖》一百六卷云：

　　予生兒翌日，埮東先生適以德清俞氏（樾）五百餘卷之叢刊來遺。（跋
　　文，頁 300）

此爲羅惇曧所贈。又如明刊本《弇州山人四部稿》、《續稿》云：

　　《皇明異典述》六卷亦明刻，紙墨大佳，書友楊君所贈也。（跋文，
　　頁 553）

此外，莫伯驥曾贈張元濟明刊本《事物紀原》，此書爲張氏先人張宗櫧遺物，
而張亦回贈《詞林紀事》一部，〔註1〕但未寫明版本爲何，蓋受贈者往往有回
贈的舉動。

四、購　買

　　購買是徵訪圖書最爲有效且普遍的方法，亦是莫伯驥藏書的重要來源。
莫氏長居廣東，但爲購書，不惜走訪各地，如：

　　卷三，底本《說文解字義證》五十卷：

〔註1〕《張元濟年譜》，頁 361。

伯驥得此本於舊京，實爲原刻之底本。（初編，頁 180）

卷四，元刊本《資治通鑑釋文辨誤》十二卷：

民十八年冬，伯驥以國幣四百圓得之北平。（初編，頁 257）

卷八，景寫元刊本《大元聖政國朝典章》六十卷附《新集》：

伯驥以友人之介，得之海上。（初編，頁 458）

卷十二，明刊本《白孔六帖》一百六卷：

中華民國六年，得之金陵。（初編，頁 701）

卷十四，宋刊卷子本《妙法蓮華經》七卷：

伯驥得此卷於都門。（初編，頁 783）

卷十六，四庫傳鈔本《都官集》十四卷：

吾家所藏方氏（功惠）遺書，則皆從京滬買入也。（初編，頁 919）

卷二十，明崇禎刊本《群玉樓集》八十四卷：

伯驥得此本於杭州，得《七十二家集》於海上。（初編，頁 1225）

由此可知莫氏訪書之勤。

若無書估之推薦及走告，想於紛擾之時代，覓得善本秘籍，誠非易事。莫伯驥深明此理，故與各地估人均建立交情，其於〈初編自序〉曰：

由是心力所拋，時間所費，遂以逍遙於緗素爲最多，而函電朋興，益與書船估客，日相接締，或謳歌散藏卷軸之繁，博聞之固，媿不敢承，或甲估頗以乙估之書，「呼顏標爲魯公」，恆有贗本羼入，「歧皂稱皂，蒙鼠作璞」，請留意財，擇甲詰乙，而丙復謂甲言之不公。伯驥肆應於從容笑語之間，而善本未嘗不集。（頁 3）

在與書估言談之間，亦不忘購書，其得自估人之書，如：

卷四，明嘉靖間廣東崇正書院刊本《漢書》、《後漢書》：

民二十一年冬，伯驥得此本於京估之手，班范兩書皆備，爲之狂喜。（初編，頁 221）

元刊本《周書》十卷：

伯驥所獲者，亦由京估以此見寄，予往者固未得其本也。（跋文，頁 137）

明刊本《七脩類稿》五十一卷：

某日金陵書估以庫本（案：指《明文海》）之殘缺者寄來。（跋文，頁 285）

卷二十一，南海孔氏從文瀾閣傳鈔本《聖宋文選》三十二卷：

> 伯驥由京估作緣，得南海孔氏書六櫥。（《初編》頁 1280）

卷七，宋刻本《南嶽總勝集》三卷：

> 葉氏（德輝）所有，不知何時流出，展轉入京估手，竟歸吾家，書
> 福可云不薄矣。（初編，頁 416）

其中不乏珍貴者，無怪莫氏為之狂喜，自言書福不薄。對於善本書之價格，
只要是有價值的版本，莫伯驥是不嫌昂貴的，如於明遼府寶訓堂刻本《梁昭
明太子文集》五卷云：

> 伯驥所得明藩雕本，頗不寂寞，以德藩最樂軒本《漢書》為罕見之
> 書……估人索直頗重，以吾家先有殘本若干卷，得見完書，不嫌其
> 昂也。（跋文，頁 381）

此以足本為貴。又如明刊本《玉茗新詞》四種云：

> 伯驥按：《牡丹亭還魂記》二卷五十五齣，……吾家有冰絲館本，白
> 紙大字，有小籤夾於書口，估人謂為王靜安手筆，多索若干，書直
> 以靜安曾編《曲錄》，文章有價，信然。（跋文，頁 653）

此有名人手筆為珍。由於莫氏著重書之價值甚於價錢，書估樂於與之來往，
一有善本書，輒先連絡伯驥，因此購得五十萬卷樓的鎮庫之寶，如卷十五，
宋刊本之《孫可之集》：

> 此為閣中有名之本，北估不遠數千里，求售於吾家，祕笈在前，能
> 毋心動。當時楊閣軼書，伯驥所見不下百十種，所得亦有多種，然
> 實以此為巨擘焉。大弓在斝，美玉韞櫝，其可忽爾哉？（初編，頁
> 893）

五、傳　鈔

傳鈔亦為增加圖書的方式之一，莫培元、莫培遠於〈初編跋〉云：

> 季父恆喜屬人精寫及景鈔罕傳本，珍重儲藏。（頁 2）

可是其藏書目錄中，僅收錄一本傳鈔之書，即卷二十，鈔本《童子鳴集》六
卷：

> 明萬曆間刻本，伯驥屬館僮傳錄者。（初編，頁 1215）

從上述記載，莫伯驥的藏書全靠正當方式得來的，並無強取豪奪之情事，僅
憑一己購買之力，即可羅致「五十萬卷樓」的美名，不是書癡，無法達成此
目標。莫氏於寫本《慈湖詩傳》，言其藏書態度曰：

伯驥藏《讀詩記》有宋本、有明嘉靖本、及萬曆本，人頗以書癡笑
之。實則板刻有善不善之分，印本有遲與早之辨，卷葉多少，文中
之詳略眞僞，尤須研求。例如明永樂元年奉詔編《大典》之解縉，
其集子予既收《解學士先生集》三十卷本，爲金城黃諫編輯，又收
《解春雨文集》十卷本，亦明刻，至清初刻之《解文毅公集》，復入
書囊，後繙阮氏《石渠隨筆》，知解氏詩尤有在題畫中而未入集者，
固當戒自滿而納眾流也。然則多蓄善本數種，蓋與金釵成行，輕侮
坤德，固自不同，與張子野年八十而買妾，見笑於蘇子瞻，又有異
矣。清季松江太守袁漱六收宋元刊本《漢書》多至十餘部，藏書家
不當如是耶？（跋文，頁 46）

多方蒐集各種版本之書籍，並以袁芳瑛作爲仿效之對象，是莫氏所認同之藏
書家典範，知其藏書態度，更能體會倫明所謂「卌萬卷書非倖致」的涵意。

貳、蒐得之藏書家舊籍

莫伯驥的藏書，不曾大量承襲某位特定的藏書家，他雖自言購得孔氏三
十三萬卷堂的藏書六大櫥，近千冊之圖書，〔註2〕但其中包含善本書若干，並
未詳明。然而，莫氏於〈初編自序〉已言藏書家如：

於是北如意園之盛，臨清之徐氏，南如揭陽之丁氏，南海之孔氏，
巴陵之方氏，江陰之繆氏，茂苑之蔣氏，長沙葉氏之觀古堂，獨山
之銅井文房，揚州吳氏之測海樓，最近蒙難之聊城海源閣，昔日皆
萬籤帳秘，赫赫有聲，然其散出之舊槧精鈔，往往爲伯驥所得。（跋
文，頁 11）

今觀其藏書目錄，曾爲藏書家舊藏之典籍甚多，茲舉其中較多者爲代表，具
論如下：

（一）葉德輝（1864～1927）

葉德輝，譜名襸輝，字奐彬，號直山，別號郋園，湖南湘潭人，生於清

〔註2〕 莫伯驥於元至正間刊本《禮經會元》四卷云：「宣統間，廣東提學使嘉興沈子
　　　封曾桐創省立圖書館，嘗購孔氏傳鈔文瀾閣書三百餘種寘館中，沈氏又自購
　　　若干卷，去官時，收入行篋，後質諸都中某氏。久之，廠估介伯驥出財贖之，
　　　田歸汶陽，珠還合浦。……此次孔氏書近千冊，惟原書未經勘對，讀之頗
　　　令人不懂，外用丹紙爲護葉，粵裝如故，圖記捺於書之卷首，略如粵市楷字
　　　小條木印，所謂書東者，然何其無文歟？」（跋文，頁 59）

同治三年（1864），卒於民國十六年（1927）。光緒十八年（1892）中進士，官吏部主事，不久辭歸。喜刻書，精於目錄版本之學。曾購得宋犖「緯蕭草堂」、孔繼涵「紅榈書屋」、王士禛「池北書庫」、馬國翰「玉函山房」等故家散出舊藏。藏書處有「觀古堂」、「麗廔」。藏書達二十餘萬卷，尤注重收藏清朝以來精刻、精校、初印書，乾、嘉人詩文集收集全備。編有《觀古堂藏書目》四卷，著有《書林清話》、《書林餘話》、《郋園讀書志》、《藏書十約》等。藏書大部分爲子孫賣與日本。〔註3〕

　　莫氏得自葉德輝的藏書最多，其中三十三部撰有題跋，四部未撰題跋，共計三十七部，茲列之如下：

卷一，周易玩辭十六卷　　　　　　　　　大字精寫本

卷一，儀禮集說十七卷　　　　　　　　　元刊本

卷二，新刊詳增補注東萊先生左氏博議　　明正德六年郭氏安正堂本
　　　二十五卷

卷四，漢書一百三十卷　　　　　　　　　明德藩最樂軒刻本

卷六，李深之文集六卷　　　　　　　　　舊鈔本

卷六，盡言集十三卷　　　　　　　　　　明隆慶辛未仿宋淳熙刻本

卷七，汴京遺跡志二十四卷　　　　　　　舊鈔本

卷七，南嶽總勝集三卷　　　　　　　　　宋刊本

卷十，王氏脈經　　　　　　　　　　　　明成化十年仿元泰定四年刊本

卷十，居家必用事類全集十卷　　　　　　明黑口本

卷十一，緯略十二卷　　　　　　　　　　影寫明沈士龍刻本

卷十二，廣川書跋十卷　　　　　　　　　明文氏玉蘭堂鈔本

卷十二，事物紀原十卷　　　　　　　　　明正統十二年閻敬刊本

卷十五，陶靖節集何孟春注十卷　　　　　明正德癸未刻本

卷十五，唐韓昌黎集四十卷外集十卷附錄　明崇禎癸酉蔣氏合刻本
　　　　一卷

卷十五，唐柳河東集四十五卷外集五卷遺　明崇禎癸酉蔣氏合刻本
　　　　文一卷

卷十五，孫職方集不分卷　　　　　　　　明崇禎庚辰閔齊伋刻本

〔註3〕蘇精，《近代藏書三十家》，頁37～42。

卷十五，劉拾遺集不分卷	明崇禎庚辰閔齊伋刻本
卷十五，桂苑筆耕集二十卷	高麗舊活字印本
卷十六，南豐先生元豐類稿五十一卷	明嘉靖戊申王忬刻本
卷十六，擊壤集二十卷	元翻宋本
卷十七，竹洲文集二十卷	明宏治間十世孫雷亨刊本
卷十七，晦庵先生朱文公集一百卷	明嘉靖壬辰蔣詔刻本
卷十七，止齋先生文集五十二卷	明弘治十八年王瓚序刻本
卷十八，默庵安先生文集五卷	知不足齋鈔本
卷十九，大全集十八卷	康熙乙亥刻本　張廷濟朱墨二筆評註
卷十九，陽明先生文錄十四卷	明嘉靖癸巳門人黃綰序刻
卷廿一，文選六臣注六十卷	元茶陵陳仁子古迂書院刊本
卷廿一，文選李善注六十卷	明成化二十三年唐藩重刻元張伯顏池州路本
卷廿一，箋注唐賢絕句三體詩法廿卷	明繙元本（過錄何小山袁漱六校筆）
卷廿二，元人十種詩集五十卷	毛刻本
卷廿二，辛稼軒詞十二卷	清厲鶚手寫本
卷廿二，批點稼軒長短句十二卷	明嘉靖刊本
漢書地理志稽疑六卷	陳仲魚校鈔本
雪心賦	明刻本
臨川先生文集	明本
丹鉛總錄二十七卷	明嘉靖三十三年梁佐福建刊本

（二）黃丕烈（1763～1825）

　　黃丕烈，字紹武，號蕘圃，又號蕘夫、復翁，別署老蕘、廿止醒人、復見心翁、知非子、求古居主人等。清代江蘇吳縣人。乾隆五十三年（1788）舉人。官直隸知縣、分部主事，為乾嘉時期著名藏書大家。一生以藏書、校書為業，尤嗜藏宋版書，自號「佞宋主人」，闢專室收藏，名為「百宋一廛」。刊有《士禮居叢書》，為收藏家所重。有《士禮居藏書題跋記》，繆荃孫編有《蕘圃藏書題識》。其藏書於道光初年全部散盡，多歸汪士鐘「藝芸書舍」及

楊氏「海源閣」。〔註4〕

　　莫氏經藏的善本書，原為黃丕烈舊藏者，計有下列十三種，其中有題記、手校者多種：

卷二，五服圖解一卷	元刊本	
卷七，元和郡縣圖志四十卷	精寫本　陳鱣手校	黃丕烈題記
卷七，吳郡圖經續記三卷	乾隆刊本	黃丕烈校
卷七，武林舊事六卷	寫本	黃丕烈題記
卷八，法帖刊誤上下卷	葉德榮黑格精寫大字本	黃丕烈題記
卷八，隸續殘存八卷	汪氏樓松書屋翻元本	黃丕烈手校
卷十三，山居新話東園友聞不分卷	舊鈔本	吳漫士、黃丕烈手校
卷十四，列子八卷	明世德堂刊本	黃丕烈據宋本校
卷十五，宋之問集上下卷	明翻宋本	
卷十五，孫可之文集十卷	宋刊本	海源閣藏黃丕烈、顧千里批校
卷十九，丹崖集八卷附錄一卷	舊寫本	黃丕烈朱筆校
卷廿一，大雅集八卷	舊寫本	黃丕烈手校
跋文，虛齋樂府上下卷	明汲古閣毛鈔景宋本	

（三）繆荃孫（1844～1919）

　　繆荃孫，字炎之，一字筱珊（又作小珊、小山、筱山），號藝風，江蘇江陰人，光緒二年（1876）進士，官翰林編修、江楚編譯局主任。創辦江南圖書館和京師圖書館，精通版本目錄之學，殫心著述。歷數十年，所得舊刻舊抄、四庫未收之書、孤本稿本等甚多，至達二十餘萬卷，又酷嗜金石文獻的收藏，共達一萬一千八百餘種，為歷來金石家所未有，其藏書處名「藝風堂」，另有「對雨樓」、「雲自在龕」等處，晚年寓滬，襄助各藏書家刊印叢書。著有《藝風堂藏書記》、《續記》、《再續記》、《藝風堂金石文字目》、《藝風堂文集》、《續碑傳集》等。〔註5〕

〔註4〕鄭偉章、李萬健，《中國著名藏書家傳略》，頁132～138。
〔註5〕張碧惠，《晚清藏書家繆荃孫研究》的生平傳略部分。台北：漢美圖書有限公司，1991年7月初版。

　　莫氏經藏的善本書，原爲繆荃孫舊藏者，計有下列十一種：

卷二，大戴禮記十三卷　　　　　　　明嘉趣堂繙宋本

卷十二，儒學警悟七集四十卷　　　　明嘉靖寫本

卷十二，事類賦三十卷　　　　　　　元翻宋本

卷十五，宋之問集上下卷　　　　　　明翻宋本

卷十六，倚松老人詩集二卷　　　　　寫本　繆荃孫手校

卷十七，枒櫚文集二十五卷　　　　　從正德刻本傳錄

卷十八，滋溪文稿三十卷　　　　　　盧抱經校鈔本

卷十八，竹素山房詩集三卷附錄一卷　寫本

卷廿一，皇朝風雅四十卷　　　　　　明刊本

卷廿二，西崑酬唱集上下卷　　　　　傳錄明嘉靖丁酉高郵張綖序刊本

卷廿二，菊坡叢話殘本十卷　　　　　明刊本

（四）方功惠（1829～？）

　　方功惠，字慶齡，號柳橋，清代湖南巴陵人。光緒中，官廣東道員，在廣東任職三十餘年，所得俸祿，盡以購書，藏書達二十餘萬卷，尤以孤本、秘本和明人文集爲多。又曾派員前往日本購書，其藏書處名爲「碧琳琅館」，後因收藏宋元以下《文選》十多種版本，又取名爲「十文選齋」。藏書與廣東藏書家孔廣陶「三十三萬卷樓」齊名，人稱（城）北「方」（城）南「孔」。卒後藏書散於北京琉璃廠書肆。編撰有《碧琳琅館珍藏書目》、《碧琳琅館藏書記》等，又喜刻書，曾刻《碧琳琅館叢書》、《古經解匯函》、《全唐文紀事》、《古小學匯函》等書。〔註6〕

　　莫氏經藏的善本書，原爲方功惠舊藏者，計有下列九種：

卷十二，白孔六帖一百六卷　　　　　明刊本

卷十三，楞嚴經義淵海三十卷　　　　明棉紙藍格寫本

卷十六，都官集十四卷　　　　　　　清四庫傳鈔本

卷十六，張文潛文集十三卷　　　　　明嘉靖仿宋本

〔註6〕方功惠的生平，見葉昌熾撰，王欣夫補正之《藏書紀事詩附補正》卷七，頁711，（上海古籍出版社，1989年9月出版），及徐紹棨《廣東藏書紀事詩》之附錄。

卷十六，竹隱畸士集二十卷　　　　　　　寫本

卷十七，劉後村先生大全集一百九十六卷　從賜硯堂本傳錄

卷十八，東維子文集三十卷附錄一卷　　　寫本

卷廿二，蟻術詞選四卷　　　　　　　　　精寫本

勿齋集

（五）范欽天一閣（1506～1585）

范欽，字堯卿，一字安卿，號東明，浙江寧波府鄞縣人。嘉靖十一年（1532）進士。性嗜藏書，初名其藏書處曰「東明草堂」，後所收書益豐，於是在嘉靖四十年（1561）建「天一閣」，藏書在當時為浙東之首，其中，宋元明刻本及鈔本甚多，所藏碑刻計有五百八十餘通，為海內首屈一指。又喜鈔書，與豐坊、王世貞訂有互鈔之約。天一閣藏書雖有散失，然為我國古代私人藏書中資料保存完好，流傳最久的藏書樓。編有《范氏東明書目》和《四明范氏書目》，著有《天一閣集》。〔註7〕

莫氏經藏的善本書，原為天一閣舊藏者，計有五種，天一閣寫本者三種：

卷二，新刊詳增補注東萊先生左氏博議二十五卷　明正德六年郭氏安正堂本

卷十三，博物策會十七卷　　　　　　　　　　　明嘉靖刊本

卷十四，五燈會元二十卷　　　　　　　　　　　明嘉靖刊本

卷十四，道書十二種十二卷　　　　　　　　　　明寫本二冊子

卷廿二，雲巖詩集六卷　　　　　　　　　　　　明刊本

卷十三，玉壺清話十卷　　　　　　　　　　　　明范氏天一閣寫本

卷十四，三洞群仙錄十卷　　　　　　　　　　　天一閣舊寫本

後村詩話　　　　　　　　　　　　　　　　　　范氏天一閣寫本

（六）毛晉汲古閣（1599～1659）

毛晉，原名鳳苞，字子九（或作子久），後改名晉，字子晉，別號潛在。弱冠前字東美，晚號隱湖，別署汲古閣主人、篤素居士。性嗜卷軸，喜購書，尤重宋元舊本，構「汲古閣」、「目耕樓」以庋藏，共得八萬四千餘卷。又喜

〔註7〕見王河主編《中國歷代藏書家辭典》，頁257，上海：同濟大學出版社，1991年4月出版。

刻書，所刊《十三經》、《津逮秘書》，流布甚廣，爲歷來私家刻書之首。著有《野外詩題跋》、《毛詩名物考》、《明詩紀事》等二十餘種。〔註8〕

　　莫氏經藏的善本書，原爲毛晉舊藏者三種，刊刻者七種：

卷一，呂氏家塾讀詩記三十二卷	宋巾箱本
卷十六，歐陽文忠公全集一百五十六卷	明天順刊本
卷十六，張文潛文集十三卷	明嘉靖仿宋本
卷十三，周易本義四卷	明汲古閣據成化本重刻　清錢陸燦批校
卷一，金臺集一卷	汲古閣景元本
卷廿一，樂府詩集一百卷	明汲古閣刊本用公牘故紙印
卷廿一，列朝詩集乾集二卷甲集前編一卷甲集三十二卷乙集八卷丙集十六卷丁集十六卷閏集六卷	明崇禎癸未汲古閣刊本
卷廿二，唐詩紀事八十一卷	汲古閣刊本
卷廿二，花間集十卷	汲古閣刊本
跋文，虛齋樂府上下卷	明汲古閣毛鈔景宋本

　　筆者整理莫氏藏書目錄中，爲前代藏書家舊藏之圖書，撰成附錄三。

第二節　板本分析

　　莫伯驥《五十萬卷樓藏書目錄初編》所著錄之九百一十四種善本，其未著明板本者，僅有一種。〔註9〕茲略分爲宋刊本、元刊本、明刊本、清刊本、舊刊本、寫（鈔）本、明寫（鈔）本、舊寫（鈔）本、精寫本、從別本傳錄、文瀾閣傳鈔本、翻（覆）刻本、仿刻本、重刻本、景本、活字本、高麗刊本、日本刊本、朱墨本、校本、清四庫底本及無等二十二項，詳加統計《五十萬卷樓藏書目錄初編》中，各卷之板本概況，藉由具體之數據，以瞭解莫伯驥所藏善本之板本特色。

〔註8〕參周彥文，《毛晉汲古閣刻書考》之生平部分。《毛晉汲古閣刻書考》，民國69年東海大學中研所碩士論文。

〔註9〕即卷十一，《玄玄碁經》一卷。

附表一 　《五十萬卷樓藏書目錄初編》各類著錄之圖書板本統計表

板本 ＼ 經部	經一卷 1	經二卷 2	經三卷 3	合　計
宋刊本	1		2	3
元刊本	9	13	8	30
明刊本	15	17	8	40
清刊本	1	2	1	4
舊刊本				
寫（鈔）本	11	6	6	23
明寫（鈔）本			2	2
舊寫（鈔）本	1			1
精寫本	1		1	2
從別本傳錄	2		2	4
文瀾閣傳抄本	1			1
翻（覆）刻本	1	4		5
仿刻本			1	1
重刻本	2			2
景　本			1	1
活字本		1		1
高麗刊本		1		1
日本刊本				
朱墨本				
校　本	1		1	2
清四庫底本	1			1
無				
小　計	47	44	33	124

板本 ＼ 史部	史一卷 4	史二卷 5	史三卷 6	史四卷 7	史五卷 8	合計
宋刊本	5	2		2		9
元刊本	8	6	3		2	19
明刊本	20	11	22	20	14	87
清刊本						

板本						合計
舊刊本			1			1
寫（鈔）本	4	7	7	5	11	34
明寫（鈔）本		3	4	1	2	10
舊寫（鈔）本	1	1	3	1	5	11
精寫本			1	2	2	5
從別本傳錄	1		1		1	3
文瀾閣傳抄本						
翻（覆）刻本	2	2			1	5
仿刻本	1		2			3
重刻本	1			2		3
景　本			2		1	3
活字本						
高麗刊本	1					1
日本刊本						
朱墨本						
校　本			1	2		3
清四庫底本						
無						
小　計	44	32	47	35	39	197

子部 板本	子一卷 9	子二卷 10	子三卷 11	子四卷 12	子五卷 13	子六卷 14	合計
宋刊本	7	2	2	2	2	4	19
元刊本	3	8	6	6	3	6	32
明刊本	23	21	17	28	20	22	131
清刊本			1		1	1	3
舊刊本		1			1		2
寫（鈔）本	1	6	3	2	4	1	17
明寫（鈔）本		1	1	5	4	5	16
舊寫（鈔）本		2	1		3	2	8
精寫本		1				1	2
從別本傳錄	1		3		2	2	8
文瀾閣傳抄本							
翻（覆）刻本	1			1			2

板本							合計
仿刻本		2	1				3
重刻本	1	2					3
景　本	1		1				2
活字本			1	1			2
高麗刊本							
日本刊本	1	1			1	1	4
朱墨本							
校　本							
清四庫底本	1	1	1				3
無			1				1
小　計	40	48	39	45	41	45	258

板本 ＼ 集部	集一卷15	集二卷16	集三卷17	集四卷18	集五卷19	集六卷20	集七卷21	集八卷22	合計
宋刊本	2	2						1	5
元刊本	3		1	2			6	1	13
明刊本	24	20	17	9	35	37	17	23	182
清刊本					1				1
舊刊本				1			1	1	3
寫（鈔）本	2	9	8	14	5	2	6	6	52
明寫（鈔）本	2		1	1	1			1	6
舊寫（鈔）本	1		1	8	4	1	2		17
精寫本			1	2	1	1		2	7
從別本傳錄	1	2	3		2	2	2	1	13
文瀾閣傳抄本				1					1
翻（覆）刻本	2	1		1			3		7
仿刻本	1	2					1		4
重刻本	1						1		2
景　本	1		2	4					7
活字本	4	1	2					1	8
高麗刊本							1	1	2
日本刊本							1		1

朱墨本	1	1						1	3
校　本									
清四庫底本					1				1
無									
小　計	45	38	36	43	50	43	41	39	335

四部 板本	經 部	史 部	子 部	集 部	合 計
宋刊本	3	9	19	5	36
元刊本	30	19	32	13	94
明刊本	40	87	131	182	440
清刊木	4		3	1	8
舊刊本		1	2	3	6
寫（鈔）本	23	34	17	52	126
明寫（鈔）本	2	10	16	6	34
舊寫（鈔）本	1	11	8	17	37
精寫本	2	5	2	7	16
從別本傳錄	4	3	8	13	28
文瀾閣傳抄本	1			1	2
翻（覆）刻本	5	5	2	7	19
仿刻本	1	3	3	4	11
重刻本	2	3	3	2	10
景　本	1	3	2	7	13
活字本	1		2	8	11
高麗刊本	1	1		2	4
日本刊本			4	1	5
朱墨本				3	3
校　本	2	3			5
清四庫底本	1		3	1	5
無			1		1
小　計	124	197	258	335	914

　　莫伯驥《五十萬卷樓藏書目錄初編》著錄之版本情形已見上表，其中以明刊本四百四十部居首，而此尚不包括明代翻刻、覆刻、仿刻、重刻的本子；其次是寫鈔本共二百四十三種（包括寫鈔本一百廿六種、明寫本卅四種、舊寫本卅七種、精寫本十六種、傳錄本廿八種、文瀾閣鈔本二種）；宋元刊本共一百三十種居第三，現分別敘述如下：

（一）明刊本

　　一般藏家對明刊本的評價並不高，對此說法，潘師美月認爲：

> 明刻本也有它顯著的缺點：第一是校勘不精審，錯誤遺漏相當多。……第二是書帕本的濫刻。……第三是妄改書名及刪節內容，這是明刻的最大缺點。……這些顯著的缺點是後人把明刻看作不如宋元刻本的最大原因。〔註10〕

曹之的《中國古籍版本學》亦認爲：

> 明刻本的缺點也不少，主要表現在：第一，校勘不精，脫漏甚多。……第二，隨意竄改古書。……第三，多序。……第四，作僞較多，作僞手段千奇百怪。〔註11〕

故有「明人刻書而書亡」之歎。然明本中，亦有佳本，具有保存參考之價值。莫伯驥所藏之明本，即有不少佳本。如明代藩府刻書的風氣：「實前無古人，後無來者。明代圖書版刻史上，固應大書特書者也」。〔註12〕莫氏於明遼府寶訓堂刻本之《梁昭明太子文集》中，自言藏此種版本多種：

> 伯驥所得明藩雕本頗不寂寞，以德藩最樂軒本《漢書》爲罕見之書。……此外，若魯藩之《抱朴子》亦頗有名。趙藩之《四溟山人集》曾著錄之。衡藩之《胥臺先生集》亦罕見本，予得於粵中芋花庵。惟寧藩則除《白玉蟾集》外，多自著之本，予所得亦有若干種焉。楚藩大字劉向《說苑》，冊子頗大。其餘唐藩、濬藩、徽藩等刻本，吾家多有之，或稱書院，或稱堂，趙府則有居敬、冰玉之別，蜀藩之活字本《欒城集》尤冠絕諸藩，以紙墨皆佳，校勘亦善也。（跋文，頁381）

〔註10〕潘美月，《圖書》，頁127，台北：幼獅文化公司，民國75年6月出版。

〔註11〕曹之，《中國古籍版本學》，頁305～306，武昌：武漢大學出版社，1992年5月出版。

〔註12〕屈萬里、昌彼得，《圖書板本學要略》，頁58，臺北：中國文化大學出版社，民國75年10月出版。

現將莫氏題跋中之明藩府刻本錄出，以茲參考：

卷四，史記一百三十卷	明秦藩刊本
卷四，漢書一百三十卷	明德藩最樂軒刻本
卷九，說苑二十卷	明楚藩大字本
卷十，補注釋文黃帝內經素問十二卷	明趙府居敬堂本
卷十，焦氏易林上下卷	明潘藩刻本
卷十二，錦繡萬花谷前集四十卷後集四十卷續集 四十卷	明徽藩刻本
卷十四，抱朴子內篇二十卷外篇五十卷	明魯藩刊本
卷十五，梁昭明太子文集五卷	明遼府寶訓堂刊本
卷十六，欒城集五十卷後集二十四卷三集十卷	明嘉靖蜀府活字本
卷十七，白玉蟾文集六卷續集二卷	明正統間臞仙（寧藩）編刊 本
卷廿，四溟山人全集二十四卷	明趙府冰玉堂刊本
卷廿一，文選李善注六十卷	明成化二十三年唐藩重刻 元張伯顏池州路本

有明一代，除藩府本屢見傳本外，私家刻本及坊刻本中，亦見傳本。屈萬里、昌彼得二位先生於《圖書板本學要略》，曾舉例說明明代私家刻本及坊刻本中之佳本：

> 明正嘉間，覆刻宋本之風頗盛，而以吳中為最著，且大率出於私家。……其流傳至今，而為藏家所重者，則有吳郡沈辨之野竹齋之《韓詩外傳》，錫山安國桂坡館之《顏魯公文集》，震澤王延喆之《史記》，吳郡金李澤遠堂之《國語》，吳郡袁氏嘉趣堂之《大戴禮記》、《文選》、《世說新語》，顧春世德堂之《六子》，南平游居敬之《韓柳文》，餘姚聞人詮之《舊唐書》，東吳郭雲鵬濟美堂之《李太白詩集》、《曹子建集》，俞憲鶼鳴館之《西溪叢語》，東吳徐時泰東雅堂之《韓昌黎集》，錫山顧氏文房之《四十家小說》等。大都仿舊本精刻，且多刻於嘉靖年間。以較並時及隆萬以後坊本之逞臆妄改者，直有天淵之判。「明人刻書而書亡」，上述諸家，固不宜當此惡詆也。〔註13〕

〔註13〕同上，頁 59。

以上所列之板本，莫氏大部分皆有收錄，並撰成〈題跋〉，其明刊本中之精品可見一般。

（二）寫（鈔）本

莫伯驥在著錄版本項目時，寫本和鈔本的名稱交替使用，其實是相同意義。對於鈔本之價值，葉德輝《藏書十約》云：

> 有經名人手鈔手校者，貴重尤過於宋元。〔註14〕

清初孫從添於《藏書紀要》云：

> 若明版坊本、新抄本，錯誤遺漏最多，須覓宋元版、舊鈔本，校正過底本或收藏家秘本，細細讎校，反復校過，連行款俱，要照式改正，方爲善本。〔註15〕

可見鈔本對於坊刻本、新鈔本來說，是可糾正書中的謬誤。沈津又於〈抄本及其價值與鑒定〉云：

> 明清以來的藏書家除了重視宋元刻本外，對於鈔本的位置有的也是放在明刻本的前面的。黃丕烈曾想輯他數十年來所見古書錄，將所藏者爲正編，所見而未藏者作爲附錄，按宋槧、元刻、毛鈔、舊鈔、雜舊刻本的次序排列。〔註16〕

莫氏所藏的鈔本和寫本，共計二百四十三種，出自名人鈔寫者不少，葉德輝在《書林清話》卷十「明以來之鈔本」一節，列舉多位最爲藏書家所祕寶的鈔本，蓋鈔本的價值不在刻本之下。黃丕烈說「勿以世有刻本，而薄鈔本。」這是正確的態度。

莫伯驥所藏之寫（鈔）本，其有名稱可考者，羅列如下：

卷一，尙書精義五十卷	文瀾閣傳抄本
卷二，樂典三十六卷	拜詩閣寫本
卷二，古文春秋左氏傳賈服注十二卷	曲阜孔繼涵寫本
卷三，爾雅新義二十卷	（張德榮）伊蒿學廬黑格寫本
卷三，經傳釋詞續編上中下卷	胡澍（甘伯）手編精寫本
卷三，九經三傳沿革例一卷	曲阜孔氏寫本

〔註14〕見〈鑒別二〉，台北：成文出版社，《書目類編》第九十一冊。
〔註15〕見孫從添《藏書紀要》，第四則「校讎」條，台北：廣文書局，《書目續編》。
〔註16〕見沈津〈抄本及其價值與鑒定〉，《四川圖書館學報》，1982年第三期，頁49。

卷四，漢書地理志補注一百三卷	寫本（李兆洛抄本）
卷六，敬鄉錄二十三卷	結一廬（朱澂、朱學勤）藍格寫本
卷七，咸淳臨安志九十六卷	曲阜孔繼涵（青疃書屋）寫本
卷七，咸淳臨安志三卷	梁山舟烏絲欄寫本
卷八，宣和奉使高麗圖經四十卷	彭氏知聖道齋寫本
卷八，七錄（輯本）上下卷	前清臧鏞堂輯寫本
卷八，法帖刊誤上下卷	葉德榮黑格精寫大字本
卷八，絳帖平六卷	郁禮東歗軒寫本
卷十一，東觀餘論二卷附錄一卷	天一閣舊鈔本
卷十一，庶齋老學叢談上中下卷	周季貺校寫本
卷十一，味水軒日記八卷	戴松門手寫本
卷十二，廣川書跋十卷	明文氏玉蘭堂鈔本
卷十二，畫史會要五卷	舊寫本（菉竹堂抄本）
卷十三，玉壺清話十卷	明范氏天一閣寫本
卷十三，清波雜志十二卷別志三卷	知不足齋寫校本
卷十四，三洞群仙錄十卷	天一閣舊寫本
卷十五，權載之文集五十卷摭遺一卷附錄一卷	海源閣藏孫星衍（淵如）舊寫本
卷十五，廣成集十七卷	晚晴軒陳文田傳錄知聖道齋本
卷十六，徐騎省文集三十卷	經鋤堂綠格鈔本
卷十六，姑溪居士文集五十卷後集二十卷	小山堂寫本
卷十六，石林居士建康集八卷	陸香圃三間草堂寫本
卷十七，和靖先生文集三卷	鳴野山房精鈔本
卷十七，羅鄂州小集六卷	桐鄉汪森裘杼樓寫本
卷十八，湛然居士集十四卷	清吳錫麟（穀人）手寫本
卷十八，張文忠公文集二十八卷	籍書園寫本
卷十八，松鄉先生文集十卷	臨清徐坊歸樸堂臨寫惠周惕紅

	豆新居本
卷十八，雙溪醉隱集六卷	文瀾閣傳鈔本
卷十八，默庵安先生文集五卷	知不足齋鈔本
卷十八，滋溪文稿三十卷	盧抱經校鈔本
卷十八，青村遺稿一卷	叢書樓寫本
卷十八，華陽貞素文集七卷附錄一卷又北莊遺稿可庵搜枯集一卷	誦芬堂精寫本
卷十九，臨安集十卷	明淡生堂祁承爜寫本
卷十九，王舍人詩集　卷	吳城瓶花齋寫本
卷廿二，月泉吟社詩二卷	清林吉人精寫本
卷廿二，辛稼軒詞十二卷	清厲鶚（樊榭）手寫本
卷廿二，元遺山新樂府五卷	南昌彭氏知聖道齋寫本

（三）宋元刊本

宋元刊本向來為藏書家所珍重，莫伯驥著錄之宋刊本有三六種，元刊本九十四種，「這個數字如就民國以來收藏宋元古書的情形而言，大約是介於大、中兩種規模的藏書家之間。」〔註 17〕其中以《孫可之集》及《李文公集》最受莫氏喜愛，《孫集》堪稱五十萬卷樓之鎮樓寶書。葉德輝《書林清話》云：

> 宋本以下，元本次之。然元本源出於宋，故有宋刻善本已亡，而幸元本猶存，勝於宋刻者。〔註 18〕

宋元刊本之佳處如此，故自清初錢謙益以來，尤為寶重之。葉德輝又云：

> 自錢牧齋、毛子晉先後提倡宋元舊刻，季滄葦、錢述古、徐傳是繼之，流於乾嘉，古刻愈稀，嗜書者眾，零篇斷葉，寶若球琳，蓋已成為一種漢石柴窯，雖殘碑破器，有不惜重貲以購者矣。〔註 19〕

可知宋元刊本之不易得，殘本亦成為藏家收購之對象。

〔註 17〕蘇精，《近代藏書三十家》，頁 152。蘇精統計「莫作驥收藏有三十八部宋本和八十部元本」，與筆者的統計有出入。
〔註 18〕《書林清話》，卷七，〈元刻書之勝於宋本〉。
〔註 19〕《書林清話》，卷十，〈藏書偏好宋元刻之癖〉。

第三節　散佚狀況

　　莫伯驥藏書之富，其精本祕笈，幾可以「上企瞿楊，無慚丁陸」。〔註20〕可惜因戰爭關係，五十萬卷樓一千三四百箱之書，大部份已遺佚。今分爲兩點敍述其藏書：一曰散佚經過，二曰現藏概況。茲分別論述如下：

一、散佚經過

　　莫伯驥的藏書散失情形，葉恭綽曾於〈跋文序〉中提及：

> 中華民國紀元之二十六載，余以上海淪陷，避地香港。嗣廣州又復失
> 守，一日于市攤見有捆售東莞莫氏《五十萬卷樓藏書目》者，歎曰，
> 此蓋新印而未發布者，胡爲乎來，噫！莫氏藏書不可問矣。……旣聞
> 廣州之失，則屢謀所以營救諸家藏書，……故見莫氏書目之出，爲之
> 觸目驚心。已而莫氏藏書頗見於市，時余方爲中央圖書館訪求祕籍，
> 因爲收粤中諸家藏書之散於港市者，莫氏亦在其列。……勝利後，天
> 一丈復以書至，謂頗收回所失書，且將重編《群書跋文》。〔註21〕

則莫氏藏書並未全佚，然已不復五十萬卷樓之盛名。容肇祖亦曾於廣州舊書肆上，看過五十萬卷樓之藏書。而記載散佚經過最爲詳盡具體者，爲宇翁所撰〈五十萬卷書樓〉：

> 一九三七年日寇轟擊廣州，舉家移居香港，存書已整理者凡千四百
> 箱，均遭劫掠，隨身帶出之書，據家人告，不過四皮箱。……劫去
> 之書，有一部份在抗戰時，運至廣州附近平洲作廢紙出售者，由其
> 子展轉託人收回，但亦不過數十箱。如《永樂大典》一冊，竟未珠
> 還也。海源閣舊藏之宋（南宋）版《孫可之集》，莫氏認爲天壤間之
> 瓌寶而以鉅資得之者，則尚獲保存。〔註22〕

由千四百箱之藏書，只收回數十箱，善本書之命運如此，可謂圖書一厄。莫氏藏書之散佚，無關水火之災，債務之累，全爲兵燹之禍造成。

　　關於莫氏五十萬卷樓劫餘之書，其情況如何？宇翁於〈五十萬卷書樓〉云：

〔註20〕　《北京圖書館館刊》第六卷第一號，〈五十萬卷樓藏書目錄初編序〉，編者所
　　　　加之識語。

〔註21〕　葉恭綽〈東莞莫氏五十萬卷樓群書跋文序〉，頁1。

〔註22〕　宇翁〈五十萬卷書樓〉（近代東粤藏書家之二），收於《藝林叢錄》第一編，
　　　　頁188，1961年10月出版。

近傳五十萬卷書樓劫餘之書，已全部運歸廣州。〔註23〕

千頃〈讀《廣東藏書紀事詩》〉云：

> 晚近廣東藏家如梁氏飲冰室、莫氏五十萬卷樓、潘氏寶禮堂，已將
> 所藏之一部分先後歸公，爲書林添佳話，今後寒士學人，亦得以隨
> 時閱覽。〔註24〕

捐贈之舉，能使伯驥藏書保存於世，並且造福後人。

二、現藏概況

今日所見各圖書館之善本書目錄，無法立即考得是否爲莫氏之藏書，因
限於時間迫促及筆者自身能力不足，僅查得二處有莫氏藏書，一爲臺灣地區
的國立中央圖書館，二爲大陸地區的北京圖書館。竊知未能網羅殆盡，遺漏
之處，希望他日再行補充。茲介紹如下：

（一）國立中央圖書館

據《國立中央圖書館善本題跋眞跡》，查得莫氏藏書一部：〔註25〕

1. 丹鉛總錄二十七卷十冊　明、楊愼撰　編號　〇七一六〇

明嘉靖三十三年梁佐福建刊本。版匡高二一點八公分，高一六點五公分。
每半頁十一行，行二十五字。四周雙邊，單魚尾，花口，版心上書書名。有
「東莞莫氏五十萬卷樓」（白文方印）、「東莞莫伯驥號天一藏書之印」（朱文
方印）及葉德輝、葉啓勳、葉啓發等人之印記多種。並有葉德輝手書題記，
書中亦有多處葉氏之案語。

（二）北京圖書館

依據《北京圖書館古籍善本書目》之著錄，筆者比對書籍相同之版本，
而批校題識者與莫氏藏書目錄之著錄相同，則推測可能爲莫氏舊藏之書。今
將《北京圖書館古籍善本書目》著錄之詳情登錄如下，依序爲書名、卷數、
著者、版本、校跋、冊數、版式、書號、及《京圖書目》之頁碼。

1. 周易本義四卷　宋朱熹撰　明末毛氏汲古閣刻本　錢陸燦批注並跋

〔註23〕同上，頁190。

〔註24〕千頃〈讀廣東藏書紀事詩〉，收於《藝林叢錄》第六編，頁340，1966年4月
出版。

〔註25〕《國立中央圖書館善本題跋眞跡》，頁1432，特藏組編，中央圖書館，民國
71年12月出版。

四冊　九行十七字　白口左右雙邊　一三三四五　頁 17

2. 毛詩要義二十卷譜序要義一卷　宋魏了翁撰　清抄本　沈炳垣校並跋

十二冊　九行十八字無格　一二一九一　頁 52

3. 五服圖解一卷　元龔端禮撰　元泰定元年杭州路儒學刻本　黃丕烈跋

一冊　十四行二十五字白口左右雙邊　一三三一〇　頁 87

4. 大戴禮補註十三卷　清孔廣森撰　清嘉慶五年刻本　龔橙校並跋　四冊

十行二十字小字雙行同上黑口左右雙邊　一一二七〇　頁 82

5. 兩漢紀六十卷　明嘉靖二十七年黃姬水刻本　陳澧校並跋　二十冊

前漢紀三十卷　漢荀悅撰　一三四五八　頁 280

後漢紀三十卷　晉袁宏撰

6. 資治通鑑考異三十卷　宋司馬光撰

明嘉靖二十三至二十四年孔天胤刻本　周星詒跋　六冊

十行二十字白口左右雙邊　一三四六六　頁 268

7. 唐才子傳十卷　元辛文房撰　攷異一卷　清陸芝榮撰

清嘉慶十年陸氏三間草堂刻本　陳鱣校並跋　二冊

十行二十字黑口左右雙邊　一三三二〇　頁 411

8. 紹興十八年同年小錄不分卷　清抄本　傅以禮跋　二冊

一四〇七八　頁 467

9. 元和郡縣圖志四十卷　唐李吉甫纂修　清陳樹華抄本

黃丕烈跋　陳鱣校跋並錄孫星衍題識　六冊　十行二十二字無格　一
三四二五　頁 535

存三十四卷　一至十八　二十一至二十二　二十五至三十四　三十七
至四十

10. 太平寰宇記二百卷目錄二卷　宋樂史撰　清抄本　錢大昕校並跋

十五冊　十行二十字無格　一二一九〇　頁 536

存一百四十六卷　一至三　五至十五　三十三至四十一

七十三至一百十二　一百二十至二百　目錄全

11. 〔咸淳〕臨安志三卷　宋潛說友纂修　清梁同書抄本　三冊

九行十八字白口四周單邊　一三三五四　頁 669

存四卷　六十八至七十一

12. 〔元豐〕吳郡圖經續記三卷　宋朱長文纂修

清乾隆二十四年朱鑰明教堂刻本　黃丕烈校並跋　三冊

十行十九字白口左右雙邊　一三四〇九　頁573

13　職官分紀五十卷　宋孫逢吉輯　清抄本　張穆跋　十冊

十行二十二字無格　一三四一八　頁1524

14.　隸續殘存八卷　宋洪适撰　清乾隆四十三年汪氏樓松書屋刻本

黃丕烈校　一冊　十行二十字白口四周單邊　一三三二二　頁1081

存八卷　一至八

15.　孫子二卷　漢曹操注　清抄本　王懿榮跋又倩人錄王念孫校　吳大澂跋

一冊　九行二十字紅格白口四周雙邊　一三三二七　頁1217

16.　緯略十二卷　宋高似孫撰　清初抄本　葉德輝抄補並跋　二冊

九行十八字無格　一三三六二　頁1443

17.　廣川書跋十卷　宋董逌撰　明鈔本　朱錫庚、葉德輝跋　四冊

十一行二十四字無格　一三三五五　頁1338

18.　儒學警悟六種四十卷　宋俞鼎孫、俞經編　明抄本　繆荃孫校

傅增湘跋十二冊　十三行二十二字黑格白口四周單邊　一三四九三

頁1672

19.　清波雜志十二卷別志三卷　宋周煇撰　清抄本　鮑廷博校並跋　二冊

十行十九字無格　一三三六七　頁1406

20.　東園友聞一卷　明夏頤撰　明抄本　黃丕烈跋　與山居新話合一冊

十一行二十字無格　一三四〇八　頁1470

21.　沖虛至德眞經八卷　晉張湛注　明嘉靖十二年顧春世德堂刻六子書本

黃丕烈校並跋　二冊　八行十七字白口四周雙邊　一三四四〇　頁1652

22.　曹子建集十卷　魏曹植撰　明銅活字印本　王士禎跋　四冊

九行十七字細黑口左右雙邊　一三四三三　頁1995

23.　權載之文集五十卷摭遺一卷　唐權德輿撰　附錄一卷　清抄本

楊紹和跋　十六冊　十一行二十二字白口四周單邊　一三四七三　頁

2046

24.　孫可之文集十卷　唐孫樵撰　宋刊本　黃丕烈、顧廣圻跋　二冊

十二行二十一字白口左右雙邊一三三〇九　頁2048

25.　武溪集二十一卷　宋余靖撰　明嘉靖四十五年劉穩刻本　王士禎跋

八冊　十行二十字黑口四周雙邊　一三四二八　頁2100

26. 伊川擊壤集二十卷集外詩一卷　宋邵雍撰　明初刻本　葉德輝跋　六冊
　　　一三四五六　頁 2119

27. 倚松老人詩集二卷　宋饒節撰　清宣統二年繆荃孫家抄本
　　　繆荃孫校並跋　一冊　十一行二十四字無格　一三四二一　頁 2154

28. 張文潛文集十三卷　宋張耒撰　明嘉靖三年郝梁刻本　方功惠跋　四冊
　　　十行十八字白口左右雙邊　一三三七八　頁 2150

29. 盧谷桐江續集四十八卷　元方回撰　清抄本　孔廣栻校並跋　七冊
　　　九行二十字無格　一三四二四　頁 2247
　　　存三十二卷　一至二　四至十三　十五至二十　二十二　二十五　二
　　　十七至三十一　三十三　三十五　三十七至三十八　四十二至四十四

30. 石初集十卷　元周霆震撰　附錄一卷　清抄本
　　　清王士禛跋　彭元瑞校並跋　二冊　一三四〇三　頁 2290

31. 王忠文公集二十四卷　明王禕撰　明嘉靖元年張齊刻本（四庫底本）
　　　二十四冊　十行二十字白口左右雙邊　一三四六〇　頁 2306

32. 丹崖集八卷　明唐肅撰　附錄一卷　清抄本　黃丕烈校並跋　二冊
　　　十一行二十字無格　一三四九六　頁 2309

33. 臨安集詩五卷文五卷　元錢宰撰　明祁氏淡生堂抄本　二冊
　　　十行二十四字白口四周單邊藍格　一三四二二　頁 2311

34. 箋註唐賢絕句三體詩法二十卷　宋周弼輯　元釋圓至註　明刻本　葉德
　　　輝跋並錄何煌、袁芳瑛評校題識　四冊
　　　九行十七字黑口四周雙邊　一三三一八　頁 2785

35. 盧齋樂府二卷　宋趙以夫撰　清初毛氏汲古閣影宋抄本　黃丕烈跋
　　　一冊　十行十八字白口左右雙邊　一三三二四　頁 2958

＊36. 積古齋鐘鼎彝器款識十卷　清阮元、朱爲弼撰　清嘉慶九年自刻本
　　　何紹基批注　三冊　一三四二九　頁 1092

＊37. 王季木問山亭詩集選一卷辛亥草二卷癸丑草一卷壬子草一卷甲寅草一
　　　卷　明王象春撰　明抄本　王士禛批點刪定　四冊
　　　八行十九字白口四周雙邊藍格　一三三二八　頁 2433

有「＊」號者，莫氏並未撰寫解題。現存大陸之莫伯驥藏書，當不只此三十
七種。從以上之著錄，可發現書號是介於一一二七〇至一四〇七八之間，尤其
以一三三〇〇至一三五〇〇之間最多，筆者翻閱《北京圖書館古籍善本書目》

時，亦發現書號爲「一三」開頭者，其所著錄之圖書及其版本，與莫氏多相符合，可是並無後人之校跋作爲佐證，故不敢遽然斷定即爲莫氏經藏之書，所以，前述莫氏藏書曾部份歸公，或許即爲此批圖書，其書號方如此接近。

第四節　藏書的整理和利用

　　莫氏對於所藏之善本書，不是束之高閣，以供炫耀之用，而是加以運用，以期達到於己有福，於人有功之效用。今分別敘述莫伯驥對藏書的整理和利用。

壹、整　理

　　莫氏所撰之《五十萬卷樓藏書目錄初編》及《五十萬卷樓群書跋文》，正是對其藏書長期整理的成果，書中提及莫氏整理圖書的情形：

一、校　勘

（1）點校書籍

　　莫伯驥讀書至勤，對於藏書曾予以點校，如卷十五，孫淵如舊鈔本《權載之文集》五十卷《摭遺》一卷云：

> 蓋予於《權集》曾點勘一過也。（初編，頁 865）

又集六，明繙元版本《箋注唐賢絕句三體詩法》二十卷云：

> 伯驥按：（袁）漱六，名芳瑛，……寒家有明刻《公孫龍子》等書數
> 種，爲漱六舊藏，曾大略校過。（跋文，頁 602）

均略及點校之經過。又如卷四，明嘉靖間廣東崇正書院刊本《漢書》、《後漢書》云：

> 往者伯驥嘗點讀二十四史一過，二書（按：《漢書》及《後漢書》）
> 則用先人所遺之毛刻十七史本，未能多取善本以爲校勘也。於是略
> 覆讀之，覺其善處甚多。嘉興錢氏泰吉嘗借拜經樓宋本《漢書》，校
> 其與汲古閣本異者，撰《攷異》詳之。（初編，頁 221）

則說明點讀之版本，並提及前人校讀結果。

（2）撰成《校記》

　　莫氏以各版本校其異同，並成《校記》若干，如卷四，明汪文盛刊本《五代史記》七十五卷：

> 伯驥嘗以元本校此本……已成《校記》三卷。（初編，頁 242）

又如卷四，明嘉靖間仿宋本《資治通鑑》二百九十四卷《考異》三十卷：

> 伯驥嘗以元刻《通鑑》與此本互校，積成《校記》若干卷。（初編，
> 頁 252）

《校記》亦佔莫氏著作之重要部份。

（3）對　勘

卷十六，明詩瘦閣仿宋刊本《濟北晁先生雞肋集》七十卷：

> 封面上角有字曰：「茲集向無刻本，傳寫多譌，本宅今照宋版校讎精
> 核，公諸好事，如有翻刻射利者，千里必究云」。伯驥別藏前清《禮
> 邸》寫本一部，當與此本對勘。詳之《書目二編》。（初編，頁 957）

（4）與他書參證

伯驥論及與他書參證之情形，如卷八，景寫元刊本《大元聖政國朝典章》
六十卷：

> 伯驥檢讀此書，既取其可愛好者，寫之以備著作資糧，而其中所載
> 之俗語，如「一路過去」、「上頭百姓」，及「攙搬段匹」之類，則別
> 紙記錄，以與他書參證焉，庶幾無負重值買書之意。（初編，頁 457）

是取書中俗語，以與他書參證。又卷十二，明精寫本《萬卷精華前集》八十卷：

> 至道光間吾粵曾氏釗藏此書殘本，所撰《面城樓集鈔》卷三有跋語
> 云……曾氏此書藏本，聞尚在粵中某家，惜多殘闕。伯驥此本，爲
> 前明項氏萬卷堂藏，綿紙精鈔，首尾完善，嘗以曾氏讀此書之法檢
> 校一過，覺所得尚有在其所舉之外者，書價雖昂，不以爲介也。（初
> 編，頁 711～713）

是取曾釗跋語作爲參證之資。又卷十六，明正統間刊本《元豐類稿》五十卷
《續附》一卷：

> 伯驥又按：清道光間朱少河庚跋其先人所藏宋元本《元豐類稿》，引
> 前明何椒丘之言，謂正統本字多訛舛，讀者病之，成化本亦踵譌承
> 謬，無能是正。余曾取《文粹》、《文鑑》諸書參校，乃稍可讀。（初
> 編，頁 922）

朱少河批評正統本，訛字頗多，莫氏參校他書，覺其稍可讀。又卷五，寫本
《南渡錄》一卷《竊憤南渡錄》一卷《續錄》一卷：

> 伯驥前檢張氏雲璈《文集》卷十一有此書題記，攷論尤詳，爲轉載
> 之，以明眞相焉。張云……。（初編，頁 319）

轉載他人文章，亦爲參證之資。

（5）可惜不得其本

莫氏雖已盡力蒐羅書籍、版本，然而在整理圖書過程中，仍嫌不足，故有可惜之感。如卷十六，明嘉靖刊本《文潞公文集》四十卷：

> 此爲嘉靖刻本，《潞公集》實以此本爲至有名，唯間有譌脱。仁和胡心耘斑，嘗以文瑞樓鈔本對校，是正甚多，其餘改譌補墨丁處，不可勝數，惜不得其本覆校也。（初編，頁 927）

此惜不得文瑞樓鈔本，以與嘉靖刊本對校。又如卷二十，明刊本《北園蛙鳴集》十二卷：

> 玩其（案：鄭瓘）自序《道德經正解》，頗自矜負，惜不得其本讀之。此集當是家刻，已多補版。（初編，頁 1212）

此惜不得鄭書讀之。又集六，明刊本《唐僧弘秀集》十卷：

> 伯驥按：《通志藝文略》著錄唐僧惠淨《詩苑續集》二十卷，所以續昭明太子所輯也。《續集》當及唐時僧人，惜不得本以勘之。（跋文，頁 607）

此惜不得《詩苑續集》，以與《唐僧弘秀集》對勘。

二、利用目錄書以比較各本異同

對於各家藏書目錄之著錄，伯驥亦充分運用，以比較各本之異同，如卷一，宋巾箱本《呂氏家塾讀詩記》三十二卷：

> 今檢尋前人簿錄，《天祿》之外，惟罟里瞿氏有宋本，陸存齋無之，張月霄則殘本耳。島田氏《古文舊書考》，又著錄別一宋槧本，所云首有目錄，行字與尤刻同，惟幅界略廣，審其纖維墨光，大異元明，當是宋末刻本，是也。（初編，頁 54）

此爲根據各目錄書著錄宋本《讀詩記》之情形，並推測版刻時代。又卷五，宋刻本《古史》六十卷：

> 伯驥按：此書流傳宋元本頗多，《天祿琳琅》有宋刊小字本一部，大字本二部，未知與潘氏及吾家藏本如何。惟吾家藏本，則與虞山瞿氏鐵琴銅劍樓本相若，……楊氏又有明初刊本，曾於題記潘書時及之。伯驥考明陸氏《中和堂隨筆》，稱洪武二十三年，福建布政使司進《南唐書》、《金史》、蘇轍《古史》，……楊氏之本，當即此時所

刻，然流傳極尠，伯驥收書三四十年，尚未之見，惟見南雍本、掃
葉山房本而已。（初編，頁 293）

除說明著錄之版本，兼考版刻時代及流傳狀況。又卷十八，清吳穀人寫本《湛
然居士集》十四卷：

錢大昕《補元史藝文志》，著錄《文正集》三十五卷，伯驥檢范氏天
一閣，及各家書目，不特三十五卷本不可得，即十四卷本亦多無之，
流傳之稀，當如星鳳。（初編，頁 1026）

以各家書目著錄卷數之多寡，突顯此十四卷寫本之稀有。

觀以上三例，知各種藏書目錄，是莫伯驥尋檢資料，不可或缺的參考書。

三、補錄序文

對於殘缺之序文，伯驥亦設法予以補錄，如卷四，明弘治間呂氏校刊本
《漢紀》三十卷：

此本已脫去何序，伯驥從明本《何仲默集》卷二十三補錄，復節大
略如上。（初編，頁 244）

原本有序，而已經遺佚，莫氏從他本予以補錄。又卷十一，明鵝鳴館刻本《西
溪叢語》二卷：

次有明嘉靖戊申錫山俞憲汝成氏撰刻此書序，此本缺去俞序第二
葉，茲從黃蕘圃題跋中補錄之。序云……伯驥兒時初讀此書，係得
於明商濬刻之《稗海》中，訛脫甚多，至爲憾事，後檢漁洋王氏全
集，於《蠶尾文》卷八，見有此書跋文。（初編，頁 606～607）

除補錄俞序，兼論此序收錄何書。又卷二十，鈔本《童子鳴集》六卷：

明萬曆間刻本，伯驥屬館僮傳錄者。……伯驥所藏明刊楊烱《盈川
集》，爲丁氏「八千卷樓」舊藏，有〈子鳴序〉，而此集無之，當是
缺佚。《楊集》前有……，次爲〈子鳴序〉，則萬曆三年撰也。略云……，
暇日當錄補此序於《子鳴集》中。（初編，頁 1215）

此以他書有序，以補全集之缺佚。

莫氏此舉，正可保存古籍全貌，不因缺漏而遺佚。

四、異日考訂之資

伯驥閱其所藏，屢思爲之考訂，但因事務繁忙，常有力不從心之感，故
於題記中，常以「他日當作」作爲日後整理圖書的工作。如：

卷五，寫本《西晉新語》不分卷：

> 伯驥得此本於揚州吳氏測海樓，屢思爲之論訂。（初編，頁 302）

卷八，舊鈔本《職官分紀》五十卷：

> 此本鈔手樸雅，非近世物，惜略有殘缺，順德李氏藏本，伯驥曾讀
> 之泰華樓中，倘得閒緣，互爲勘對，亦佳事也。（初編，頁 442）

卷十七，寫本《茗溪集》五十卷：

> 此寫本當由庫本傳錄，他日當互校之，葉序所謂外制多至十七卷，
> 今考之，實三十一至四十七也。（初編，頁 971）

卷十七，明弘治十八年王瓚序刻本《止齋先生文集》五十二卷：

> 伯驥按：《溫州經籍志》於此集考之甚詳，當檢閱。（初編，頁 991）

卷十八，孔氏微波榭藏寫本《虛谷桐江續集》三十二卷：

> 其編次及存佚，當與庫本異同頗多，俟他日再考之。（初編，頁 1038）

史三，精寫本《山陰祁氏藏書目》不分卷：

> 《祁目》刻本與此寫本有異同，當取校之。（跋文，頁 209）

集二，從賜硯堂本傳錄《劉後村先生大全集》一百九十六卷：

> 伯驥藏明范氏天一閣寫本《後村詩話》八卷，綿紙楷寫，當出舊槧，
> 應與此集對而校之。（跋文，頁 466）

以上爲莫氏認爲「應作而未作」之事情。

此外，古籍內容有可資考訂者，莫氏亦明言之。如卷二十，明刊本《世經堂集》二十六卷：

> 又關於嘉靖重錄《永樂大典》一事，集中有奏疏五事，可資考鏡，
> 伯驥曾與《夏桂洲奏議》同錄於讀書私記中。此集《清四庫》存目，
> 然集中可資考論者固不少也。（初編，頁 1185）

明徐階《世經堂集》中，伯驥舉嘉靖重錄《永樂大典》一事，以示其集可資考訂者。又卷二十，明刊本《白蘇齋集》二十二卷：

> 伯驥兼收《白蘇齋》、《珂雪齋》二集，蓋所以備文學史之考論也。（初
> 編，頁 1230）

明朝袁宗道著《白蘇齋集》，袁中道著《珂雪齋集》，二者爲公安派之代表人物，集中可備文學史之考論者，當亦不鮮。又史二，明成化刊《貞觀政要》十卷：

> 日本有足利棉紙大方冊《貞觀政要》，歙縣汪允宗德淵曾藏之，當可

資校勘。（跋文，頁150）

以日本刊本與明成化刊本對校，提供一條研究路徑。

五、其他研究

莫氏除撰寫題記外，並同時進行各項研究工作，如於卷六，明永樂官刊本《歷代名臣奏議》三百五十卷云：

> 然則此三百五十卷之書，搜羅雖富，然遺漏亦多，其待後人之補闕
> 者當不尠焉，伯驥正從事乎此也。（初編，頁329）

莫氏確曾撰寫《歷代名臣奏議拾遺》，可惜手稿已遺佚。又如卷十六，明嘉靖蜀府活字本《欒城集》五十卷：

> 伯驥以《大蘇集》有注多種，此集無注，故發願注之，積料已不少。
> （初編，頁948）

此則爲莫氏「發願注之」之作，然未見成書。

綜觀莫伯驥爲圖書進行之校勘、比對、補錄、考訂，對古籍之整理與保存，均有功勞。與購書而不讀書者相比，莫氏確爲嗜書之人。

貳、藏書的利用

莫氏對於圖書是極爲珍視、愛護的，如於史二，揚州吳氏測海樓舊藏寫本《西晉新語》不分卷，其下小字云：

> 測海樓主人爲吳氏引孫……中華民國十九年，北平書客王某盡買其
> 書，并以活字覆印。……予所得亦有多種，則自南而北，復自北而南
> 矣。王以吳氏原書槹寘貨箱中寄粵，關員啓箱，以日用之長鐵插入書
> 內，被傷破者有之。某疍戶爲予報關，請驗回時，手持寫本書數冊繳
> 予，書中亦蒙不潔，有如前人所謂殺風景者。予之意頗不欲以書本爲
> 他人接觸，實由於此。且經眼之本，多以簽條夾記，以待覆讀及鈔繕，
> 他人又未必能如原狀。至珍秘之意，予則夙以前人爲非矣。經籍爲世
> 間公有之物，不宜敗毀，不宜私秘，固公理也。（跋文，頁145）

任何愛書人士見關員、疍戶如此對待書籍，莫不痛惜。莫氏不僅要求書籍完整，亦需保持清潔，故雖不欲書本爲他人接觸，但亦不秘不示人，「經籍爲世間公有之物，不宜敗毀，不宜私秘」，確爲的見。藏書經過流通，方可發揮效用。劉尚恒〈論我國私家藏書的流通〉云：

> 絕大多數人藏書是爲了用，首先爲自己閱讀，其次爲子孫閱讀，而

對於外人的流通態度是不一致的，這裡不外乎下面幾種情況：其一
不允許外人借閱傳鈔的，……其二允許外人借閱傳鈔的，……其三
介於上述二者間，實行有條件的流通……所謂條件，大體分爲三種：
一是供本姓本族子弟借閱。……二是限於相知的書友或學者，……
三是需付一定酬謝，所謂「借書一瓻，還書一瓻」，即指此。〔註26〕
對藏書之認知不同，造成流通不同的態度和作法，進而影響書籍之利用。

莫伯驥之利用圖書，不限於「讀書」一端，然因資料不多，每種情形可
資舉例者極少，茲分述如下：

一、編撰藏書目錄

莫伯驥的藏書目錄，乃是研究古籍之心得，非「按目以求書」之書目。《五
十萬卷樓藏書目錄初編》及《五十萬卷樓群書跋文》所著錄之圖書，僅爲莫
氏藏書的部份，然而，其豐富之內容，「既是一時一地文化學術狀況的反映，
又是我們今日考察書籍源流（版本、收藏）和存佚的重要依據」。〔註27〕

二、供人借閱

莫伯驥嘗至其他藏書家處觀書，如卷八，舊鈔本《職官分紀》五十卷：
> 此本鈔手樸雅，非近世物，惜略有殘缺，順德李氏藏本，伯驥曾讀
> 之泰華樓中。（初編，頁442）

又卷三，明刊本《六書故》三十三卷：
> 吾粵李氏泰華樓藏寫本，卷帙極富，伯驥嘗讀之。（初編，頁192）

皆爲莫氏借閱之記載。因此，伯驥亦樂於將其藏書供人借閱，何多源在〈廣
東藏書家考〉云：
> 莫氏藏書既富，且多精本，於是廣州人士之好書者，每托熟人介紹，
> 以獲一睹其珍藏爲快，而莫氏對於觀書者，亦極歡迎，親爲指引，
> 檢出善本，以餉同好焉。〔註28〕

〔註26〕劉尚恒，〈以傳布爲藏，眞能藏書者矣——論我國古代私家藏書的流通〉，《四
川圖書館學報》，1991年第6期，頁77～78。

〔註27〕劉尚恒，〈樂宜偕衆，書不藏家——再論我國古代私家藏書的流通〉，《四川圖
書館學報》，1992年7月第4期，頁72。

〔註28〕何多源，〈廣東藏書家考〉（二），《廣東大學圖書館季刊》，第一卷第三期，頁
398，民國23年6月出版。

陳垣、葉恭綽、朱希祖、容肇祖等人，皆曾至五十萬卷樓觀書。參第一章交游考。

三、提供底本，助人刊刻

莫氏提供珍藏，供人刊刻之書籍，僅有一部，即明嘉靖間揚州刻本《白沙子》八卷：

> 此集曾由上海涵芬樓借景印行。（跋文，頁 529）

收於上海商務印書館編印《四部叢刊三編》。莫伯驥曾寫信給張元濟，「告以莫氏五十萬卷樓藏書中，有版本優於《四部叢刊》所選者數種」，〔註29〕依此信所云，若重刊《四部叢刊》，伯驥應樂於提供所藏，以助人刊刻。

四、他人來此徵書，則借之

莫氏藏書既眾，自然成為他人徵書之對象，如子一，寫本《說楛》七卷：

> 陳（建）著《治安要議》，吾家有之，先君子遺本。近年陳子勵先生脩志，曾來吾家徵書，故上之《志局》。（跋文，頁 277）

陳伯陶（字子勵）纂修《東莞縣志》，已於民國十年完成。又如史三，葉德榮黑格精寫大字本《法帖刊誤》上下卷：

> 江蘇王教授函來，徵莪圃題跋以補繆刻所未及，伯驥嘗以此寄之。（跋文，頁 212）

繆荃孫未見此跋，故所刻黃丕烈題識，未之及也。

莫伯驥曾云：「吾人有書當法梁，有錢當法劉矣。」梁指梁鼎芬，劉指劉承幹。梁鼎芬於宅中設立圖書館，以延眾覽，去世後，藏書捐給廣東省立圖書館；劉承幹於儲書外，亦刻佳書，並以二十畝地，營建書堂。〔註30〕莫氏

〔註29〕《張元濟年譜》，頁 356。

〔註30〕見子一，清嘉慶二十三年重刊宋乾道本《韓非子》廿卷附顧氏《識誤》三卷：「梁鼎芬，字星海，又字節庵，番禺人。光緒進士，官至湖北按察使。曾劾李鴻章、袁世凱。中華民國 8 年卒，有詩集流傳。歷任端溪、豐湖、廣雅各書院山長，於各院均創立儲書庫藏。游鎮江，居焦山西庵，亦捐書焦山書藏中。清宣統間，由京回粵，曾於宅中設梁園圖書館，以延眾覽，書閣號葵霜，藏叢書至富，湖北省府縣志均備，近代詩文集亦豐。身後其子學劭，以閣書捐入廣東省立圖書館，計六百餘櫥，實足愧，祕藏不出，及廢棄先代遺書者也。梁曾充崇陵種樹大臣，蓋不忘清德宗，故清室有文忠之諡。烏程劉翰怡承幹，捐巨貲，以助種樹，故奉欽若嘉業之諭，因名藏書處曰嘉業堂。此二者皆鼎革前後事。嘉業於儲書外，並多刻佳書，所刻諸經疏為阮本未見，覆刻宋本《漢書》亦精。在南

以二人之行徑，作為藏書家期許之目標，其晚年將藏書捐出，〔註 31〕仍存若干善本於世間，正為「經籍為世間公有之物，不宜敗毀，不宜私秘」之語，寫下確切之註腳。

第五節　內容分析

　　分析私人藏書內容，除可瞭解該人對那些類別的書籍情有獨鍾外，劉意成認為私人藏書對古籍保存有相當程度貢獻：

> 藏書家們的收藏興趣一般都比較廣泛，保存文獻資料的觀念非常強，
> 他們不像一般人只收少量自己感興趣的消遣性質的書……這種強烈
> 的保存文獻資料的觀念，跟中國史學的發達和清代中期考據學盛行很
> 有關係。正因為他們的努力，才使得一些不為時人所重而實際上又具
> 有一定價值的圖書得以保存下來，流傳至今，成為難得的資料。另外，
> 有些藏書家對某方面的圖書……特別感興趣的話，那在他感興趣方面
> 的書就特別多，這對圖書文獻的保存也是不無好處的。〔註32〕

劉氏認為藏書家保存文獻資料的觀念極強，其藏書興趣往往於廣泛中另有所偏，所論甚是。今就各部類之藏書內容統計如下，以見其保存善本古籍的貢獻：

附表二　《五十萬卷樓藏書目錄初編》各部類著錄之圖書數量統計表

經　部	部　數	卷　數	史　部	部　數	卷　數
群經總義類	11	3090	正史類	21	7620
易　類	15	151	編年類	29	2497
書　類	5	65	紀事本末類	3	57
詩　類	19	432	別史類	12	1021
禮　樂	21	516	雜史類	9	239
樂　類	7	372	詔令奏議類	17	1323
春秋類	16	293	傳記類	22	530
孝經類	2	6	史抄類	3	347

> 潯鸕鷀溪上，得地二十畝，營建書堂，收儲約六十萬卷。傳曰：「日中必蔉，操
> 刀必割，言時不可失也。吾人有書當法梁，有錢當法劉矣。」（跋文，頁 245）
〔註31〕詳見第二章第三節。
〔註32〕見〈私人藏書與古籍保存〉，《圖書館雜誌》，1983 年第 3 期，頁 61。

四書類	5	105	載記類	7	63
小學類	23	422	地理類	40	1282
合　計	124	5452	職官類	4	120
			政書類	13	1776
			目錄類	6	36
			金石類	5	30
			史評類	6	176
			合　計	197	17117

子　部	部　數	卷　數	集　部	部　數	卷　數
儒家類	33	951	楚辭類	2	31
兵家類	7	76	別集類	253	7150
法家類	4	52	魏晉南北朝	5	45
農家類	1	36	唐　代	38	782
醫家類	21	373	宋　代	74	3027
天文算法類	2	71	元　代	43	815
術數類	10	78	明　代	93	2481
雜家類	50	784	總集類	58	4234
藝術類	7	52	詩文評類	10	331
譜錄類	4	50	詞曲類	12	70
叢書類	15	962	合　計	335	11816
小說家	33	2823			
小說家類	18	871			
釋家類	29	531			
道家類	24	446			
合　計	258	8156			

四　部	經　部	史　部	子　部	集　部	合　計
部　數	124	197	258	335	914
卷　數	5452	17117	8156	11816	42541

此節之內容分析，係以《五十萬卷樓藏書目錄初編》著錄之圖書爲依據，依上表的統計，可知其書之內容，只分經、史、子、集四部，莫氏並未分類，筆者據其題記順序加以分類。卷數的統計僅供參考，因某些圖書莫氏未著錄卷數，然而從其總卷數約爲四萬貳千餘卷來看，距莫氏所號稱的「五十萬卷」有相當的差距，則「五十萬卷樓」所藏之書，應包含通行本，而不只有善本。

就各部圖書部數而言，以集部三百三十五種最多，子部二百五十八部次之，史部一百九十七部又次之，經部一百二十四種最少；就卷數而言，則以史部一萬七千一百一十七卷最多，集部一萬一千八百一十六卷次之，子部八千一百五十六卷又次之，經部五千四百五十二卷最少。二者多寡次序不同，係因史部正史、編年二類，卷帙較繁之故。故欲比較其各部類多寡之異，以明伯驥收藏之重點與興趣，自當以書籍之種數爲憑據，其卷數僅備參考。

莫氏經藏之四部善本，即以集部三百三十五種最夥；四十五類中，又以別集類二百五十三種居首，佔四部總數百分之二八，可見其偏好。細分之，則有魏晉南北朝五種、唐人三八種、宋人七四種、元人四三種、明人九三種。唐以前文集時代較早，搜羅不易，僅寥寥數種；時代越晚，傳世越多，連國祚甚短之元代，莫氏亦搜羅四十三部，可見此朝之文集，頗受其重視。別集類之外，又以總集類五十八種居四部總數的次位。

集部之外，莫氏經藏之善本以子部二百五十八種較多，其中以雜家類五十種居冠，類書類、儒家類三十三種居次。

四部四十五類中，其數量最少者，爲子部農家類，僅錄一種。次少者爲經部孝經類、子部天文算法類及集部楚辭類，皆僅收錄二種。蓋因上述各類之書傳世甚少，善本尤稀，藏書家之收藏有限。

綜觀莫伯驥經藏之善本書，四部兼備，而略偏集部之藏書。

第三章 《五十萬卷樓藏書目錄初編》綜論

第一節 《初編》與《群書跋文》之關係

莫伯驥現存的兩部目錄書爲《五十萬卷樓藏書目錄初編》與《五十萬卷樓群書跋文》，二者之出版概況已見第一章第三節著述考之部分。

最初，伯驥並無意出版，可由其姪莫培元、莫培遠之跋文，見其著述態度：

> 顧季父性謙退，以爲知解淺薄，不當出以示人。（季父恆言學者著書，當如燕啄泥而爲巢，蜂采花而成蜜，於人於己須求有用，否則歲不我與，來者難誣，徒爲辭費。……）苟無特見，尤不當雷同，相從隨聲是非，有似於陋儒俗學，是以著述之門目雖繁，尚多扃鐍不出。〔註1〕

莫伯驥的個性謙退，認爲無特出之創見，不當輕易將作品示人，意見尤不能與他人雷同，所成之篇章又須有用，在此嚴格的自我要求下，故其著述雖繁，但多爲手稿，未及付印，即灰飛煙滅，存者不多。促成《五十萬卷樓藏書目錄初編》的印行，實爲親朋之勸告，方得以見世：

> 此編刊印，殆經朋游交勸，始有發動之機。蓋季父撰著此類，稿件盈篇，意擬全部完成，方爲快慰，後以燕侍曲陳，請手定《初編》，由吾等出財代刊，並服校字之勞，迺承俞許計。〔註2〕

〔註1〕見莫培元、莫培遠〈五十萬卷樓藏書目錄初編跋〉，頁2。
〔註2〕同上。

莫氏又於《初編》之序云：

> 大凡伯驥所得三十餘年舊本新刊，古今纂述都五十萬卷有奇，今所
> 編目，先得若干種，綜若干卷，邦人諸友，促付寫官，謂之《初編》，
> 屬先發布，餘將以耽翫閒昬，次第籜綴，使藏其事焉。〔註3〕

由上可知《初編》之面世，殆經友朋之敦促，否則，依莫氏嚴謹的著述要求，
不知何時才得刊印。藏書目錄是莫氏將其收得之書，「每爲題記，蓋義兼述作。」
〔註4〕可按目錄以求書之種類，亦可考書之內容。《初編》只是群書題記的一
部分，其後尚有《續編》、《再續編》之計畫，可惜其稿已不存。

　　《初編》於民國二十五年（1936）由上海商務印書館印行出版，爾後，
由於戰亂的關係，莫伯驥避往香港友人家，再由其子接往澳門，他利用閒暇
的時間，將《初編》中的題記再予以增刪改訂，而成今所見的《跋文》。莫氏
寫給陳垣的信中云：

> 年前家中曾以《書目初編》付滬印刷，當時未及細檢。印成在病榻
> 審視，訛誤頗多。擬俟元氣恢復，作詳細勘誤表，以資補救，然後
> 請教同人，印本遂原箱置之。今日之偶有出現于人間者，則事變時
> 劫掠而來者也。此次于舊日所作，加以詳核審正，別撰新稿。最新
> 出版書，友人家亦有之，間多采獲，加以闡發。〔註5〕

由此可知《跋文》之成書經過，故其著錄之圖書，除《虛齋樂府》爲新增外，
其餘均曾著錄於《初編》。今從下列各項，來比較二者的異同，以見其關係之
疏密。

一、圖書總數

　　《初編》共著錄圖書九百一十四種，其中經部一百二十四種，史部一百
九十七種，子部二百五十八種，集部三百三十五種。《跋文》收書四百零四種，
經部四十種，史部七十七種，子部一百零五種，集部一百八十二種，其中集
部之《虛齋樂府》一書，爲《初編》所無。茲將二書所收種數及其所佔百分
比，列表如下：

〔註3〕　見莫伯驥〈五十萬卷樓藏書目錄初編序〉，頁6。
〔註4〕　同註1，頁1。
〔註5〕　此爲莫伯驥於1941年8月1日予陳垣之信函。見陳智超編注，《陳垣來往書
　　　　信集》，頁405，上海古籍出版社，1990年6月出版。

	初　　編		跋　　文	
	部　　數	百分比	部　　數	百分比
經　部	124	14%	40	10%
史　部	197	21%	77	19%
子　部	258	28%	105	26%
集　部	335	37%	182	45%
合　計	914	100%	404	100%

從此表中，可看出《跋文》集部所佔的比例最多，幾達《跋文》總數之半。

二、著錄順序

《跋文》著錄圖書之次第，有數本與《初編》不同，但不脫經、史、子、集四部的範疇，並無跨部之情形，僅於各部之中，變動其順序。茲敘述如下：

1、經部詩類之楊簡《慈湖詩傳》，在《初編》是置於朱熹《詩集傳》之後，呂祖謙《呂氏家塾讀詩記》之前；《跋文》則改置於呂祖謙《呂氏家塾讀詩記》之後，魏了翁《毛詩要義》之前。若依著者之出生年代而論，此一變動是正確的，其順序為朱熹、呂祖謙、楊簡、魏了翁，楊簡沒有理由放在呂祖謙的前面。〔註6〕

2、經部之《七經孟子考文補遺》原置於《經傳釋詞》與《六書故》之間，《跋文》則置於經部最末。《初編》是將《經傳釋詞》、《九經三傳沿革例》、《七經孟子考文補遺》三部放在一起，為群經總義類，其前後均為小學類之字書所包圍。《跋文》把《釋詞》留置原處，將《七經孟子考文補遺》放在字書之後，則莫氏可能將《釋詞》列為字書之屬。

3、史部地理類之《南嶽總勝集》與《茅山志》之位置，前後互換。二者同為山川之屬，可能是依作者先後，而調其次。《南嶽總勝集》的作者是宋朝陳果夫，《茅山志》則為元代劉大彬。

4、子部之《論衡》，由雜家類移至儒家類。《初編》置於雜家，是依《四庫全書》之目錄，《跋文》改列《鹽鐵論》和《申鑒》之間，並未明言何故。

5、子部醫家類之《孫真人備急千金要方》，《初編》置於《黃帝內經素問》之後，《跋文》則置於其前。莫氏可能按照作（注）者的時代，而予以調整。

〔註6〕此處作者之生卒年，依據姜亮夫纂訂之《歷代人物年里碑傳綜表》，臺北：文史哲出版社影印出版。

《備急千金要方》爲唐孫思邈所撰，《黃帝內經素問》則是唐王冰所注。

6、集部之《楚辭章句》置於最前。《初編》本將朱熹所訂之八卷本《楚辭》及《後語》六卷置於最前，而把漢朝王逸的《楚辭章句》置於其後；《跋文》則互換其次，蓋因作者時代之故。

7、集部別集類，田汝成之《田叔禾小集》，《初編》置於莫叔明《歷下集》和李開先《李中麓閒居集》之間；《跋文》則改易於魏校《莊渠魏先生遺書》和羅洪先《念庵羅先生文集》之間。

8、集部總集類之《文翰類選大成》，明李伯璵編著。《初編》置於《文章辨體》、《文編》一類；《跋文》則置於《元人十種詩集》之後。蓋《初編》收書較多，可將同性質之書，蒐羅一處，《跋文》收書少，故於總集類依作者時代先後排列。

9、集部詩文評類之《詩人玉屑》改置於《苕溪漁隱詩評叢話》之後，係恢復《四庫》之排列次序。

10‧集部詞曲類依照作者時代先後排列，故《跋文》將新增之《虛齋樂府》列在《辛稼軒詞》之後，《元遺山新樂府》之前，因其作者爲宋朝趙以夫。又將湯顯祖（1550～1617）之《玉茗新詞四種》改列於高明（1310～1380）《琵琶記》之後。

莫氏在《跋文》中改易《初編》若干書籍著錄次序，是有根據的，後出者正可訂補前者缺漏之處。

三、序跋分卷

《初編》共二十二卷，分成二十二冊，其中卷一至卷三，爲經部一至三；卷四至卷八，爲史部一至五；卷九至卷十四，爲子部一至六；卷十五至卷二十二，爲集部一至八。書名乃爲傅增湘之題字，後有「東莞莫氏」的牌記，首爲莫伯驥於民國二十年秋八月寫成的〈五十萬卷樓藏書目錄初編序〉，次爲〈五十萬卷樓藏書目初編總目〉，僅列「經部三卷，史部五卷，子部六卷，集部八卷，總共二十二卷裝二十二冊」五行字，每卷詳細目錄列於各卷之前。正文之後有莫培元、莫培遠於民國二十一年冬所撰之跋。

《跋文》共七冊，不分卷，書名爲胡適的題字，首爲葉恭綽於民國三十六年元旦所撰之〈東莞莫氏五十萬卷樓群書跋文序〉，次爲容肇祖於民國三十六年九月九日所撰之〈五十萬卷樓群書跋文序〉，次爲民國三十年秋八月莫伯

驥之〈五十萬卷樓群書跋文自序〉，自序之後附錄〈五十萬卷樓藏書目錄初編序〉。經部分成經一至經三，史部分爲史一至史三，子部分爲子一、子二，集部分爲集一至集七，經史子集四部各自成目。各冊之後有勘誤表，書中並附一張〈五十萬卷樓主人所著書附記其目〉。

四、內容正文

莫伯驥以舊稿「訛誤頗多」，故於《跋文》多所「詳核審正」，他亦在〈跋文自序〉中云：

> 稿有取之舊者，但每篇刪補增訂頗繁，抑新撰者更不尠也。最新出版書亦得讀，尤幸矣，間取證焉。〔註7〕

可見莫伯驥於《跋文》的部分，乃是取《初編》加以刪削增訂，又取新近出版之書，以爲佐證。但是，依據筆者對於二書之比對，發現《跋文》改易《初編》者極鮮，絕大部分是在《初編》的基礎上，補充許多資料，或者訂正舊稿中之誤字。莫氏照錄《初編》之內容，未增改一字者，有一〇七種，約佔《跋文》總數的四分之一。而增加內容的幅度超過原篇三分之一以上者，不超過六〇篇，約佔百分之十五。其餘則增加其他證據，以補充說明原篇之不足。其所增補之部分，以作者、藏者、刻書者等之生平最多，其次是近人的研究成績，不僅有國內學者，如王國維、梁啓超、陳垣等之研究，還引用日本學者的學說，甚至西洋學說，亦在其列，徵引之資料堪稱豐富。當然，也有取材過於繁瑣，偏離正題的部分。

《跋文》補充《初編》正文不足之處最多，僅能稱其增補，未達刪訂的程度。

從以上四點之比較，可看出《初編》與《跋文》之關係匪淺，前者收書多一倍，後者資料較爲豐富完善，二者總字數相近，各有其長，後人徵引資料，亦應二者並用，不可偏廢。

第二節　撰寫的體例

莫伯驥於其藏書目錄中，並未明言其撰寫解題之義例爲何，但從其題記中，可爬梳出其撰寫之原則，今分下列數項，闡述《五十萬卷樓藏書目錄初

〔註7〕見莫伯驥〈五十萬卷樓群書跋文自序〉，頁8。

編》之體例：

一、選擇善本的標準

莫伯驥之《五十萬卷樓藏書目錄初編》共收錄圖書九百一十四部，其中包括宋元明清刊本、各種寫本、翻刻本、覆刻本、活字本、高麗日本刊本、朱墨本等，詳情統計表已見第二章第二節。

從其著錄之善本書中，包括清代刻本，且這些都有前人手校之跡，故其善本觀，不應只以時代作爲區別，容肇祖稱其所藏之善本，「有宋刻、元刻、明刻、影宋、精鈔、舊鈔、精校，以及孤本、稀見本、精刻本、古活字本、名家寫本、名家藏本等。」〔註8〕所以，莫氏藏書目錄選擇善本的標準大抵同於丁丙。

丁丙，字嘉魚，號松生，晚年自號松存，浙江錢塘人。生於清道光十二年（1832），卒於清光緒二十五年（1899），享年六十八。八千卷樓第二代傳人，藏書處總稱嘉惠堂，爲晚清四大藏書家之一，所撰《善本書室藏書志》著錄其部分珍藏，有裨於版本目錄之學。〔註9〕丁丙在其《藏書志》中即提出善本的四個標準：一是舊刻；二是精本；三是舊抄；四是舊校。〔註10〕莫培元、莫培遠亦云：

> 按瞿氏鐵琴銅劍樓、楊氏海源閣、丁氏八千卷樓、陸氏皕宋樓爲吾國清季南北四大藏書家。瞿氏書今尚珍儲，楊氏書近年始亡失，丁書今藏盋山，陸氏書則散佚久矣。四家卷帙以丁氏爲最富，因其於舊本外，又多新本也。檢其目約四十萬卷，大抵瞿楊陸三氏以舊本爲主，季父之意則從同於丁氏，故卷數特多。〔註11〕

因其將善本的標準放寬，故可兼容並敘多種圖書。

至於同一類中各書之排列，係以撰作時代先後爲序。綜觀全書，其同書異本者凡六十七見，茲列之如下：

1、卷一　　十三經注疏四百一十六卷　　明嘉靖中福建巡按御史李元陽校刻本

十三經注疏三百三十五卷　　明北監本

十三經注疏二百九十一卷　　明金蟠葛麗葛鼎校刊本

〔註8〕見容肇祖〈五十萬卷樓群書跋文序〉，頁3。

〔註9〕參見沈新民，《清丁丙及其善本書室藏書志研究》之生平部分。台北：漢美圖書有限公司，1991年7月初版。

〔註10〕見丁丙《善本書室藏書志》，丁氏自識。東海大學藏清光緒二七年錢塘丁氏刊本。

〔註11〕同註1，頁1～2。

2、卷一	周易傳義十卷	元翠巖精舍刊本
	程朱周易傳義十卷	元碧灣書堂刊本
3、卷一	東坡先生易傳九卷	鈔本
	蘇氏易解九卷	明南京吏部刊
4、卷一	詩集傳二十卷	元刊本
		寫本
5、卷一	呂氏家塾讀詩記三十二卷	宋巾箱本
		明嘉靖刊本
		從萬曆刊本傳錄
6、卷二	周禮十二卷	明嘉靖覆宋八行本
	周禮六卷	明刊本
7、卷二	儀禮集說十七卷	元刊本
	儀禮集說殘本十卷	元刊本　有校筆
8、卷二	禮記集說三十卷	明白口九行本
	禮記集說十卷	明福建按察司刻本
		明巾箱本
9、卷二	大戴禮記十三卷	元至正刊本
		明嘉趣堂繙宋本
		明刊本
10、卷三	爾雅二卷	元刻巾箱本
		從元刊巾箱本景寫
		明刊本
11、卷三	埤雅二十卷	明仿宋黑口本
		明刊本
12、卷三	古今韻會舉要三十卷	元刊本
	古今韻會舉要三十卷附禮部韻略七音三十六母通攷	明嘉靖刊本
13、卷四	明南監二十一史	明嘉靖萬曆先後刊本
	二十一史	明萬曆間奉敕刊本

14、卷四	史記一百三十卷	明震澤王延喆據宋本重刊
		明柯維熊校刊本
		明秦藩刊本
15、卷四	漢書一百三十卷	明德藩最樂軒刻本
	漢書一百二十卷後漢書一百二十卷	明嘉靖廣東崇正書院刊本
	漢書一百二十卷後漢書一百二十卷	明汪文盛刊本
	漢書一百二十卷	明高麗本
16、卷四	五代史記七十五卷	元刊本
		從元宗文書院本傳錄
		明汪文盛刊本
17、卷四	資治通鑑二百九十四卷	元刊本
	資治通鑑二百九十四卷考異三十卷	明嘉靖間孔氏據宋本刊
18、卷四	稽古錄二十卷	宋刊本
		明刊本
19、卷五	通鑑紀事本末四十二卷	宋刊元印本
	通鑑紀事本末殘本五卷	宋（嚴州原）刊小字本
20、卷五	國語二十一卷	明翻宋本
		明刻本
21、卷六	吳越春秋上下卷	元刊本
	吳越春秋十卷	明臥龍山房刊本
22、卷七	大明一統志九十卷	明官刊本
		明歸仁齋刻本
23、卷七	咸淳臨安志九十六卷	曲阜孔繼涵（青疃書屋）寫本
	咸淳臨安志三卷	梁山舟烏絲欄寫本
24、卷七	西湖游覽志二十四卷西湖游覽志餘二十六卷	明嘉靖刊本
		明萬曆本

25、	卷八	文獻通考三百四十八卷	元刊本
			明嘉靖三年司禮監刊本
			明馮氏校刊本
26、	卷八	史通二十卷	明萬曆張之象刊本　清汪文端手校
			明萬曆間張之象校刻本
27、	卷九	荀子二十卷	影寫宋呂夏卿大字本
		纂圖互注荀子二十卷	宋刊本
28、	卷九	朱子語類一百四十卷	宋刊（配明）本
		朱子語類大全一百四十卷	明刊本
29、	卷九	武經直解二十五卷	明成化間刊本
		武經直解十二卷	日本重刊明萬曆本
30、	卷十	呂氏春秋二十六卷	元刊本
			元刊明脩本
31、	卷十一	白虎通德論十卷	元大德刊本
			元刊本　有校筆
			明汪士漢刻本　有校筆
32、	卷十一	論衡三十卷	明通津草堂本
			明刊本
33、	卷十一	夢溪筆談二十六卷	宋刊本
			元刊本　有校筆
34、	卷十一	自警編五卷	宋刊本
		自警編九卷	明刊本
35、	卷十二	藝文類聚一百卷	元宗文堂刻本
			明活字本
36、	卷十二	漢雋十卷	宋刊本
			元刊本
37、	卷十二	山堂先生群書考索前集六十六卷後集六十五卷續集五十六卷別集二十五卷	元刊本
			明慎獨齋本

38、卷十三　新編事文類聚翰墨全書一百二　元刊本
　　　　　　十七卷

　　　　　　事文類聚翰墨大全一百十七卷　明嘉靖刊本

39、卷十三　輟耕錄三十卷　　　　　　　明成化刊本

　　　　　　　　　　　　　　　　　　　明玉蘭草堂刻本

40、卷十四　妙法蓮華經七卷　　　　　　宋刊卷子本

　　　　　　　　　　　　　　　　　　　宋刊兩面印摺本

　　　　　　　　　　　　　　　　　　　元人磁青紙金銀泥書摺本

41、卷十四　宏明集十四卷　　　　　　　從明支那本寫錄

　　　　　　弘明集十四卷　　　　　　　明汪氏校刊本

42、卷十四　抱朴子內篇二十卷外篇五十卷　清嘉慶癸酉金陵道署校刊本
　　　　　　　　　　　　　　　　　　　陳澧校讀

　　　　　　　　　　　　　　　　　　　明魯藩刊本

43、卷十五　曹子建集十卷　　　　　　　明活字本

　　　　　　　　　　　　　　　　　　　明郭氏刊本

44、卷十五　分類補註李太白詩二十五卷　元刊本

　　　　　　分類補注李太白詩三十五卷　明刊本

45、卷十五　重刊陸宣公奏議二十二卷　　明金氏序刊本

　　　　　　重刻陸宣公奏議二十二卷　　明葉逢春刊本

46、卷十五　孟東野詩集十卷　　　　　　明宏治仿宋刊本

　　　　　　　　　　　　　　　　　　　明嘉靖刊本

　　　　　　　　　　　　　　　　　　　明凌氏朱墨本

47、卷十五　孫可之文集十卷　　　　　　宋刊本

　　　　　　　　　　　　　　　　　　　明正德間王氏刊本

48、卷十六　元豐類稿五十卷續附一卷　　明正統間刊本

　　　　　　南豐先生元豐類稿五十一卷　明嘉靖戊申王忬刻本

　　　　　　元豐類稿五十卷　　　　　　明刊本

49、卷十六　歐陽文忠公全集一百五十六卷　明天順刊本

　　　　　　新刊歐陽文忠公集攷異殘本三　明洪武刊本
　　　　　　十四卷

50、卷十七	漫塘劉先生文集二十二卷	舊活字本
	漫塘文集三十六卷	明刊本
51、卷十七	程洺水先生集三十卷	明萬曆刊本
	程端明公洺水集二十六卷	明嘉靖刊本
52、卷十八	秋澗先生大全文集一百卷	舊鈔本
	秋澗先生大全文集殘本七十一卷	景寫元刊本
53、卷十九	誠意伯文集二十卷	明林富編刊本
		明嘉靖刊本
54、卷十九	高太史大全集二十四卷	舊寫本
	大全集十八卷	康熙乙亥刻本
55、卷十九	白沙先生全集九卷附錄一卷	明宏治刊本
	白沙子八卷	明嘉靖間揚州刊本
56、卷十九	海忠介公全集十二卷	明天啓刊本
	海忠介全集七卷	明崇禎間刊本
57、卷二十	太史楊升庵全集八十一卷	明刊本
	升庵文集八十一卷	明刻本
58、卷廿一	文選六臣注六十卷	元茶陵陳仁子古迂書院刊本
	文選李善注六十卷	明成化二十三年唐藩重刻元張伯顏池州路本
	文選六十卷	明嘉靖己酉翻雕宋本
59、卷廿一	玉臺新詠十卷	明崇禎癸酉趙宧光仿宋刊本
	玉臺新詠　卷	明吳興茅元禎重校本
60、卷廿一	文苑英華一千卷	舊寫本　有校筆
		依胡刻烏絲欄寫本
61、卷廿一	樂府詩集一百卷	元刊本
		明汲古閣刊本　用公牘故紙印
62、卷廿一	文粹一百卷	舊刊本
	唐文粹一百卷	明嘉靖間徐氏刻本

63、卷廿一	萬首唐人絕句一百一卷	寫本
	萬首唐人絕句四十卷	明刻本
64、卷廿一	箋注唐賢絕句三體詩法二十卷	明繙元本
	增注唐賢三體詩法三卷	高麗舊刊本
	箋注唐賢三體詩法二十卷	明刊本
65、卷廿一	唐詩鼓吹十卷	元至正大戊申浙江儒司刊本
		元刊小字本
66、卷廿二	唐四傑集　卷	明嘉靖間刻本
	唐四傑詩集	明活字本
67、卷廿二	辛稼軒詞十二卷	清厲鶚手寫本
	批點稼軒長短句十二卷	明嘉靖刊本

究其同書異本之排列原則，大體先後依「（一）足本在前，殘本在後」；及「（二）以刊刻（或傳抄）之時代先後爲序」兩項原則，若有名人手校之跡，亦列之於前。〔註12〕

二、撰寫解題義例

　　昌彼得先生論述目錄學的體制云：

> 劉氏向歆父子的《別錄》、《七略》，是後世編著目錄者所取法的，故評論目錄書的優劣，不能不拿《錄略》作爲衡量的標準。綜括《錄略》著作的體例，主要有三項：一曰篇目，是概括一書的本末；二曰敘錄，是考述作者的行事，與論析一書的大旨及得失；三曰小序，是敘述一家一派的學術源流。所有這幾種體制，其作用即是章學誠所謂的：「辨章學術，考鏡源流。」後代的目錄書，無論其內容或詳或略，或損或益，大抵不出這三個範圍。自從雕版印刷術普及後，宋以來的目錄書中間有記載版本的。清乾嘉以來，版本之學興盛，各家藏書目錄的編撰，大多詳記版刻的源流，則所以考版本的源流異同。這種體例雖然屬於後起，但已爲近世研治目錄學者奉爲圭臬。〔註13〕

〔註12〕其中未符此項要求者，蓋莫伯驥未審之故，如《辛稼軒詞》於《跋文》則已調整其次，將明刊本列於清寫本之前。

〔註13〕見昌彼得、潘美月合著《中國目錄學》，頁37。

所述目錄學之體制，凡篇目、敘錄（又稱解題或提要）、小序、板本題識序跋四項。今考《五十萬卷樓藏書目錄初編》及《五十萬卷樓群書跋文》所俱備之體制，僅無小序一項，其餘三者皆備。

劉向撰寫敘錄，所立下的義例有三項：一為介紹著者的生平；二為說明著書的原委，及書的大旨；三為評論書的得失。劉向敘錄是後世撰著目錄者所師法的，然而能與其完全相合的實甚罕見。唐以前之目錄今已不傳，宋代以降的敘錄之作，能紹述《別錄》者，只有清乾隆間所修之《四庫全書總目提要》。〔註14〕繆荃孫云：

> 考撰人之仕履，釋著作之宗旨，顯徵正史，僻采稗官，揚其所長，
> 糾其不逮，《四庫提要》實集古今之大成。〔註15〕

張之洞亦云：

> 將《四庫全書總目提要》讀一過，即略知學術門徑矣。〔註16〕

殆非虛譽。然其亦有所短，余嘉錫即云：

> 四庫所收浩如煙海，自多未見之書，而纂修諸公，絀於時日，往往讀
> 未終篇，拈得一義，便率爾操觚，因以立論，豈惟未嘗穿穴全書，亦
> 或不顧上下文理，紕謬之處，難可勝言。又《總目》之例，僅記某書
> 由某官採進，而不著明板刻。館臣隨取一本，以為即是此書，而不知
> 文有異同，篇有完闕，以致《提要》所言，與著錄之本不相應。〔註17〕

《提要》既出，後代學者多所糾補，莫伯驥忝為其中一員，雖其自著之《清四庫全書總目提要舉正》今已遺失，但從其題跋中，亦見訂補之隻鱗片羽，可見莫氏之解題嘗以《四庫提要》作為考辨取證的對象。

莫氏自言取法之對象為晁公武與陳振孫，其自序云：

> 清季王益吾氏序〈刻郡齋讀書志〉謂「子止所作，大者在於明經術，
> 維世教，小者亦足沾益後來箋注考訂之士。」晁氏宏識孤懷，自非
> 伯驥所敢望。然持鄙者以衡論夫私家諸簿錄，或氾列其目，或徒以

〔註14〕 見昌彼得、潘美月合著《中國目錄學》，頁42～46。

〔註15〕 繆荃孫，〈善本書室藏書志序〉，見丁丙，《善本書室藏書志》。

〔註16〕 張之洞，《輶軒語》語學篇。見《書目類編》第九十一冊，台北：成文出版社，民國67年出版。

〔註17〕 見余嘉錫，〈四庫提要辨證序錄〉。此〈序錄〉載於民國26年讀已見書齋鉛印本《四庫提要辨證》十二卷之前，僅刊行史部四卷，子部八卷。今所見臺北藝文印書館出版之排印本《四庫提要辨證》廿四卷，已將〈序錄〉刪去。又《余嘉錫論學雜著》亦收此篇〈序錄〉。

精槧自翹，而示人以富者，則有間矣。蓋晁陳二家，皆古今新舊並
蓄，後之嫥壹於宋槧元刊者，縱云板本校讎之交資，審美愛古之同
嗜，然今山不及古高，今海不及古廣，今日不及古熱，今月不及古
朗，俗士之見也，而《抱朴子》非之，如謂舊刻之外即無書，是郊
天之鼓，必當麒麟之皮寫，《孝經》本當曾子家策也（御覽卷六百八），
君子無取焉，故茲目實宗晁陳。〔註18〕

晁公武《郡齋讀書志》及陳振孫《直齋書錄解題》是我國現存最早的兩部私
家目錄，其敘錄已具傳統目錄書的體制，莫伯驥以二者作為取法的對象，以
其有裨於考訂學術源流。

至於莫伯驥解題中板本部分的考訂，是取法自陸心源的《儀顧堂題跋》，
莫培元、莫培遠云：

蓋此編遠挹晁陳二氏之清塵，近循乾隆四庫之前矩，博洽精審，實
為讀書志所罕見。季父嘗論宋明以來諸書題識，以前清儀顧堂主人
陸存齋所著，最為富贍而無疵，時賢僉稱斯作允足肩隨，庶無媿色。
〔註19〕

此處於伯驥雖多溢美之辭，但可見撰寫解題義例，是綜合晁陳、《四庫提要》、
以及陸心源之體制而成。

三、迻錄序跋原則

古代目錄家採錄序文，依昌彼得先生之考證，認為「大概襲自劉宋時陸
澄所撰的《法論目錄》」，此目「不僅錄序文，且集前人的記論，為元代馬端
臨撰《文獻通考經籍考》的張本。」〔註20〕清代朱彝尊撰《經義考》，謝啓昆
撰《小學考》皆承襲馬氏之法，昌彼得先生對此例有評語：

這種著錄方法收羅既不能完備，而且資料眾多，也不可勝採，有點
近似為例不純。然而其體制頗善，對於學者甚為有益，而且頗存佚
文。〔註21〕

所論甚是。莫伯驥引錄之序跋，以其內容能符合目錄學之體制為主，否則，
只列其篇目。筆者曾比對張金吾《愛日精廬藏書志》、陸心源《皕宋樓藏書志》

〔註18〕見莫伯驥〈五十萬卷樓藏書目錄初編序〉，頁6。
〔註19〕同註1，頁4～5。
〔註20〕見昌彼得、潘美月合著《中國目錄學》，頁63。
〔註21〕同上，頁64。

與莫伯驥《五十萬卷樓藏書目錄初編》三者對同一板本之圖書，著錄方式之異同，發現張氏、陸氏若引錄一書序跋之全文，伯驥往往步其踵武，亦全部或部分引用，而莫氏常以「略云」表示其未錄全文，序跋後的年月，可有可無，故於序跋迻錄的原則並不嚴密，以內容是否可資作為敘錄之體制為主。

　　至於名人手書題識，則全部引錄，因其中許多寶貴意見，非人人可見，只有藉著藏主輯錄，才得以流傳。

四、徵引目錄書

　　莫伯驥的藏書目錄考訂精審，屢引前人的藏目、讀書志相互參證，茲將《五十萬卷樓藏書目錄初編》所徵引之目錄書及次數，列舉如左：

　1、四庫全書總目提要　　　　　　　一六八
　2、直齋書錄解題　　　　　　　　　五二
　3、郘園讀書志　　　　　　　　　　三三
　4、郡齋讀書志　　　　　　　　　　二九
　5、天祿琳琅書目　　　　　　　　　二六
　6、鐵琴銅劍樓藏書目錄　　　　　　二二
　7、千頃堂書目　　　　　　　　　　二〇
　8、宋史藝文志　　　　　　　　　　一九
　9、天一閣書目　　　　　　　　　　一六
　10、藏書紀事詩　　　　　　　　　　一五
　11、善本書室藏書志　　　　　　　　一五
　12、隋書經籍志　　　　　　　　　　一三
　13、經義考　　　　　　　　　　　　一二
　14、經籍訪古志　　　　　　　　　　一二
　15、讀書敏求記校證　　　　　　　　一一
　16、愛日精廬藏書志　　　　　　　　一一
　17、邵亭宋元本舊書經眼錄　　　　　一〇
　18、藝風藏書記　　　　　　　　　　一〇
　19、天祿琳琅書目後編　　　　　　　九

49、開有益齋讀書志　　　　　三

50、明內閣書目　　　　　　　二

51、四庫全書簡明目錄標注　　二

52、菉竹堂書目　　　　　　　二

53、晁氏寶文堂書目　　　　　二

54、平津館鑒藏書籍記續編　　二

55、持敬齋藏書紀要　　　　　二

56、儀顧堂題跋續跋　　　　　二

57、振綺堂書目　　　　　　　二

58、繡古亭薰習錄　　　　　　二

59、滂喜齋題記　　　　　　　二

60、崇文總目敘釋　　　　　　一

61、古今書刻　　　　　　　　一

62、萬卷堂書目　　　　　　　一

63、雙鑑樓善本書目　　　　　一

64、書林清話　　　　　　　　一

65、觀古堂書目　　　　　　　一

66、藏書紀要　　　　　　　　一

67、傳是樓書目　　　　　　　一

68、盆山書錄　　　　　　　　一

69、飲冰室書目　　　　　　　一

70、海源閣書目　　　　　　　一

71、結一廬書目　　　　　　　一

72、佳趣堂書目　　　　　　　一

73、書目答問　　　　　　　　一

74、士禮居題跋　　　　　　　一

　　莫伯驥所引用的目錄書，至少有以上七十四種。由此可見其引《四庫提要》次數最多，有一六八見。《直齋書錄解題》及《郡齋讀書志》爲其取法的對象，徵引次數亦多，分別有五十二次、二十九次。莫氏所收葉德輝之藏書

最多，達三十餘本，凡是郋園之書，伯驥皆引《郋園讀書志》之內容，作為
其解題之正文，有多篇甚至全部引用，且不置一辭。

　　莫氏徵引目錄書之用意，多為古今卷數、板本優劣、板刻源流、校勘異
同等方面，提供考辨之佐證，故莫氏可謂善用所藏目錄書，以進行學術的研
究。

第三節　分類情形

　　王重民論《四庫全書總目》之影響云：

> 《四庫全書總目》的影響最顯明的地方，第一、表現在目錄的分類
> 和編排上面。《四庫全書總目》刊布以前，各種目錄，尤其是私人藏
> 書目錄的分類和編排是極其紊亂的；自從 1793～1795 年《四庫全書
> 總目》開始向讀書人和藏書家流通以後，一個最顯著的影響，就是
> 在目錄分類的類目上和每類之中所著錄書籍的編排上，很快的就都
> 按照《四庫全書總目》的分類體系去做了。〔註22〕

莫伯驥《五十萬卷樓藏書目錄初編》僅分經史子集四部，部下未明載其中之
類目，然細觀其四部之編排，仍是依循四庫分類之法。案莫氏計分四部四十
五類。其類目為：

> 經部——群經總義、易、書、詩、禮、樂、春秋、孝經、四書、小學十
> 　　　　類
> 史部——正史、編年、紀事本末、別史、雜史、詔令奏議、傳記、史鈔、
> 　　　　載記、地理、職官、政書、目錄、金石、史評十五類
> 子部——儒家、兵家、法家、農家、醫家、天文算法、術數、雜家、藝
> 　　　　術、譜錄、叢書、類書、小說家、釋家、道家十五類
> 集部——楚辭、別集、總集、詩文評、詞曲五類

　　所分四十五類與《四庫全書總目》之四十四類較之，多子部叢書一類。
謝國楨論叢書之起源及其分類云：

> 至清代學人論叢書之起源者，錢大昕氏則以叢書之意為薈萃古人之
> 書，併為一部而以己意名之者，王鳴盛氏則以取前人零碎著述，難

〔註22〕見王重民著，〈論四庫全書總目〉，收錄於《中國目錄學史論叢》，頁 246，北
　　　　京：中華書局，1984 年 12 月出版。

以單行者彙刻爲叢書，繆荃孫氏則云：「至以叢書著稱，則始於明萬曆間《格致叢書》。」余則以爲叢書之名，蓋由類書演變而成者也。類書中宋有曾慥《類說》一書，其書流傳甚罕，余曾見明抄本，彙輯古今著述約數十種，然皆刪節不全，此已肇叢書之端，至元陶宗儀《說郛》，近人《彙刻書目》，始列入叢書，而《四庫提要》則列入子部雜家雜纂之屬，其書雖在宋左圭《百川學海》之後，而其體例，實可窺見叢書與類書演變之蹟。至叢書刊刻最早者，當推宋俞鼎孫《儒學警悟》，其次則爲宋左圭《百川學海》。〔註23〕

謝氏認爲叢書之名稱及體例皆與類書有關，而莫伯驥將叢書類置於類書類之前，以《儒學警悟》作爲叢書初祖，並引繆荃孫〈儒學警悟序〉云：

> 唐以來有類書，宋以來有叢書，朱氏《紺珠》、曾氏《類說》，已彙數十種而刻之，然皆刪節不全，至取各書之全者，並序跋不遺，前人以左圭《百川學海》爲叢書之祖，顧《學海》刻於咸淳癸酉，先七十餘年，已有《儒學警悟》一書，俞鼎孫、俞經編，計七集，四十卷。〔註24〕

則莫氏已明顯將叢書立爲一類，不附屬於類書類或雜家類。

叢書獨立成類，始於明祁承㸁。承㸁，字爾光，號夷度，自號曠翁，明末浙江山陰人，生於嘉靖四十二年（1563），卒於崇禎元年（1628）。藏書之所名爲澹生堂，所著《澹生堂藏書訓約》，爲論述藏書理論之重要著作；所創之「因」、「益」、「通」、「互」是中國圖書分類學上之一大發明。〔註25〕祁氏於〈庚申整理略例〉一篇云：

> 叢書之目不見於古，而冗編之著疊出於今，既非旁搜博採，以成一家之言，復非別類分門，以爲考覽之助。合經史而兼有之，採古今而竝集焉。如後世所刻百川學海、漢魏叢書、古今逸史、百家名書、稗海、秘笈之類，斷非類家所可併收，故益以叢書者四。〔註26〕

因爲當時叢書數量不多，不足以與四部相頡頏，所以附在子部。直至清張之

〔註23〕謝國楨，〈叢書刊刻源流考〉，收錄於王國良、王秋桂合編《中國圖書文獻學論文集》，頁553～554。台北：明文書局，民國75年11月出版。
〔註24〕見《初編》，頁676。
〔註25〕嚴倚帆，《祁承㸁及澹生堂藏書研究》之生平部分。台北：漢美圖書有限公司，1991年7月出版。
〔註26〕《淡生堂集》卷十四。

洞《書目答問》始將叢書獨立為部，與經史子集四部並駕齊驅。莫氏囿於四部成規，僅將叢書列於子部之下，與黃虞稷《千頃堂書目》及《明史藝文志》均附於類書，《四庫》列於雜家雜編相比，莫氏之處理似較合理。

此外，莫氏尚有數書之歸類與《四庫》有異，茲分別敘述如下：

1、《韻府群玉》

莫氏列於經部小學類，而《四庫》列於子部類書類。《初編》著錄此書凡例後之識語云：

> 瑞陽陰君所編《韻府群玉》，以事繫韻，以韻摘事，乃韻書而兼類書也。檢閱便益，觀者無不稱善本。嘗令將元本重加校正，每字音切之下，續增許氏《說文》以明之，間有事未備者以補之，韻書之編，誠為盡美矣。敬刻梓行，嘉與四方學者共之。正統丁巳孟春梁氏安定堂謹白。〔註27〕

或可看出莫氏對此書之性質取向，以韻書為勝，故入小學類。

2、《職官分紀》

莫氏列於史部職官類，《四庫》列於子部類書類。莫氏云：

> 清《四庫》以此書列子部二十一類書類，伯驥謂宜編入職官類中，以備考古官制者之研討，清世讀此書者無幾人，查氏補注蘇詩曾博采之。伯驥則嘗手校斯編，惜藏者頗尠，無從借勘，而史傳及唐宋各朝著作，可為分紀，援據者正多。〔註28〕

伯驥曾作《職官分紀校證》，對歷代官制之研究深入，編入職官類，或可彰顯此書之功用。

3、《家禮儀節》、《家禮會通》

《四庫提要》列《家禮儀節》入經部禮類存目，而莫氏卻列之於子部儒家類。有關「禮」之部份，似應列於禮類，莫氏此舉似有未當，其亦未多作說明。

4、《法藏碎金錄》

莫氏列於子部雜家類，而《四庫》列於子部釋家類。莫氏對此曾有說明：

> 此書《晁志》附載《道院集要》後，《陳錄》列之釋家，然其旨蓋包

〔註27〕《初編》，頁203。
〔註28〕《跋文》，頁198。

涵諸家，融會壹是，故此目特錄之雜家，……《清四庫總目》列此
書於釋家類，殊未諦。此陽湖孫氏、長沙葉氏，所以多所變更庫例
也。伯驥於孫葉諸家，亦間有訂誤。〔註29〕

5、《漢雋》

莫氏列於子部類書類，而《四庫提要》列於史部史鈔類存目。

　　《清四庫提要》列入存目，謂其割裂字句，漫無端緒。伯驥以爲此
書因詞科而設，與洪邁《史記法語》，及《南朝史精語》等書，同備
修詞，有何不可。〔註30〕

　　綜上所述，自乾隆年間編纂《四庫全書》，四部分類成爲不易之法，莫氏
沿襲之。潘師美月云：

　　按此目（《天祿琳琅書目》及《續編》）乃倣鑒藏書畫之體例而編成，
迥異於前代的秘閣目錄。自此例一開，其後藏書家撰寫藏書志的。
更以此目爲標準而踵事其華，故皆部次簡單，不足以言圖書分類。

〔註31〕

莫氏之部次亦簡，其圖書之分類亦僅由藏書志之著錄順序中，略見端倪，因
其以解題之內容爲主，故其分類亦步武前賢，甚少有創見。

〔註29〕《初編》，頁597。
〔註30〕《初編》，頁707。
〔註31〕見昌彼得、潘美月合著《中國目錄學》，頁208。

第四章 《五十萬卷樓藏書目錄》解題分析

第一節 目錄學

我國的校讎目錄學，淵源於西漢劉向的《別錄》，劉向每校一書，必取中外本子，先予以校讎，刪其複重，勘其文字異同。《別錄》云：

> 讎校者，一人讀書，校其上下，得謬誤曰校；一人持本，一人讀書，
> 若怨家相對，故曰讎也。〔註1〕

每一書校讎後，再撰寫敘錄，介紹其書及作者。〈漢書藝文志序〉云：「每一書已，向輒條其篇目，撮其旨意，錄而奏之。」梁阮孝緒〈七錄序〉也說：「昔劉向校書，輒爲一錄，論其指歸，辨其訛謬。」此即概論作者著書的宗旨、學術淵源，以及書的大意與得失。但是要明瞭作者著書的宗旨與學術淵源，必先知曉作者的生平。自劉向創此體例，後來揚雄的〈法言序〉、班固漢書的〈敘傳〉，皆承襲其法。可是宋以後的目錄學家已鮮知其功用，現今傳世的宋晁公武《郡齋讀書志》、陳振孫《直齋書錄解題》兩部目錄，僅載作者姓名，其行事則嫌不足。到了清乾隆年間纂修四庫全書，始發揚劉氏向歆父子之目錄學。〈四庫總目凡例〉云：

> 每書先列作者之爵里，以論世知人；次考本書之得失，權眾說之異
> 同，以及文字增刪，篇帙分合，皆詳爲訂辨。

四庫以後的目錄書，涉及考證的都不夠詳明，直到清末四大藏書家之藏目，則有較深入的考證，陸心源《儀顧堂題跋》《續跋》《皕宋樓藏書志》、丁丙《善

〔註1〕引自昌彼得、潘美月合著《中國目錄學》，頁8。

本書室藏書志》、楊紹和《楹書隅錄》、瞿鏞《鐵琴銅劍樓藏書目錄》都爲伯驥取證之對象，再加上晁陳、《四庫》原有的基礎，莫伯驥所掌握的資料可謂詳贍。所以，他能依據前人的成果，而多所發揚目錄學「辨章學術，考鏡源流」的功能。茲分別論述莫氏在目錄學解題上之義例：

一、詳考作者

莫伯驥多對作者進行詳細之考證，不僅限於生平的部分，甚且及於作者的志節、學術、著作。如果該書作者具爭議性，亦加以論述，而《初編》於作者部分敘述不足者，《跋文》常予以補錄。如卷六，明刊本《伊洛淵源錄》十四卷《續錄》六卷於作者僅著錄：

> 《伊洛淵源錄》，宋朱熹撰。《續錄》，明謝鐸撰。（初編，頁 347）

《跋文》則於此文下，補充介紹謝鐸的生平：

> 鐸，字鳴治，浙江太平人，天順進士，官至禮部右侍郎，管祭酒事，卒諡文肅，有《赤城論諫錄》、《赤城新志》、《桃溪淨稿》及此書。（跋文，頁 156）

此例較常出現於集部之作者，茲不贅引。莫氏在作者的敘介上，多有模式可循，如卷二，拜詩閣寫本《樂典》三十六卷：

> 明黃佐撰。佐字才伯，號泰泉，香山人，正德庚辰進士，歷官翰林宮詹侍讀學士，卒贈禮部右侍郎，諡文裕。《泰泉集》附載門人黎民表撰公行狀，稱公所著有《詩文集》六十卷、《樂典》三十六卷、《詩經通解》二十五卷、《春秋傳意》十二卷、《庸言》十二卷、《鄉禮》七卷、《革除遺事》十六卷、《翰林記》二十卷、《廣州府志》六十卷、《廣東通志》七十卷、《廣西通志》七十卷、《南廱志》二十四卷、《香山志》八卷、《小學古訓姆訓兩京賦數敎錄》各一卷。（初編，頁 121～122）

首先注明書之朝代、作者、字號、里貫、及第時間、官職、諡號等簡歷，再說明黃佐的著作及其卷數，至於敘述詳略，則因人而異。又如卷七，寫本《淳熙三山志》四十二卷：

> 宋梁克家撰。克家字叔子，泉州晉江人，紹興三十年廷試第一，授平江簽判，召爲祕書省正字，乾道中累官右丞相，封儀國公，卒諡文靖，事蹟具《宋史》本傳。史稱其爲文淵厚明白，自成一家，制

命尤溫雅，多行于世，今所作已罕流傳。（初編，頁 398）

除俱列作者梁克家生平簡歷，又記載正史是否有傳，並說明其文章以「淵厚明白」、「溫雅」見長，已由一般的介紹，轉趨深入。又如卷十六，寫本《孫仲益大全集》七十卷：

宋孫覿撰。覿字仲益，晉陵人，登大觀四年進士，七年再中詞學科，歷官龍圖閣直學士，知平江府，最後提舉江州太平興國宮，改提舉南京鴻慶宮，以敷文閣待制致仕，乾道五年卒，年八十九。考覿於徽宗末由蔡攸薦為侍御史，其後蔡氏失勢，乃率御史劾之。金人圍汴，李綱罷御營使，大學士伏闕請留，覿復劾綱要君。孝宗時，洪邁修國史，謂靖康時人獨覿在，請詔下覿使書所見聞靖康時事上之，覿遂於所不快者，如李綱等，率加誣詞。《朱子大全集》謂靖康之難，欽宗幸虜營，虜人欲得某文，欽宗不得已，為詔從臣孫覿為之，陰冀覿不奉詔，覿一揮立就，過為貶損以媚虜，詞甚精麗，虜喜，至以大宗城鹵獲婦餉之，其後每語人曰：人不勝天久矣，古今禍亂，莫非天之所為，而一時之士，欲以人力勝之，是以多敗而身不免。或戲之曰：子之在虜營也，順天為已甚矣，其壽而康也宜哉，覿慚無以應。（卷七十一）前清朱氏學勤謂覿力主和議，以趨權相，又汙張楚偽命，宋史不為立傳，故其行事勿能詳。然所媚悅者，則秦檜、黃潛善、莫儔、万俟卨之流，而所彈劾者，則李綱、陳東、李光，可謂無是非之心者。（結一廬遺文）伯驥嘗檢岳珂《桯史》、趙與峕《賓退錄》，皆鄙覿之為人。陳振孫《書錄解題》亦謂覿生平出處，至不足道，然迄今數百年，讀其所遺詩文，未嘗不嘆為精工，四六一事，亦與洪邁、周必大同符翰藻，專就詞華而論，不無片長，立身雖敗，萬事瓦裂，猶堪節取，故遺稿天留，每多傳誦。（初編，頁 964～965）

首先介紹生平，再詳考其為人，並引用朱熹和朱學勤之文章，以說明孫覿品行鄙陋的一面，「於所不快者，率加誣詞」，展現其私心；為自己媚虜的行為尋找藉口，換得他人譏諷，此種種行徑，受人鄙視，故《宋史》不為其立傳。莫伯驥雖以頗長的篇幅著錄孫覿引人非議之處，但不否定其詩文的優點，所以，他「立身雖敗」，作品仍可流傳下來。在莫伯驥的藏書目錄中，尚有不少長篇大論，詳述作者之題跋，不多引述。

二、詳考藏書者、鈔書者、批校者、刻書者、作注者、作序者

清季以來的藏書目錄，已開始著錄書之遞藏源流，並兼考藏者、校者之生平，而莫氏對於鈔書、刻書、作注、作序者的生平，亦有說明，其考證之詳也不輸於對作者的考證。如論及藏書者，於卷三，景寫元刻巾箱本《爾雅》二卷：

> （吳）棠號仲宣，官蜀最久，致仕寓滁州，故有此章，平素則以「望三益章」捺於各藏本也。張氏之洞《廣雅堂詩集》有〈滁山書堂歌〉，中有云：「忽憶家園萬牙籤，蛛絲蠹迹無人掃。」注云：「藏書甚富，率皆善本舊槧。」又云：「滁山深蔚滁泉香，中有尚書讀書堂，宋槧明鈔四羅列，朱履白髮中徜徉。不惜餅金購一軸，充棟都曾經手觸，狄座牙旗十五年，長物止此堪誇目。」吳又嘗聘秀水高均儒校勘經籍，見《嘉興府志》五十二，葉氏《藏書紀事詩》未及，當補之。（初編，頁 163～164）

此書原為清吳棠舊藏，葉昌熾未提及其藏書概況，莫伯驥從張之洞及方志中，找尋其雙鱗片羽，以補《藏書紀事詩》之不足。又如卷十，明潘潘刻本《焦氏易林》上下卷：

> 金門詔，字東山，江蘇江都縣人，乾隆元年欽賜進士，六年出知壽陽縣事，嘗取《漢藝文志》、《隋經籍志》、《唐宋藝文志》、焦竑《經籍志》，又以遼金元三史不志經籍，補撰《三史藝文志》，合為一書，各系以序，謂之《古今經籍志》，是時朝廷適修《古今圖書集成》，門詔獨任經籍典一門，成五百卷，又嘗撰《明史經籍志》，今存其序錄於文集中，晚歸建二酉山房，敘錄其所藏書，年八十卒，遺著有《明史經籍志敘錄》、《明史傳總論》、《補三史藝文志》、《讀史自娛雜文》等書。前清嚴氏豹人齋名亦署二酉，此書捺金氏名印，而兼有齋名章，當非嚴氏藏矣。（初編，頁 576）

除詳考金門詔之著作經過，並辨別此書原藏者，雖同有「二酉」之齋名，但捺金氏名印，故非嚴蔚（字豹文，一字豹人）之書。

莫氏藏名人鈔本不鮮，對於鈔者生平亦不遺漏，如於卷十九，瓶花齋寫本《王舍人詩集》：

> （吳）城字敦復，號甌亭，六世祖占籍錢唐。考尺鳧翁，喜聚書，凡宋雕元槧，與舊家祕冊，若飢渴之於飲食，求必獲而後已。君克承先

志，殫心群籍，插架所未備者，復爲搜求，暇即校勘訛脫，並成善本。
君嘗客遊京師，于報國寺上，見有宋版《許丁卯集》，先公之題跋私
印宛在，不覺狂喜，出豐價購之，一時輩下名流，咸歌咏以紀其事。
家有繡谷亭，亭前朱藤一本，爲尺鳧翁手自攜植，出所藏古名甕酒器
一百八件以觴客，又作禪龕一座，設於讀書之瓶花齋，杜門却軌，每
下幔趺坐龕中，念吾杭郡爲雅材淵藪，昭代以來，有專集者寥寥，爰
銳意蒐羅，得二千三百餘家，病中屬季弟玉墀，稍爲釐正，繕成副本，
藏諸篋笥，沒年七十有一，見汪沆《槐塘文稿》三。（初編，頁 1139）

吳城爲繡谷亭主人吳焯（字尺鳧）之長子，此處引用汪沆文以說明吳氏父子
藏書概況。

批校者之生平，莫氏亦有考證，以見此校本之可貴，如卷十二，方扶南
批校明刊本《百川學海十集》：

扶南名世舉，晚年自號息翁，與從弟貞觀，竝以詩鳴。少遊秀水朱
氏彝尊之門，多見古書祕本。康熙間北遊京師，賢豪長者，多就唱
和，質疑辨難無虛日。中年以本宗孝標學士書案牽連，遠戍塞外，
後放歸田里。當寓揚州時，朝廷方開博學宏詞科，某侍郎欲羅致扶
南，舉以應詔，婉謝不就。生平所閱古今載籍，均有評訂，或屢加
塗改，上下朱墨交錯，其議論考據，多有前人所未及者。卒於乾隆
己卯，年八十有五。著《江關集》、《春及草堂詩鈔》、《漢書辯注》、
《世說考義》、《家塾恆言》、《蘭叢詩話》。（初編，頁 682～683）

此處可見方世舉與當時賢者交往的情形，其學術自有一定之水準，「議論考
據，多有前人所未及者」，故更突顯其批校本之價值。又如卷十八，張月齋手
校舊寫本《至正集》八十一卷：

月齋姓張氏，名穆，一字石洲，平定人。清道光後，徐星伯松、
何願船秋濤、與月齋皆喜爲實學。月齋爲壽陽祁相國鄉人，居
京師，主壽陽最久，身後遺籍，多薶落壽陽邸第，其後始散出，
吾家得之亦不尠，則展轉而來矣。蓋月齋之學，精於考證，故
校勘一事，實擅專長，此集則其手所勘定也。（初編，頁 1068）

說明張穆藏書流落莫氏手中，並以其精於考證校勘之學，而更顯此手校本的
可貴、可珍。

又考刻書者，如卷四，明汪文盛刊本《前後漢書》：

文盛字希周，崇陽人，正德間進士，歷官僉都御史，巡撫雲南，進大理卿，《明史》附見〈毛伯溫傳〉中，有《節愛府君遺詩》二卷，見《清四庫總目》集部附存卷三，吾家藏明刻《鄭善夫詩集》十二卷，亦汪氏編集，是汪氏固好詩者，故朱氏《明詩綜》亦錄其詩，汪氏生當正嘉之間，爲前明刻書最盛之時，所刻《兩漢書》、《五代史》均有盛名。（初編，頁 226）

汪文盛所刻之《兩漢書》、《五代史記》，於當時頗富盛名，莫伯驥皆曾收藏，雖然宋元本爲世所珍重的版本，但是明本中亦有佳刻，而莫氏即不吝於著錄明代之善本，以顯示自己藏書的豐富。

又考作注者，如卷九，明刊本《申鑒》五卷：

漢荀悅撰，明黃省曾注。……省曾字勉之，弱冠與兄魯曾散金購書，覃精藝苑，先達王鏊、楊循吉皆爲延譽，負笈南都，游尚書喬宇之門。嘉靖辛卯魁鄉榜，累舉不第，交游益廣。王守仁講道越東，省曾執贄往見，作《會稽問道錄》，又從湛若水游。李夢陽以詩雄於河洛，又北面稱弟子受學焉，爲文學六朝，好談經濟，每月朔望，必陳五經而拜之，所著有《五嶽山人集》，又有《經說》、《易繁奧旨》、《懷賢錄》、《詩言龍鳳》等書，見《蘇州府志》卷九十九。（初編，頁 497）

除著錄作者荀悅之生平，作注者亦不可輕視，尤其某些書是靠良好的注本，方可流傳於世，爲後人所重。《申鑒》由明代大家黃省曾作注，確可增加此書之可看性。

又考作序者，如卷十六，小山堂鈔本《姑溪居士文集》五十卷《後集》二十卷：

宋李之儀撰，……天台吳芾序其集曰……。芾字明可，紹興二年進士，史稱芾與秦檜有舊，檜專政，坐不附檜論罷，薦授御史，力詆和議，累遷刑吏禮三部侍郎，前後倅處婺越，及知臨安太平隆興六郡，並治因其俗，晚退閒者十有四年，自號湖山居士，有表奏五卷，詩文三十卷。（初編，頁 958）

對於吳芾之介紹雖簡略，但已面面俱到。莫氏對作序者之考證並不多見。

三、敘述成書經過、書之內容及著書之旨

一本書是如何產生，作者自有其用意，其著作之經過，和內容要旨亦常

出現於莫氏題跋中，如卷十六，明初刊本《司馬太師溫國公傳家集》八十卷：

> 《文集》乃公手自編次，公薨，子康相繼歿，晁以道得而藏之，
> 中遭黨禁，南渡後始授之謝克家，而劉嶠爲之序，題曰《溫國公
> 文正司馬公文集》，有〈進司馬溫公文集表〉一篇。（初編，頁 913）

此述其書由作者編次後，復經後人妥善保存，方得以見世流傳。又卷二十一，
舊寫本《文苑英華》一千卷：

> 蓋宋太平興國七年，詔李昉、扈蒙、徐鉉、宋白……舒雅等，閱前
> 代文集，撮其精要，以類分之，爲《文苑英華》，續命蘇易簡……與
> 宋白等共成之，至孝宗朝，周必大建議祕閣本御前校正，遂爲定本，
> 刊於嘉泰改元春，至四年秋訖工。（初編，頁 1243）

《文苑英華》由北宋太宗下詔纂修，對其成書時間、纂修者、成書經過，莫
氏均予以著錄。又如卷一，寫本《毛詩原解》三十六卷：

> 明京山郝敬撰。……郝之意以爲三百篇所以高絕千古者，以其寄託
> 悠遠，不讀古序，不達作者之志與聖人刪定之旨，後人疑序與詩不
> 似，然不似處正宜理會，詩所難言正在此，自朱元晦不通古序，學
> 者謬承師說，淺陋枯索，無復興致矣。郝著書之旨，大都根源於此，
> 蓋所以詰難朱子也。（初編，頁 76）

此則說明郝敬撰作此書之旨，秉持與朱熹《詩本傳》相反之態度，使得讀者
即刻明瞭兩者於《詩經》詮釋上，顯著不同的態度。又如卷九，明刊本《格
物明通》一百卷：

> （湛）若水此書，係仿《大學衍義補》而作，以大學明德之事，莫
> 先於格物，格之爲功，在於誠意正心修身，遂可以齊家治國平天下，
> 故自誠意以下，類其物之繁簡，列以目之多寡，或綴經史格言，或
> 闡祖宗大訓，類聚條分，加以論列，書成百卷，進於嘉靖七年。（初
> 編，頁 523）

此處除說明成書經過，亦明著書之旨。

四、考訂書名

書名之考訂可包括古今書名的異同，以及一書書名之由來。如卷一，鈔
本《東坡先生易傳》九卷：

> 宋蘇軾撰。是書一名毘陵易傳，蓋因元祐黨禁，不敢顯題，以先生

終於常州，故稱毘陵。老泉著《易傳》未成，屬二子述其志，東坡書既成，子由乃送所解彙集，故蒙卦猶子由所解，實眉山蘇氏父子兄弟一家之學，大體近於王弼。然弼學談玄，此則多切人事，故與之有異。（初編，頁29）

除論及此書另有一名爲《毘陵易傳》，兼論成書經過，以及蘇氏父子之易學，實與王弼相近而略異之。又如卷十二，明刊本《白孔六帖》一百六卷：

宋刻六帖，流傳極尠，段氏《經韻樓集》有宋槧三十卷本跋語云：「白氏之爲是書也，本曰《白氏經史事類》，見《新唐書志》、《玉海》，不名《六帖》也。六帖者蓋科舉人以爲帖括之用而名之，陳振孫引《醉吟先生墓志》云：又著《事類集要》三十部，時人目爲《白氏六帖》，唐盛均以其未備，廣之爲十三家貼，貼帖字同。趙希弁《讀書後志》云：《六帖》白居易撰……。如趙言是本不注所出，爲之注者，乃宋人，此本每卷首署云：新雕添注《白氏事類》出經《六帖》卷第幾，正是初有注而坊刻行之合本，以俗名而署之也，迨其後則專名《六帖》矣。自宋孔傳《續六帖》三十卷出，或合爲一書，析爲一百六卷，名之《白孔六帖》，而二氏各單行三十卷者，皆不可見矣。（初編，頁700）

詳述《白孔六帖》古今書名演變的過程，由唐至宋，竟有如此大之差異，其間之複雜性，恐非一時所可釐清，而莫氏徵引史料，詳加考證，可見其讀書之廣博。

又卷七，陳仲魚手校精鈔本《元和郡縣圖志》四十卷：

閱者以蕘圃跋語祇稱《郡縣志》，而不冠「元和」二字爲不合。伯驥謂此自是黃氏一時疏誤，實則此書初本有圖，應題爲《元和郡縣圖志》，單稱《元和郡縣志》，尚非其朔也。吉甫自序云：謹上《元和郡縣圖志》，凡四十七鎮，成四十卷，每鎮皆圖在篇首，冠於敍事之前。其後宋程大昌、洪邁、張子顏等跋此書，亦皆稱《元和郡縣圖志》。程跋稱圖已亡，獨志存焉。《中興書目》及晁公武《讀書志》皆云圖闕不存，蓋亡於宋矣。故陳氏《書錄解題》惟稱《元和郡縣志》，而清《四庫目》因之，至嘉慶間陽湖孫氏刻本，及光緒間局本，則仍題圖志也。（初編，頁383）

此處考辨一書書名失當，糾正黃丕烈的說法，以闕圖而名之爲《元和郡縣志》，

莫氏回歸於原名，以《圖志》稱之。

　　對於書名的涵意，莫氏亦常解說，如卷二十，明刊本《蟻蠓集》五卷：

　　題為蟻蠓者，以為潔於自奉，介於自守，蓋自喻云：蟻蠓者，醯雞
　　也。《列子》：蟻蠓生朽壤之上，因雨而生，覩陽而死。〈相如賦〉：
　　蔑蒙踊躍。〈楊雄傳〉：浮蔑蠓以撇天。〈張衡賦〉：浮蟻蠓而上征。
　　少梗之意，蓋取乎此。（初編，頁1219）

明盧柟的《蟻蠓集》，取名有潔身自愛之意。又卷二十二，明刊本《文斷》不
分卷：

　　次述例略云：是書之編，大概依放《文話》，及《文章精義》、《脩辭
　　衡鑑》、《金石例》、《文筌》、《文則》等書，題曰文斷，非謂決斷文
　　章之法，特取古今人之論，有關於經史子集，及所言作文之法，萃
　　為此編，若曰古文所嘗決斷者屮。是書雖為作文而設，然文以理為
　　主，今特於宋人文類中首列周程張朱明理之言，以示作文者有所歸
　　宿，各類中或有議論不同，取予不一，今兩存之，以俟觀者自擇。（初
　　編，頁1324）

引用書之例略作為解說書名的依據，並及於著作之旨，以利後人之考辨。

五、著錄一書卷帙及所收內容

　　目錄書記載卷帙，可作為該書亡佚後，據以考證其內容之憑藉，此例自
劉向時，已有之。若該書是由多種書籍匯集而成，亦詳載所收書之書名卷數。
如卷四，宋刊本《陸狀元集百家注資治通鑑詳節》一百二十卷：

　　卷一看通鑑法，卷二通鑑總例、通鑑圖譜，卷三至卷五通鑑舉要歷，
　　卷六至十二通鑑君臣事實分紀，卷十五十六通鑑外紀，卷十七至一
　　百二十通鑑。（初編，頁260）

每卷詳列條目，可作為不同版本之間，比對其卷數異同之簡明依據，又卷十
六，寫本《梁溪集》一百八十卷云：

　　此本凡賦四卷二十三篇，詩二十八卷一千五百三十八篇，表本詔書
　　二卷十四篇，擬制詔四卷八十一篇，表箚奏議六十四卷五百二十九
　　篇，箚子二卷八篇，狀三卷二十四篇，書二十二卷七十五篇，啟二
　　卷三十七篇，記二卷十六篇，序六卷三十四篇，贊二卷十九篇，頌
　　箴銘辭一卷十八篇，論二卷九篇，迂論十卷七十二篇，雜著六卷三

十篇，題跋三卷五十五篇，祭文詞疏二卷三十四篇，碑志五卷十二篇，《靖康傳信錄》三卷，《建炎進退志》四卷，《建炎時政記》三卷。（初編，頁962）

此書之著錄方式雖不同於上例，標明每卷之內容，但尚可知曉書之卷帙篇數。又卷十七，明寫本《蠹齋鉛刀編》三十二卷：

第十四卷以前賦與詩，第十五卷十六卷表牋，十七十八卷書簡，十九二十卷啓，二十一卷春秋講義，二十二卷策問，二十三二十四卷記，二十五卷序，二十六卷疏，二十七卷青詞，二十八卷碑銘誌銘行狀，二十九卷文，三十卷雜文，三十一卷三十二卷非詩辨妄、拾遺詩。（初編，頁992）

對於文人全集之卷帙，多僅列其各卷所收文體，而無法再得其詳情。

有時書籍是由多種本子集結而成，類似今日的叢書，故僅著錄所收書之書名卷帙，如卷九，日本重刊明萬曆本《武經直解》十二卷：

明劉寅撰。凡《孫子》三卷、《吳子》一卷、《司馬法》一卷、《李衛公問對》二卷、《尉繚子》二卷、《三略》一卷、《六韜》二卷。（初編，頁528）

又如卷十九，明正德刻本《宋學士全集》六十四卷：

明宋濂撰。計《鑾坡集》十卷、《後集》十卷、《翰苑別集》十卷、《翰苑續集》十卷、《芝園前集》十卷、《續集》十卷、《朝京稿》四卷。（初編，頁1100）

此例於莫錄頗多，如《十三經注疏》、《二十一史》、《說郛》、《兩京遺編》、《宋名家小集》等，茲不贅引。

六、考古今篇卷的多寡與分合

書籍經過長期流傳，遺佚殘缺之情況時有所聞，而莫氏對此情行亦多加考證，如卷九，明楚藩大字本《說苑》二十卷：

漢劉向撰。《隋唐志》卷數同，曾鞏序稱《崇文總目》存五篇，餘皆亡，從士大夫間得之者十有五篇，與舊爲二十篇，晁公武《讀書志》：《說苑》以君道、臣術、建本、立節、貴德、復恩、政理、尊賢、正諫、法誡、善說、奉使、權謀、至公、指武、談叢、雜言、辨物、修文爲目，陽泰四年上之，闕第二十卷，曾氏所得之二十篇，正是

析十九卷作修文上下篇，是曾氏所謂二十篇，於原書實止十九篇。

考今本《說苑》第十爲題敬慎，與《讀書志》稱法誠者不同，〈反質篇〉爲高麗所進之本，見陸氏游《渭南集》。（初編，頁 497～498）

由此段文字記載，可知《說苑》在宋朝曾鞏時，已有缺佚，不僅篇名不同，卷數亦有差異。又如卷十九，明嘉靖間揚州刻本《白沙子》八卷：

考《白沙集》有六卷本，吳門顧氏刻；有九卷本，門人湛若水校定，嘉靖間刻本，萬曆間覆之；有《白沙詩教解》十五卷本，又有三十卷本，宏治初刻，正德覆之；有二十一卷本，嘉靖葉友山刻，《范目》著錄《詩集》十卷，宏治甲子重刊本，《千頃堂目》著錄二十二卷本、八卷本、六卷本，《祁目》著錄《文編》六卷本，若清《四庫》著錄則爲萬曆覆刻若水校定之本，而此八卷本則各家書目絕少著錄。（初編，頁 1135～1136）

記載此書有各種不同之卷本及刻者，但不知其所收內容是否完全相同。又卷十九，明林富刊本《誠意伯文集》二十卷：

伯驥按：此刻以全書計，則第二第三第四卷爲《郁離子》，分爲三卷，編次固非四卷之數，而楊守敬重鋟全集序則云五卷，徐一夔序則云《郁離子》編爲十卷，分爲十八章，散爲一百九十五條，一夔自言，早受教於公，後謁公金陵官寺，出是書以見教，語當不誤，四卷之說，似非其舊矣，明永樂成化正德嘉靖隆慶間《劉集》皆有刻本，中有分爲十八卷者，此本實稱爲佳刻。（初編，頁 1105）

故《郁離子》有三卷、四卷、五卷、十卷等不同之說法。

七、記書籍的殘缺存佚

書籍失而復得的情形，屢見不鮮，有經後人輯佚而得以重見天日，而莫氏對此，亦詳考之，如卷五，寫本《東觀漢記》二十四卷：

原本一百四十三卷，……自唐以來，《東觀記》失傳，乃以范氏書當三史之一，竹汀考論此節，至爲詳確……前清錢塘姚魯斯之駰，掇拾殘文，僅得八卷，刊入《八家後漢書補逸》二十二卷中。乾隆間四庫館，又從《永樂大典》所載，補輯成書，編爲二十四卷，較之原本，不過十分二三而已。此本分卷，與庫本同，當從庫本出，桐城姚氏棟之任大定府知府，得一北宋刊本，全書共五十冊，姚氏祇

得四十八冊，初擬進呈內府未果，咸豐間桐城有兵事，此書被燬，

至可惜矣。（初編，頁 292）

三史原指《史記》、《漢書》、《東觀漢記》三書，依靠後人輯佚的工夫，方能略窺其內容，而《永樂大典》的編集，保存許多已亡佚書之一部分，雖不能尋回一書全貌，總是聊勝於無。又如卷十五，明活字本《李嶠集》上中下卷：

舊集五十卷，此則後人撫拾而成。前後無序跋，卷上第一首為楚望

賦，賦作賦，且多闕字，「京臺之樂難忘」下，連空四字，五言古詩

類第八葉〈安輯嶺表事平罷歸〉一首，「紫陌衣裳會，百蠻委重關」，

「委重關」三字，不與百蠻相聯，而另起行，卷中第三葉田詩連缺

兩行，卷中第十六葉酒詩亦有缺字，卷下第三第四葉文義亦不接連。

（初編，頁 857）

記錄書中殘缺之字，此亦可作為考訂版本真偽之依據，或留待後人將其補齊。再如卷十八，孔氏微波榭藏寫本《虛谷桐江續集》三十二卷：

《續集》則清四庫所著錄者，為元刊殘本，不少闕佚。此本亦有觖

卷，計存卷一、卷二、卷四、卷五、卷六、卷七、卷八、卷九、卷

十、卷十一、卷十二、卷十三、卷十五、卷十六、卷十七、卷十八、

卷十九、卷二十、卷二十一、卷二十五、卷二十七、卷二十八、卷

二十九、卷三十、卷三十一、卷三十二、卷三十五、卷三十七、卷

三十八、卷四十二、卷四十三、卷四十四、綜三十二卷，其編次及

存佚，當與庫本異同頗多，俟他日再考之。（初編，頁 1037～1038）

此則登錄齊全之卷數，並與庫本比較，至於缺卷者，留待日後再考。

八、敘述學術源流

目錄書最重要的功能之一，即為「辨章學術，考鏡源流」，在這方面，莫伯驥用了極多的功夫於考訂一書，甚至一人之學術概況。如卷二，曲阜孔氏鈔本《古文春秋左氏傳賈服注》十二卷：

伯驥按：漢初左氏之學不立，自劉歆治左氏，而章句義理始備。和

帝時鄭興父子創通大義，奏上始得立學，遂行於世，至章帝時，賈

逵上春秋大義四十條，以詆公羊穀梁，帝賜布五百疋，蓋左氏傳以

劉歆章句為最古，《正義》、《釋文》引之，賈逵、穎容、許淑三家，

皆祖述劉氏，……（初編，頁 135）

通常於「伯驥按」之下的議論，多為莫氏的研究心得，可從其中看出他用功之勤，掌握充分的史料。又如卷三，明刊本《六書故》三十三卷：

> 伯驥按：元時極重侗書，如曾氏所撰〈書史會要序〉，已盛稱之，蓋有元之世，如包希魯之《說文解字補義》、楊桓《六書統》等作，皆欲於六書之學，有所整理，包氏之書，後世亦有稱道者，……近世番禺徐氏灝，著《說文段註箋》，亦多采侗說，蓋亦此意也。至楊桓《六書統象形會意轉注形聲四例》，大致因戴氏門目而衍之，蓋變亂古文始於侗，而成於桓，迄明魏校諸人，不根古學，穿鑿尤多，俥錯之罪彌甚，而其源則導自侗。然此書可取之處，則館臣已言之，且存此以考小學之源流，亦學人所勿棄也。（初編，頁 194）

此詳述戴侗之書，對於後世研究者產生的影響，雖有穿鑿之處，但在六書學的研究中，小不可輕易偏廢。再舉數例以證明他於學術方面的研究：

1、卷六，明刊本《伊洛淵源錄》十四卷《續錄》六卷

> 伯驥按：遠西諸邦有學史，朱子之書，實為吾國學史之先導，明馮從吾之《元儒考略》、劉元卿之《諸儒學案》，則承其流風而興起者也。周氏汝登之《聖學宗傳》、孫氏鍾元之《理學宗傳》，又在黃梨洲《明儒學案》之前，然而梨洲宏博矣。（初編，頁 348）

2、卷十九，明弘治刊本《白沙先生全集》九卷《附錄》一卷

> 明人於白沙之學，每多不滿，章楓山以禪學目之，胡敬齋攻之尤力，羅氏欽順曰：近世道學之倡，白沙不為無力，而學術之誤，亦恐自白沙始，其尤著也，吾粵人丘文莊於《大學衍義》中有譏議異學者，前人亦謂其為白沙而發。白沙〈西南驛詩〉，人謂其寓意於文莊，入京亦不諱焉。其卒也，白沙祭之以文，意頗不滿，至清世翁氏方綱撰〈重刻白沙集序〉，猶斤斤為之辨論，蓋學術史之常例也。（初編，頁 1131）

3、卷十九，寫本《大復集》三十八卷

> 伯驥按：明項氏稱弘治初北地李夢陽，首為古文辭，變宋元之習，文稱左遷，賦尚屈宋，詩古體宗漢魏，近律法李杜，學士大夫翕然從之。同時濟南邊貢、姑蘇徐禎卿、及景明，最有名，世稱四傑，蓋獻吉尚型范，而仲默貴幼眇，號稱復古，天下嚮風，見項氏《今獻備遺》卷四十二。（初編，頁 1166）

此處所舉之例證，以篇幅較短者爲主，凡爲《跋文》所錄者，其題跋於學術部分之考訂均較詳實，莫氏常徵引多種史料作爲佐證，此爲前代目錄書所不及之處。

九、評論一書的特色、評價

書籍具有何種特色，在學術研究中的評價如何，亦是目錄書著錄的體例之一，讀者可藉此判定是否具有閱讀的價值。如卷一，寫本《玩易意見》二卷：

> 前人謂其說頗自出新意，然於文義有不可通者，輒疑經文有譌，殊不可訓。（初編，頁37）

又如卷一，沈曉滄手校鈔宋本《毛詩要義》二十卷：

> 虞集〈九經要義序〉云：取諸經注疏正義之文，據事列類而錄之。與〈方回跋〉合，張氏編《內閣書》，則云：考究九經中義理制度，實則刪節注疏，存其簡當，去其煩冗，每段之前，各有標目，以便讀者之省覽，魏氏並不附己見，阮氏謂萱未詳核，其說是也。讖緯之書，《唐志》猶存九部四十八卷，孔氏作《正義》，往往引之。宋歐陽修嘗欲刪而去之，以絕僞妄，使學者不爲其所惑，言不果行。迨魏氏作《九經要義》，始加點削，而其言始微，此前人之說也。嘉興錢氏泰吉謂唐人義疏，讀者每病其繁，魏氏《九經要義》以刪讖緯爲主，然於繁文未能盡節，武進臧氏琳欲仿史通削繁之法，裁剪義疏，別爲《九經小疏》，舉《禮記樂記》、《周禮大司樂》二則以爲例，見所撰《經義雜記》十一卷。此可證魏氏著書之主見，而又爲後人啓讀書之新塗徑矣。（初編，頁69）

此則對魏了翁之《九經要義》讚譽有加。又如卷十一，過錄李敬堂批校本《日知錄》三十二卷：

> 是以敬堂從孫富孫集中，有〈困學紀聞書後〉云：「余弱冠時，讀書願學齋，先從祖敬堂先生教以根柢之學，嘗謂深寧叟《困學紀聞》博而能精，簡而有要，亭林先生《日知錄》明體達用，具有經濟，於讀經史外二書不可不熟復也。……」又〈書日知錄後〉云：「《日知錄》三十二卷，三通之精華也，從祖敬堂老人嘗出是錄以示富孫曰：熟此書，學術經濟文章具焉。蓋其於經史典禮，無不稽攷詳覈，

闡發精微，而其規畫時事，國計民生，洞悉利弊，上下古今，實能鑒乎言其得失善敗之故，後有作者起而行之，直可追三代之盛治，豈漢唐以下云乎哉？吾里徐敬齋云：《日知錄》一書內聖外王之學，撫世、宰物、措之裕如，雖洪容齋《隨筆》、王伯厚《紀聞》皆不及也。然即先生當日亦自信其書必可用於世，……」此則敬堂重視此書之證也。效亭林此錄既出，閻百詩首先補正五十餘條，見《潛丘箚記》，其後如王元啓之《舉正》，及左暄《三餘贅筆》等，均有所訂正。（初編，頁 626～627）

此處引用李敬堂祖孫對顧炎武《日知錄》的評語，證明此書確具研究參考的價值，「稽玫詳覈，闡發精微」，故其後之學者競相訂正。

十、記載目錄書著錄情形，並考補未詳或載記之誤

莫伯驥於目錄書的引用頻繁，從中可考其版本之存佚、學術源流、古今卷數存佚等諸多問題，對於一書之敘錄極具參考價值，而時代越晚，所見目錄書越多，可資參考之史料亦夥，故其考證亦較前代爲詳。如卷十九，明萬曆刊本《高皇帝御製文集》二十卷：

按《明太祖文集》，見于焦竑《國史經籍志》者，凡二部。見于虞稷《千頃堂書目》者，凡四部。清《四庫》所著錄者，爲《焦志》所列之第一部，即此本也。清《四庫提要》謂《太祖集》初刻于洪武七年，劉基及宋濂文集所載序文，俱云五卷，翰林學士樂詔鳳所編錄，然黃虞稷《書目》，已不著錄此本，其著錄三十卷本，又與此本不符。焦竑《國史經籍志》有二十卷本、三十卷本兩種，此則二十卷，刻時蓋萬曆間也。又按范氏《天一閣目》，著錄嘉靖劉氏刻本。（初編，頁 1096～1097）

此書爲明太祖所撰。莫氏記載著錄之情形，又考論其卷數的不同，以確定刊本與卷數之關係。又卷十九，明錢牧齋編刻本《耕石齋石田詩鈔》十卷：

明沈周撰，錢謙益編。黃氏《千頃堂書目》，著錄沈氏集凡兩種：一爲三卷本，一爲錢編十卷本，其十卷本題《石田詩集》，實則詩鈔文鈔合成，《黃目》偶誤詩鈔爲詩集也。《浙江采進遺書總錄癸集上》有刊本《沈石田集》八卷，清《四庫》著錄則十卷本，題《石田詩選》，爲明宏治中光錄寺署丞華汝德所編，不標體製，不譜年月，但

分天文時令等三十一類。吾家《邵亭書目》，亦著錄莘本也。（初編，
頁 1136～1137）

亦以目錄書著錄情形作爲考論版本之依據。又如卷二十一，明崇禎癸酉趙宧
光仿宋刻本《玉臺新詠》十卷：

> 前清諸家藏書目，天祿琳琅於宋元本外，有明重刻宋本，張氏《愛
> 日精廬藏書志》有影寫宋本，《孫氏祠堂書目》、瞿氏《鐵琴銅劍樓》、
> 朱氏《結一廬書目》、陸氏《皕宋樓藏書志》皆有明仿宋本，日本森
> 立之《經籍訪古志》云：「明嘉靖有繙雕宋本」，又云：「崇禎癸酉趙
> 靈均刻本」，此即可見明時有兩繙本，當爲此本嫡傳，亦可見宋元以
> 來所傳，祇此一本，故群相仿刻重刻，蓋宋刻於陳玉父本外，固無
> 別本。（初編，頁 1239～1240）

此則記載其書版刻概況。

　　莫伯驥引用目錄書最多者爲《清四庫全書總目提要》，其題記亦常引《四
庫提要》作爲考辨之對象，凡是有記載不詳，或錯誤之處，皆盡其之力，予
以補充訂正，當然，亦常引用《四庫》之說作爲論證、考辨之據。如卷十三，
清知不足齋寫校本《清波雜志》十二卷《別志》三卷：

> 清《四庫提要》謂其書多記兩宋間君臣雜事，並家世舊聞，及一人
> 涉歷，而雜說瑣聞，亦參錯其間。煇曾祖與王介甫爲親，故書中頗
> 回護荊文，然於當時之賢士大夫，亦不至詆斥譏評，猶存三代之直
> 道，說者謂可補史事遺缺。伯驥按：館臣之言，實本于方回，而不
> 詳其所自，蓋回詆煇所著《清波雜志》推尊介甫爲非，故館臣述之
> 於《提要》中。然今觀二志不滿介甫之處正多，不盡如回所言，正
> 不得援引王明清《揮麈錄》多爲曾布解免相比，回之言固誤，而館
> 臣讀不終編，遂隨意掇拾，亦可謂疏舛之尤矣。（初編，頁 748）

《清波雜志》作者爲宋周煇，四庫館臣未讀完全書，即下定論，是其疏誤也。
又如卷五，明寫本《明太祖實錄》二百五十七卷：

> 清《四庫總目》六十二謂明焦竑撰《熙朝名臣實錄》二十七卷，自
> 序謂明代諸臣之事不詳，因撰此書。自王侯將相及士庶人方外緇黃，
> 僮僕妾伎，無不備載，人各爲傳，蓋宋人實錄之體，凡書諸臣之卒，
> 必附列本傳，以紀其始末，而明代實錄則廢此例，故竑補修之云云。
> 伯驥按：明代實錄，亦多有大臣本傳，館臣之言似誤。（初編，頁

280）

又卷十一，明刻本《疑耀》七卷：

> 每卷前題溫陵李贄閎甫著，嶺南張萱孟奇訂。清《四庫》改題張萱
> 撰，吾家《邵亭知見傳本目》著錄張氏刊本，當與伯驥今藏之舊槧
> 同，而撰人亦題張氏，豈未見原書，而不加細察，遽從館臣之說耶？
> （初編，頁 618）

又卷十三，元刊本《新編事文類聚翰墨全書》一百二十七卷：

> 元鄉貢進士劉應李撰。清《四庫提要存目》以此書為宋人撰，非也。
> （初編，頁 728）

茲舉以上數例作莫氏考訂《四庫提要》中錯誤的部分。然其肯定四庫館臣之
處亦多，如卷二十，明刊本《檀園集》十二卷：

> 檀園者，長蘅讀書之地也。清四庫館臣謂當啟禎之時，竟陵之盛
> 氣方新，歷下之餘波未絕，流芳容與其間，獨恪守先正之典型，
> 二百餘年之中，斯為晚秀，專就文字論，庶為定評。（初編，頁 1233）

又卷二十一，元刊本《樂府詩集》一百卷：

> 宋郭茂倩撰，茂倩渾州須城人。清《四庫提要》推此書為樂府中第
> 一，足為定論。（初編，頁 1246）

又卷六，明永樂官刊本《歷代名臣奏議》三百五十卷：

> 清《四庫目提要》謂其收羅大備，凡歷代典制沿革之由，政治得失
> 之故，為古今奏議之淵海，實可與《通鑑》、《三通》互相攷正，非
> 虛語也。（初編，頁 329）

又卷三，明寫本《洪武正韻》十六卷：

> 伯驥按：此書之價值，自以清《四庫提要》之言為得其當。（初編，
> 頁 208～209）

以上乃莫氏肯定四庫對各書之評語。對於四庫館臣未見的版本，莫氏亦予以
注明，如卷六，明寫本《鄭端簡公奏議》十四卷：

> 清四庫祇著錄《端簡文集》，而無十四卷之奏疏，當是未見也。（初
> 編，頁 342）

又卷十九，明弘治間刻本《夏忠靖公集》六卷：

> 明夏原吉撰。……《原吉集》著錄《明史藝文志》，若清《四庫總目》
> 別集類二十三所著錄者，則謂為康熙乙酉潘宗洛提督湖廣學政時，

以其裔孫之所藏，重爲校刊本，原版則已久佚云。此本實宏治中原
刊，爲館臣所未見，固可貴矣。（初編，頁1128）

又卷十八，明正統刊本《青陽文集》六卷《附錄》二卷：

清《四庫全書總目》別集類祇四卷，《提要》不詳何本，恐非佳刻，
庫本之宜易善本者，固甚多也。（初編，頁1071）

又卷二十一，元至正刊本《古樂府》十卷：

此本刻於至正年間，原詩之舊，未有更改，至可貴也。清四庫館臣
未見元刻，僅據明末之本著錄。（初編，頁1250）

莫伯驥除於《四庫提要》考證詳悉外，對其他目錄書之徵引亦多，如：
若爲葉德輝舊藏之書，則完全引用《郋園讀書志》的內容。葉昌熾《藏書紀
事詩》收錄不足之處，多考補之，茲不贅引。

至於書籍載記有誤之處，莫氏亦不吝於糾謬，如：

1、卷四，從元宗文書院本傳錄《五代史記》七十五卷

邵氏晉涵撰《五代史記提要》，謂朱子已譏其張居翰爲失實，陳師道
譏其李思恭、李思敬爲失考，又如王彥章則過事推崇，元行欽烏震
則過爲詆毀，褒貶之不平，復爲李心傳諸人所譏議，伯驥上述二條，
或可補邵氏之不逮也。（初編，頁240）

此補錄邵晉涵之書。

2、卷九，明刊本《中說》十卷

丁氏編《善本書室藏書志》以里中後進，亦不詳石溪之爲人，謂須
待訪，故稍詳之。查氏《人海記》則稱會稽鈕氏萬卷樓，沈氏《水
曹清暇錄》則稱爲世學堂，恐有誤。（初編，頁504）

此補丁丙之不足，又糾正查沈二氏之誤，蓋鈕石溪之藏書處名爲世學樓。

3、卷九，宋刊本《新刊音點性理群書句解後集》二十三卷

此書清四庫著錄《前集》，陸存齋有《後集》，繆小山則《前後集》
俱有之，故能知其原委。若《拜經樓藏書題跋記》則題爲《近思正
續錄》，而不明始末，當是未加考覈也。（初編，頁505）

4、卷十四，明刊本《周易參同契發揮》上中下三卷

前人謂《郡齋讀書志》稱《參同契》未著錄《隋唐經籍志》，今考《舊
唐經籍志五行類》有《周易參同契》二卷，魏伯陽撰，《周易五相類》

一卷，亦魏伯陽撰，《新唐書藝文志》同，晁氏未免失考。升庵楊氏號博洽，撰〈參同契序〉，亦沿其誤。（初編，頁837）

5、卷十七，汪氏裘杼樓寫本《羅鄂州小集》六卷

伯驥按：汪文桂官中書舍人，其弟森，字晉賢，官戶部郎中，自號碧巢，藏書甲於浙西，見沈大成〈大理府知府汪君墓志銘〉。汪氏有《裘杼樓書目》傳鈔本，張氏《適園藏書志》謂爲汪文柏藏書，似有誤。（初編，頁981）

以上爲莫氏糾誤之部分。

十一、有關其郡邑的文獻、人物或掌故，多詳考之

莫伯驥爲廣東人，凡關於其鄉邦文物，多詳考之，以彰顯此域之文風，其考論之範疇，約略分爲下列數點：

（一）考作者生平及其學術

莫氏所藏粵東先賢的遺著有：

1.	唐・張九齡	卷十五，徐松手校寫本《張子壽文集》二十卷
2.	宋・余靖	卷十六，明嘉靖修成化本《武溪集》二十一卷
2.	宋・葛長庚	卷十七，明臞仙編刊本《白玉蟾文集》六卷《續集》二卷
4.	明・陳獻章	卷十九，明宏治刊本《白沙先生全集》九卷《附錄》一卷 卷十九，明嘉靖間揚州刊本《白沙子》八卷
5.	明・海瑞	卷十九，明天啓刊本《海忠介公全集》十二卷 卷十九，明崇禎刊本《海忠介全集》七卷
6.	明・黃佐	卷二，拜詩閣寫本《樂典》三十六卷
7.	明・湛若水	卷二，明嘉靖本《古樂經傳全書》上下卷 卷九，明湛氏家刻本《格物明通》一百卷
8.	明・邱濬	卷九，明成化甲午寫刻本《家禮儀節》八卷
9.	明・黎民表	卷二十，明刻本《瑤石山人詩稿》十六卷
10.	明・張萱訂補之書	卷三，明伯羅張氏刻本《六書故》三十三卷（元・戴侗撰） 卷十二，明伯羅張氏刻本《洞天清錄》不分卷（宋・趙希鵠撰） 卷十一，明刊本《疑耀》七卷（明・李贄著，實爲張萱所作） 卷十四，明刊本《雲笈七籤》一百二十二卷
11.	宋・趙善璙	卷十一，宋刊本《自警編》五卷 卷十一，明刊本《自警編》九卷

（二）考刊刻者

莫伯驥所藏粵人刊本者有：

1.	明嘉靖十六年廣東崇正書院刊本	卷四，《前後漢書》二百四十卷
2.	明嘉靖三十五年廣東崇正堂刊本	卷一，《周易程傳》十卷
3.	明郭勛刊本	卷十五，《元次山文集》十二卷
4.	明弘治八年張習刊本	卷十八，《僑吳集》十二卷
5.	明萬曆間鄧雲霄刊本	卷十九，《李空同集》六十八卷

其中以廣東崇正書院的考訂最詳，從書院地點、明代刊印情形到與錫山崇正書院之不同，並兼述廣東一地的刻書狀況。

（三）考藏書家

廣東一地，晚近出現一些著名的藏家，莫伯驥距他們的時代較近，故多能詳言之。茲列出《初編》及《跋文》中，論及之題跋出處：

1、丁日昌　宋巾箱本《呂氏家塾讀詩記》（跋文，頁 43～44）
2、李文田　明博羅張氏刊本《六書故》（跋文，頁 90）
3、孔廣陶　元至正間刊本《禮經會元》（跋文，頁 59～60）
4、梁啓超　李兆洛抄本《漢書地理志補注》（跋文，頁 109）
5、吳引孫　寫本《西晉新語》（跋文，頁 145）
6、梁鼎芬　清嘉慶廿三年重刊宋乾道本《韓非子》（跋文，頁 245）
7、方功惠　明刊本《白孔六帖》（跋文，頁 300）

其中方功惠非粵人，但在廣東久居，與當地的關係匪淺，徐信符《廣東藏書紀事詩》就將他列入附錄。上列之藏家生平，以《跋文》所載較詳，因其有多處是補充《初編》所無。

十二、引述近人研究成果

　　莫伯驥之書晚出，所見史料較前代豐富，而民國以來之學者，研究風氣盛行，往往針對某項問題，作深入探討，故能有異於傳統之成說。莫氏對於此類資料，亦不遺漏，但其徵引當代學者之研究是有選擇性的，較常引用者有梁啓超、陳垣、王國維、胡適等人，其餘如陳槃、張星烺、黎光明、王靜茹僅出現一次。梁啓超的史學，陳垣的元史研究，頗受莫氏稱許。

第二節　版本學

　　目錄書首先著錄版本者爲尤袤《遂初堂書目》，仿其例者，在明代唯有嘉靖間晁瑮編《寶文堂書目》，清代以後，藏書家所編書目大都注明版本。自明代中葉後，覆刻宋版的風氣甚盛，藏書家開始寶重宋刻。爲防止書估因緣射利，欺騙讀者，於是出現珍賞鑒訂一派的藏書家，也就是洪亮吉所稱「第求精本，獨嗜宋刻，作者之意縱未盡窺，而刻書的年月日最所深悉，是謂賞鑒家者是也。」〔註2〕他們將所藏的精本，記錄版式行款、序跋題記，敍述其本遞藏的源流，並取通行本校勘同異。其目的固在炫耀所藏的宋元版，亦可供後來收藏者考訂眞僞，免上書估的當。首創此例者爲清錢曾的《讀書敏求記》，所撰解題不敍介作者及書的內容，但討論繕寫刊雕的工拙。《四庫提要》云：「述授受之源流，究繕刻之同異，見聞既博，辨別尤精，但以版本而論，亦可謂之賞鑒家矣。」〔註3〕乾嘉間之于敏中、彭元瑞整理昭仁殿之善本書，編成《天祿琳琅書目》及《後編》，記載槧梓年月、刊印工拙，以及藏家題識印記。嘉道間陳鱣的《經籍跋文》、黃丕烈的《百宋一廛賦注》又增加版式行款。張金吾的《愛日精廬藏書志》除記載版本及遞藏源流外，又仿朱彝尊《經籍考》的體例鈔錄書中的序跋，於四庫未收書，並介紹作者及書的內容。此後編著藏書志者皆仿其例，而賞鑒之精，考訂之密，後來者居上。莫伯驥的《五十萬卷樓藏書目錄初編》及《五十萬卷樓群書跋文》，已是各體皆備，而在篇幅上，更勝以往之藏書志。

　　茲分別敍述其於版本學解題上之義例：

一、考版本（刻）的優劣異同

　　古籍在長期流傳中，經過多次傳鈔翻刻，訛誤脫漏，在所難免。莫伯驥藏書豐富，一書有各種版本，所見之版本亦多，故能比較其間的優劣異同。如卷四，明嘉靖震澤王氏刊本《史記》一百三十卷：

　　　　此爲明嘉靖王延喆摹刻，始嘉靖乙酉臘月，迄丁亥三月刻成，精美與宋本等，……蓋此書刻字至精，前賢已多稱其善，如四庫館臣及王西莊等均譽之。……是此本出於宋，而世人遂以此冒宋刻也。丁氏持靜

────────────

〔註2〕　見洪亮吉《北江詩話》，卷3。
〔註3〕　《讀書敏求記》提要，載於《四庫全書總目提要》卷八十七〈史部目錄類存目〉。

齋藏此本，吾家邵亭爲編《紀要》云：「其書以黃柏染棉紙，凡序目或卷尾有王氏校刊木記處，悉裁去，以冒宋本，〈周本紀〉第二十七葉，王氏所據宋本失之，以意補綴，失載《索隱》數條，此正相合，然宋本不可得，得王本如此者，亦宋之次矣。」伯驥按明刊《史記》以王本柯本爲最善，然柯本〈秦本紀〉第三十一葉脫《索隱》一條、《正義》五條，當兩本互勘，以歸於善，邵亭之言，衹論王本之脫誤，尚未及柯本之誤處，王本正可補苴也。半葉十行，行十八字，注雙行，二十三字，柯本比王本少訛字，聞南潯劉氏前仿刊宋本，意欲得柯本參校，而未可得，則傳本之稀不可見哉。（初編，頁214～215）

首先說明王本之精善，再與宋本比較，莫伯驥以王延喆本和柯維熊本互校，可補彼此的不足，糾正脫誤之處。又如卷四，明嘉靖間廣東崇正書院刊本《漢書》一百二十卷《後漢書》一百二十卷：

宋監《漢書》，始淳化，次景德，次景祐二年余靖王洙重校定，下則熙寧嘉祐宣和紹興，先後凡七刻。今世流傳，已極稀有，官刻私刻，均多散軼。《范書》宋本，完整者亦寥寥焉，明世則有重修宋福堂本、正統翻淳化本、汪文盛本、重刊元大德本各種，而嘉靖丁酉廣東崇正書院重脩本，則存在無多。……嘉興錢氏泰吉嘗借拜經樓宋本《漢書》，校其與汲古閣本異者，撰攷異詳之。〈外戚傳〉童謠云：燕毛涎涎。師古曰：涎涎，光澤之貌也。音徒見反，〈五行志〉中之上同。按《玉篇》水部涎字徒見切，涎涎好皃。……正用顏氏《漢書》注文也。近刻《漢書》誤作涎涎，《經籍纂詁》於一先涎字下列〈五行志〉及〈外戚傳〉，亦沿近刻《漢書》之誤，……伯驥今按崇正本涎涎不作涎涎，犬雁不作大雁，實與宋本合，不與俗本同，此其可貴者一也。歸安陸氏藏宋槧湖北庾司本《漢書》，爲慶元間刻本，陸氏嘗略校之……伯驥今按崇正本皆與宋慶元本合，此其可貴者又一也。（初編，頁220～222）

此取明本與宋本互校，先論宋本《兩漢書》之稀有，再將明崇正本與宋本互校，發現其與拜經樓宋本和宋慶元本相合，不與俗本相同，更顯其版本之優良，而其存在無多，尤彌足珍貴。又卷四，宋刊本《資治通鑑釋文》三十卷：

蓋胡氏未註《通鑑》之前，爲之音釋者，曰司馬公休，曰廣都費氏，其一則爲見可。公休本海陵郡齋刊之，襲見可書，以爲資料；費本

則全采史書，而稍下己意，世謂爲龍爪本。公休本二十卷，史本三十卷，兩書在當時均各自爲書以行，其後海陵本《通鑑》附公休書於後，蜀費氏註《通鑑》附見可書於中，自元刻音註本出，而前二本皆不顯於世，藏書家尠有著錄，明以後流傳甚尠，歸安陸氏謂《升庵外集》，一再徵引，蓋以揚氏之閎博，始見其書，他家則罕傳本矣。

（初編，頁 254）

史炤字見可。此處比較元胡三省《資治通鑑音註》之前，三種音釋本的差異及流傳情形。又卷七，錢竹汀手校寫本《太平寰宇記》存一百九十三卷：

宋樂史撰。此書我國無宋槧本，藏家多屬舊鈔，若朱氏潛采堂，若趙氏小山堂，清《四庫》據汪氏啓淑進本著錄，皆寫本，皆有缺佚。惟汪氏則佚七卷，且有校語，故館臣以爲最善焉。吾粤曾氏面城樓藏汲古閣舊鈔本，內闕第四、八十二、一百十一至百十九，凡十一卷，題記稱毛本所附校勘，間有脫誤，不如近刻之詳，然以其舊鈔，終有佳處，故並存於笥，以俟考云。至日本所藏宋槧，楊氏訪書時，始據以補刻。（初編，頁 383～384）

此處比較各寫本之差異。《太平寰宇記》之宋本現存日本，大陸及台灣所藏多爲清鈔本。又卷十八，明初刻本《剡源集》二十八卷：

伯驥按：前人謂《戴集》始刻於明初，宋氏濂序之，凡二十八卷，即此本也。惜宋序脫去，至隆萬間四明周儀得先生全集之目，銳意搜輯，勒成三十卷，文與此稍異，萬歷辛巳後裔戴洵梓行於南雍，清《四庫》著錄即此刻。至鈔本流傳，多從周本錄出，而卷首或有《剡源先生年譜》，題「蛟川陳景沛編次」，又板心有「巾山陳景沛草創」七字，則年譜是景沛所作，補周本所未及也。《戴集》之行於今者，以上海郁氏《宜稼堂叢書》本爲最著，郁本比周本增多文二首，卷十八題雙溪王晦仲《讀易筆記》，後卷二十一蠅虎賦是也，惟詩則兩本大不同，郁本五言古增多五十三首，七言古五言律並增多一首，惟五言排律郁本一首，而周本十六首，則特爲完備，此二本之異同也。（初編，頁 1043）

首先敘述此書版刻源流，由最早的明初刻本，次爲周儀得本，再其次爲陳景沛鈔本，今日通行的是郁松年本，並比較周本與郁本所收內容之差異。又卷十八，從元槧精鈔本《筠溪牧潛集》不分卷：

其集有元明兩刻本，清《四庫》著錄者，為子晉毛氏所刻七卷本，有洪喬祖跋，及明河題語，無方回、姚廣孝二序，明河又稱「嘗讀《虎邱舊志》，見圓至〈修隆禪師塔記〉，歎其文字之妙。」今此記不見七卷本中，聊城楊氏藏有元本，《楹書隅錄》云：「此本題曰《筠溪牧潛集》，方序洪跋俱在，共分七類，……無卷數，〈修隆禪師塔記〉作〈修虎丘塔頌序〉，在丁字類中。蓋子晉所刻，已多脫佚，此則大德間之原槧也。」伯驥按：明本分七卷，而元本則分七類，其編制已有不同，而明本又缺方回序文，自以元本為善，此為玉几山人所藏精鈔本，其編制及〈虎丘塔頌序〉，與楊氏本相同，當是從元槧鈔出，而又加錄姚序者，蓋姚為明人，元本自無其序，是可貴也，為照錄之。（初編，頁 1049～1050）

比較明本與元本所收內容之多寡。元本有方回序，較明本完善，而伯驥此本乃鈔自元本，又加錄姚廣孝序，名為精鈔本，實不為過。

　　莫伯驥不僅使用自藏之版本相互校勘，亦多引用他人的校記，故能有全面的論證。

二、敘述諸書的版刻源流，或刊印的原委

　　判斷一書版本的好壞，如能知其本之所從出，當可瞭解其中之優劣。清嘉慶中黃丕烈所寫的各書題跋，常涉及繕雕的始末，莫氏題記中亦常引用。茲舉數例以證之，如卷四，明正統翻淳化本《後漢書》一百二十卷：

劉宋范曄撰，唐章懷太子賢注。案宋初淳化中，國子監曾刊《五經正義》，而《麟臺故事》又稱淳化五年七月詔選官分校《史記》、《前後漢書》，命太常博士直昭文館陳充、國子博士史官檢討院思道、著作佐郎直昭文館尹少連、著作佐郎直史館趙況、著作佐郎直集賢院趙安仁、將作監丞直史館孫何，校《前後漢書》，既畢，遣內侍裴愈齎本就杭州鏤板，是當時雕刻此書，至為不苟。景祐間余襄公靖校正《兩漢書》，即由淳化本出，而元大德本，又從景祐本出。黃蕘圃云：「《漢書》宋刻佳者淳化本不可得見，景祐本殘者有之，此外如建安劉原起本，又有一大字本，皆名為宋，而實則不及元明刊本，何以明之，蓋所從出異也。惟正統本最稱善，以所從出為淳化本，蓋祖本真出北宋耳。」（初編，頁 230～231）

由此書繙雕之始末，可知莫氏擁有之正統本是從宋淳化本而來，其版刻之價值不言可喻。又卷二十二，清厲樊樹手寫本《辛稼軒詞》十二卷：

> 蓋辛詞自宋迄元有三刻：一曰長沙刻，一卷，見《直齋書錄解題》，今已佚。二曰信州刻，十二卷，即《宋藝文志》所著錄者也，元大德己亥廣信書院刻本，明嘉靖間大梁李濂評點本，則從之出，而明毛氏汲古閣重雕此本，已併爲四卷。三曰四卷本，見馬氏《通考》。清嘉慶間法式善自《永樂大典》錄出〈稼軒佚詞〉、〈洞仙歌〉、〈爲葉丞相壽〉一闋，已見信州本第六卷及四卷本甲集，〈鷓鴣天〉二闋，爲朱淑眞詞。餘則見四卷本者，僅……等二十八首，諸本俱未載，故《辛詞》以嘉慶本爲最備。（初編，頁 1339）

敘述宋元間，《辛詞》三種不同卷數的刻本，除載其所從出，並考諸本所收內容之異同。又卷十七，汪氏裘杼樓寫本《羅鄂州小集》六卷：

> 宋羅願撰。此集原書十卷，鄂人嘗以刻板其州，新安鄭氏亦有刻本，歲久皆廢軼。今其存者五卷，其七世孫宣明力搜訪之，復得雜文若干首，附於五卷之末，而郡人趙汸氏，新喻趙壎氏，皆爲訂其譌舛，乃重刻板以傳，此明王氏褘序《羅氏集》後之言，見於王氏集中者也。（初編，頁 979～980）

此則述其刊印的本末，亦曾經人輯佚而有今日的內容。又卷一，宋巾箱本《呂氏家塾讀詩記》三十二卷：

> 蓋嘉靖本流傳甚罕，其行款與《天祿目》所云宋巾箱本同，則天祿本之爲宋爲明，固未能確定矣。大抵《讀詩記》之附雕，有建寧本，有丘宗卿重鋟江西漕臺本，又有眉山賀春卿刻本，魏鶴山序之，宋世所刊，大略如此。今檢尋前人簿錄，《天祿》之外，惟昆里瞿氏有宋本，陸存齋無之，張月霄則殘本耳，島田氏《古文舊書考》又著錄別一宋槧本，所云首有目錄，行字與尤刻同，惟幅界略廣，審其纖維墨光，大異元明，當是宋末刻本，是也。前明嘉靖四明陸鈦覆宋本外，又有萬曆蘇程君刻，比陸本稍爲近祖……萬曆間又有陳龍光刊本，陸存齋云：「陳本前有萬曆癸卯顧起元序，其書亦源出嘉靖刻，而改其行款，變其字體，易旁行小注爲雙行注，……。（初編，頁 54～55）

其版刻源流約略可見，先後次序爲宋巾箱本、明嘉靖陸鈦本、明萬曆陳龍光

刊本，又兼載他家著錄宋本的情形，比較其中之異同。又如卷八，彭氏知聖道齋寫本《宣和奉使高麗圖經》四十卷：

> 前清天祿琳琅有宋乾道三年刊本，爲兢從子葳鏤版置澂江郡齋者，卷一第四葉、卷八第五六葉並缺，前人補鈔，其見於各家藏目者，多是寫本。昭文張氏愛日精廬有毛斧季校宋本，後歸常熟瞿氏，書末有毛跋，所云闕葉，亦與此同。聞高麗有槧刻，若吾國刊本，則有海鹽鄭休清、長塘鮑淥飲二家，鄭本不知何出，鮑本則依舊鈔，參之鄭刻，錯簡脱漏，往往有之。今則故宮所藏宋本，已付景印，可取以爲校訂矣。近人段氏有宋刊《宣和奉使高麗圖經校記》二卷，知不足齋本，以宋乾道本校，計第二十七卷西郊條補入二十字，儒學條脱二百七十三字。（初編，頁 433）

著錄各本之情形，兼記其所從出，及校勘結果。又卷八，元刻本《文獻通考》三百四十八卷：

> 泰定元年江浙行省始刊版于杭州之西湖書院，尚有譌缺。至元初余謙爲江浙儒學提舉，乃命貴與之壻就馬家借本，與西湖山長同校，始成完書，其版明時在南京國子監，諸家藏書編目，於刊刻時代，頗不明瞭，實則延祐進書，至治發刻，而刻成則在泰定元年也。（初編，頁 447）

此處不僅說明刊印之經過，亦考其版刻的時間。

三、鑑訂書估作僞

宋板書作僞的風氣，始於明代。到了清代，不僅僞宋，且僞元、僞明，故具備版本學的知識，方能辨別真僞，不致上當受騙。莫氏常於題跋中，論及書估作僞的情形，而予以明辨，如卷十五，宋刊本《孫可之集》十卷：

> 以伯驥耳目所睹記，《可之集》惟前清天祿琳琅有宋本，此外大家，如《瞿目》則著錄明王刻本，顧澗薲以宋本校過，丁氏則藏明王刻本外，有天啓吳馥序刻本、舊鈔本，而天祿本則目錄後刻「大宋天聖元年戊辰祕閣校理仲淹家塾」字，編者謂其字畫濃重，與《通部》有異，當是書賈僞爲，詳其增印之作僞，與編者言語之游移，則天祿本是否確爲宋槧，尚未可定。（初編，頁 890）

此論天祿本之《孫可之集》是否爲宋本，所憑藉之理由是其「字畫濃重」。又

卷十，明刊本《墨子》十五卷：

> 《墨子》舊刻，宋元本絕尠，惟明嘉靖間唐堯臣陸穩刻本，尚有流傳。此外，尚有明江藩據唐氏重刻，江刻流傳不尠，而唐刻原本則不多見，此本當是別有重刻唐本者，曾見友人藏本有草書字序，今本佚之，殆書賈去之以冒唐刻。至楊氏《樅鄔樓遺稿》，稱許萬曆茅刻《墨子》，謂爲孫氏詒讓所未見，然所謂茅刻者，實書賈以陸序改爲茅序，亂人耳目，已數百年，可知此本雖重刻唐本，亦勝於爲僞之茅刻，談目錄板本者，所宜知也。（初編，頁 590）

書賈作僞之手段，可由此看出，任意刪序、改序，亂人耳目，只是其中之一，目的無非是提高版刻的價值，賣得好價錢。

四、鈔錄古書序跋題識

　　一般古書都有序跋。序通常刻在卷首，跋則在卷末。序跋除敘述該書內容、編著意圖外，往往還介紹書的版本源流、修訂情況以及刊印過程，末署序跋作者的姓名和撰寫時間。序跋的撰寫時間同書的刻印時間往往相差不遠，因此序跋對鑒定版本具有重要的參考價值。〔註4〕莫伯驥于書的序跋不全部鈔錄，往往以「略云」二字，擇取其所要表達的意旨。雖不全錄序跋的內容，但對其篇數作序跋者之篇名則錄之。茲舉明錫山安國活字本的《重校鶴山先生大全文集》爲例，說明序之內容：

> 前有嘉靖間邵寶序，略云：「鶴山先生文靖《魏公集》若干卷，故有刻本。自宋迄今凡三百餘年，廢缺鮮傳。今太子少保工部尚書內江李公，以公蜀人，爲鄉邦先正，撫政之暇，訪而得其什九，輒用勘校，命吾邑義士安國以便板從事，其什之一，尋又得而補焉。宋之有道學也，始於周子，盛於兩程子，而邵子張子同時並作，繼乃成於朱子，其後僞學之論起焉，而謗遂及乎大儒君子。當是時公與西山眞公二人者，雖罹娼嫉，屢見疏斥，而講明之功，持守之力，弗替益勤，立朝領鎭，忠言嘉政，歸焉爲吾道衛翼。公家食時，讀書白鶴山下，在靖州有鶴山書院，及登政府賜第平江，至屬理宗御書院額之賜，所至學徒不遠趨赴平江，今蘇州府公生所遊死所歸藏也。」

〔註4〕引自程千帆、徐有富著《校讎廣義・版本篇》，頁422。濟南：齊魯書社，1991年7月出版。

（初編，頁 1010）

先說明刊印經過，再論作者的學術。若莫氏不引到作序跋者之銜名，則直錄姓名；若會引原文至最後的署名，則於前面稱「某氏序」，只列姓氏而不列名字。此爲筆者觀察所得。

　　題識是指藏書家或其他人在一些書籍的卷首卷末或書的前後副葉上所寫的題跋識語。其內容一般介紹書的版刻時代、內容正誤、收藏源流並獲書經過。〔註5〕莫伯驥不僅載錄書中之題跋識語，他於考辨的過程中，亦嘗徵引其他人的題識作爲論證。如卷十五，宋刊本《孫可之集》十卷云：

> 楊氏《楹書隅錄》卷四，著錄宋刻《昌黎先生集》，楊氏有跋語云：「南宋初刻唐人集，每半葉十二行，行二十一字之本，凡數十種，與北宋蜀本每半葉十一行行二十字唐人諸集並稱，最爲精善。顧今世流傳絕罕，偶或遇之，率已損闕，求完帙不易得也。藏予齋者凡三：一浩然，一可之，皆完帙，一殘本鈔補者，則爲《昌黎文集》。」據楊氏之言，是《孫集》實爲南宋初刻本，今以各家藏本較之，《孫集》洵以此本爲首屈。（初編，頁 890～891）

此書原爲海源閣舊藏，楊紹和之物，內有黃丕烈、顧千里墨筆題語，莫氏亦錄之於後。其餘有題識者之版本仍多，茲不贅引。

五、記一書之編排次第

　　記錄一書編排的次第，可以作爲考訂板本之依據，莫氏對此已成一慣例，茲舉兩例以見其體例：如卷四，明刊本《資治通鑑綱目大全》五十九卷：

> 卷首有資治通鑑綱目大全序例，末題「乾道壬辰夏四月甲子新安朱熹謹書」，次綱目大全凡例，次朱子〈與訥高趙氏師淵論綱目手書〉，次綱目大全後序，中云……次綱目大全後語，次綱目大全書法，凡例末題「友益謹識」，次綱目大全集覽敍例，末題……，次綱目大全書法序，末題……，次綱目大全書法序，次綱目大全書法後跋，末題……，次綱目大全序次，綱目大全考異凡例、序，次綱目大全考異、凡例，次綱目大全考證、序，次綱目大全總目錄。（初編，頁 273）

又卷十八，寫本《貢泰甫玩齋集》十二卷：

> 前有余闕序，略云……。次有錢氏序，略云……。次有王氏序，略

〔註5〕同上，頁 448。

云……。次有沈氏序，略云……。（初編，頁 1076～1077）

以此種方式著錄者頗多，亦爲常例。從這些篇目編次的著錄中，可知一書版本保存那些篇目，能作爲鑒定版本的依據之一。

六、記版式、行款、字數，以及字體、紙張、墨色之特色

此爲著錄書籍的外在形式，是鑒定版本的重要依據。如卷一，大字精寫本《周易玩辭》十六卷：

> 全書用極精之紙，端楷寫錄，大字嚴整，審其紙墨，斷非百年以內
> 之物。（初編，頁 27）

依紙墨之品質及字體，斷定其寫成的時間。又如卷一，明萬曆刊本《六家詩名物疏》五十五卷《提要》三卷：

> 全書字體方整，筆畫不至橫輕直重，蓋猶有嘉靖遺知焉。半葉九行，
> 行十九字，上闌匡附音釋，下橫隔單綫，再刻正文，此式蓋沿於南
> 宋之季。（初編，頁 75～76）

以字體考訂明本的時間，並記版式的特色。又如卷十五，宋刊本《孫可之集》十卷：

> 今觀此集，字畫界於歐顏之間，骨肉停勻，調節環燕，雕鏤精美，
> 捫之有稜，選楮用墨，咸臻佳妙，與在杭之言，適相符契，且朱字
> 粲爛，新若未觸，菴圍澗篸，既評騭於前，四經四史齋，復收藏於
> 後。（初編，頁 893）

詳述此本字體之美，足爲宋版書之範式。又如卷十四，宋刊兩面印摺本《妙法蓮華經》七卷：

> 字體出於顏平原、柳誠懸，明董氏其昌〈跋顏氏書送劉太沖序〉後，
> 有宋四家書派皆宗魯公之語，則知宋代官刊私刻諸書，其佳本往往
> 有顏柳筆意者，良由習尚使然，觀于此經，其說良是。（初編，頁
> 784）

此以字體評其是否爲宋刻佳本。又如卷一，明刊本《尙書》二卷：

> 首行題尚書序，次行題唐陸德明云……，第三行大書本文於正行，
> 以訓釋字義者細書於旁簡，有疏明大旨者，別作一行書之，或於本
> 文下小字夾行，版匡寬長，正行闊而字大，旁行窄而字小，每半葉
> 正六行，旁六行。（初編，頁 42）

此記利版匡、行款的特色。又如卷四，元刊本《五代史記》七十五卷：

> 宋刻《五代史記》，原有慶元五年刊本，有「魯郡曾三異校本」等字，
> 版縮而字略小，此本則爲元刊，板匡闊大，實大德乙巳丙午九路所
> 刊，半葉十行，行二十二字。（初編，頁238）

以版匡寬窄作爲鑒別依據。又卷五，元刊本《戰國策校註》十卷：

> 元時已有重刊本，行款不同，此爲至正二十五年平江路所刊，半葉
> 十一行，行二十字，小黑口，欄外有國名，惜有缺脫，明刻本注多
> 刪節，惜陰軒依元本重刻，則後來居上也。（初編，頁316）

比較重刻本與明本在行款、版式上的差異。

此種以書之外在形式鑒定版本，尚須配合其他條件，方能得到正確的結論。

七、記版心特徵及刻工姓名

版心特徵實與行款等，同爲記錄一書形式的項目，亦爲考訂版本的依據之一。而由書本所記刊工姓名，也能考訂版本的時代。如卷七，明嘉靖刊本《浙江通志》七十二卷：

> 板心有「布政司吏孫子良何具刻」，「布政司吏范淵沈應元刻」，「布
> 政司吏施孝寫」各字樣。（初編，頁399）

注明刻者、寫者的姓名。又卷八，明馮氏校刊本《文獻通考》三百四十八卷：

> 版心魚尾上刻其分類，魚尾下記書名卷幾，次記葉數，次刊工姓名，
> 字法刻刀，均嚴整可觀。（初編，頁449）

記載版心的特徵。又卷十，明仿宋本《重廣補註黃帝內經素問》二十四卷：

> 板心記刻手名氏，不記刊行年月，蓋與明顧氏所刻同，皆從宋板重
> 彫者，殷匡炅恆玄微鏡字，並缺末筆。（初編，頁547）

由版心特徵，知爲重雕宋本者。又卷十一，明會通館活字本《容齋五筆》：

> 板心上有雙行小字，云「弘治歲在旃蒙單閼」，下亦有二行，云「會
> 通館活字銅版」，可證爲華氏活字本也。（初編，頁613）

此則證明其版本爲何。又卷十二，明活字本《藝文類聚》一百卷：

> 版心魚尾上「蘭雪堂」三字，魚尾下藝文卷幾，或藝文幾，下記葉
> 數，刻工名在葉下，或在卷幾下不等。（初編，頁699）

此亦可證明版本之歸屬。以上是莫氏著錄版心的方式。至於其注明刊工姓名，

則有下列數例。如卷十五，明刊本《唐駱先生文集》六卷：

> 板心有范子章、余守、陳元等姓名，當是刻工。（初編，頁 853）

只注明幾位刊工的姓名，未全部錄出。又卷四，明刊本《稽古錄》二十卷：

> 版心魚尾上題稽古錄卷幾，下題刊工姓名，每葉有之。（初編，頁 259）

比上例更簡略，僅有刊工姓名，而不知詳情。又卷四，元刊本《通鑑前編》十八卷舉要二卷：

> 板心有弓日華、王清谷、翁子和、沈君玉、詹仲亨等，當是元時刻工姓名。（初編，頁 262）

此則知其爲元朝刊工。又卷十二，明初刊本《書史會要》九卷：

> 此書各卷末皆記助刊人姓名，宋序所謂共鍥諸梓也。附錄如下：第一卷後山居士張氏瑞卿珹命工鍥梓，第二卷三味軒主者張氏國祥麒助刊，第三卷盧氏祥夫祥景雩文龍、林氏伯時應麟、張氏昇善宗仁宗文斌宗武桓合貲助刊，第四卷沈氏德賢賢夏氏用莊莊夏氏叔明顯王氏仁伯師顏王氏志學吾有助刊，第五卷金氏廷用禮周氏彥實思誠莊氏子正仁正錢氏叔謙垌黃氏性初良宋氏魯章鼎助貲以刊，第六卷徐氏仲寬彥裕王氏復初吳氏景元本陳氏伯敬文肅姚氏舜俞助貲刊板，第七卷夏氏元威大有夏氏元舟中孚張氏公路宗義章氏叔簡夔命工刻梓，第八卷無，第九卷張氏以行有管刻此卷，補遺張氏昇遠宗禮賓暘昕朝陽瞰克宣昭曦升昉曦采曄林氏魯郊垌合貲鍥梓。（初編，頁 666）

此本記載助刊人姓名，在莫氏題記中，最爲特殊，故全部錄出。一書詳記每位刊工姓名，是近年才有的著錄體例，一般之目錄書最多注明有無刊工姓名，鮮少一一列出，莫氏於此處亦不例外。

八、記諱字

避諱的方法有三種方式：改字、空字、缺筆。諱字有時代性，可藉此幫助鑑別版本。如卷五，宋刊元印本《通鑑紀事本末》四十二卷：

> 次有宋趙與篨序、楊萬里序，楊序進有行而無徵，徵字缺末筆。卷一第五葉「魏桓子」之「桓」字，卷一第十二葉「願以甲子合戰正殷討事」之「殷」字，卷一第三十葉「完璧而歸趙」之「完」字，

卷一第四十一葉「雖往請媾秦」之「媾」字，第三十一卷「姦臣聚
斂」一條，「楊愼矜」之「愼」字，皆缺末筆，其餘亦多缺避。（初
編，頁 286）

此處則注明缺筆之字。又卷十，元高氏日新堂刊本《太平惠民和劑局方》十
卷：

> 伯驥按：宋盛如梓《庶齋老學叢談》卷下云：「……或謂牢九者牢丸
> 也，即蒸餅，宋諱丸字，去一點，相承已久。」云云。蓋丸爲宋諱
> 嫌名，有去一點而作九者，有用圓以代之者，前人未及去點一事，
> 特錄之以資考證。鼠璞，本朝避嫌名，如勾姓本避高宗諱，故改名
> 鈎，或加金於傍，或加絲於傍，或加草於上，或改爲句，增爲勾龍，
> 實同一勾也。今讀勾踐作平聲者本此。又淳熙文書式，所載一帝之
> 諱，多至五十餘字，《禮部韻略》，與廟諱音同之字，皆不收。《玉海》
> 例言，宋極重廟諱，如桓譚爲亘，苟晞爲苟勉，魏徵爲魏證，及貞
> 觀作正觀，胤征作嗣征，宮縣作宮垂，桓圭作植圭，姤卦作遇卦，
> 此類甚多。《五雜俎》眞德秀原姓愼，因避孝宗諱而改，宋時避君上
> 之諱最嚴，宋版諸集中，凡嫌名皆闕不書，皆足參考也。（初編，頁
> 554～555）

此詳考避諱的情形及方式，並舉例證之。

九、載藏書印記

藏書印文字的內容，大致可分爲三種類別：第一，反映藏書家的有關狀
況。這類印章數量最多，內容也最複雜；第二，反映鑒賞校讀情況。如明安
國的「桂坡安國鑒賞」、汪士鐘的「郎園眞賞」；第三，反映藏書家的志趣。
這類印文多用箴言或詩文典故。〔註6〕莫氏不僅著錄藏書印，並說明其遞藏源
流。如卷一，寫本《讀書叢說》六卷：

> 前有「朱彝尊錫鬯父」方形白文章，又長方形朱文章曰「別業小長
> 蘆之南」、「芟史山之東」、「東西峽石大紃橫山之北」，又有「謙牧堂
> 藏書記」白文章、「結一廬藏書記」朱文章，末有「謙牧堂書畫記」
> 朱文章。（初編，頁 41）

〔註 6〕曹之著《中國古籍版本學》，頁 494～495。武昌：武漢大學出版社，1992 年 5
月出版。

標明印記的形狀顏色，並可推知曾經朱彝尊、揆敘、朱學勤等人之遞藏。又卷十，明山西平陽府重刊本《新編西方子明堂灸經》八卷：

> 前有「明善堂覽書畫印記」、「汪厚齋藏書」、「汪印士鐘」、「平陽伯子」、「莫氏祕笈」各章，蓋迭藏清怡親王府，及吳人汪家、獨山莫氏者也。（初編，頁569）

則莫氏以明言其遞藏情形。又如卷十一，周季貺校寫本《庶齋老學叢談》上中下卷：

> 卷首有「漢潛室手校」、「周印星詒」、「祥符周氏瑞瓜堂圖書」、「茂苑香生蔣鳳藻秦漢十印齋祕篋圖書」、「敦夙好齋珍藏書畫」、「武昌柯逢時攷藏校定本」諸印，蓋迭經名家收藏者。（初編，頁648）

此書迭藏周星詒、蔣鳳藻、柯逢時等名家之手。又如卷十五，明活字本《曹子建集》十卷：

> 卷首有「大司馬印」、「吳興」、「廷芳印信」、「沈氏藏書」四章，卷末有「沈印廷芳」、「古柱下史」二章，前二章未詳何人，或謂大司馬當屬四明范氏，然天一閣之書，其章多捺「古司馬氏」，不作大也。蓋先藏王氏許，後歸仁和沈氏，則題記捺印可覆按矣。此為前明印本，閱一二百年而歸池北書庫，又閱一二百年展轉而歸五十萬卷書樓。（初編，頁844～845）

此書由王士禎之處，經沈廷芳，後落入莫伯驥之書樓。又如卷十八，舊刻本《趙松雪文集》四卷：

> 序前有「蒼岩山人書屋記」、「曾在東山徐復庵處」二章，目前有「蕉林藏書」、「簡莊藝文」、「敦仁堂徐氏珍藏」三章，卷一前有「曼生巢經山館章」，是此書迭為真定梁氏，及陳簡莊鱣、陳曼生鴻壽所藏。
>
> （初編，頁1047）

莫氏雖考訂其遞藏源流，但未明徐復庵為何人？又卷十六，明正統間刊本《元豐類稿》五十卷《續附》一卷：

> 此書有「佐名文庫」章，有「退一步齋藏書圖記」，蓋方氏文集，亦以名退一步齋也。卷首並有官印，時方氏正官吾粵，別有白文長方形章，曰「有斐齋圖書」；一朱文方形章，曰「我思古人，令聞令望」。
>
> （初編，頁922）

此處不僅著錄藏書印，並兼載方濬師其他藏印。又如卷一，大字精寫本《周

易玩辭》十六卷：

> 葉氏藏書，吾家得之頗多，其章有曰「麗廔」，有曰「觀古堂藏」，
> 有曰「郋園過目」，有曰「觀古堂鑒藏善本」，有曰「葉德輝奐彬甫
> 藏閱書」。（初編，頁27）

兼載藏書家其他印記。

十、錄刻書牌記及卷末刊鈔字樣

牌記又稱為墨圍、木記、碑牌、書牌等，牌記的內容有二：一是反映刻
書情形，二是反映圖書內容情況。莫伯驥亦錄刻書之牌記，如卷一，元刊本
《周易傳義》十卷：

> 前有程頤序及朱子易圖，圖後有「延祐甲寅孟冬翠巖精舍新刊」木
> 記。（初編，頁19）

卷一，元碧灣書堂刊本《程朱周易傳義》十卷：

> 圖後有牌子云「至元丙子孟夏碧灣書堂新刊」。（初編，頁20）

卷一，元泰定刊本《書蔡氏傳纂疏》六卷：

> 蔡序後有「泰定丁卯陽月梅溪書院新刊」木記。（初編，頁40）

此三者皆列刻書時間及刻書者，可藉以考訂版刻時地。又卷五，宋刊配明覆
本《東都事略》一百三十卷：

> 目後有「眉山程舍人宅刊行，已申上司，不許覆版」木記。（初編，
> 頁309）

這已跟今日的版權頁相似，說明此書的版權所有。又卷九，宋刊本《纂圖互
注揚子法言》十卷：

> 宋咸序後有木記云：「本宅今將監本四子纂圖互注，附入重言重意，
> 精加校正，殆無謬誤，騰作大字刊行，務令學者得以參考，互相發
> 明，誠為益之大也。建安□□謹咨」。共六行。（初編，頁500）

這個牌記說明了校勘情況。又卷十一，明刊本《七脩類稿》五十一卷：

> 目後有牌子云：「拙稿初為備忘（謬陋不計）討論，相知展轉錄出，
> 昨承諸公刊之於閩，愧罪不勝，字有乙者漏者魯魚者，目錄不對，
> 而間斷失款者，由書者非人，而刻非一時，貧賤未能更也，願覽者
> 情照而教焉，仁和郎瑛頓首告」。（初編，頁648）

這個牌記說明了刊刻的情形。又卷十五，元刊本《集千家注批點杜工部詩集》

二十卷《文集》二卷《附錄》一卷：

> 目錄末有「雲衢會文堂戊申孟冬刊」木記。戊申乃大德十二年，是
> 歲改元至大，距劉序此書時僅數歲，可證此本爲楚芳原刊矣。《孫氏
> 祠堂書目》亦載大德刊本。（初編，頁856）

此爲莫伯驥依牌記所載，考訂書之版本，並引目錄書爲證。所以，牌記可以
作爲鑒定板本的重要依據，因爲牌記文字大多反映了刻書時間、刻書地點、
刻書者和板本類別，這就爲鑒定板本提供了條件。

十一、藏家藏書流散情形

　　莫伯驥對書籍版本的流散，知之甚深，除能說明書的遞藏源流，即使難
得的佳本，亦明其傳佈概況。如卷四，宋刊本《資治通鑑釋文》三十卷：

> 宋史炤撰。……蓋史氏之書，在宋時甚行，板刻當不止一種也。王
> 西莊鈔宋本後歸虞山張氏，今則不知流傳何所，《瞿目》著錄亦景宋
> 鈔，竹汀所跋，則爲顧校景寫宋本，今亦不知藏於何家，然則吾家
> 之宋刻宋印本，求之海內，不亦如天球河圖弘璧琬琰哉。（初編，頁
> 255）

這說明各本在藏家處流傳的情形，以其他版本流向不明，更顯此書的珍貴。
又如卷十二，明嘉靖寫本《儒學警悟七集》四十卷：

> 此爲宋人所編，蓋叢書初祖也。清季發見孤本，近年遂有刊行，茲
> 爲刊本所自出，蓋明嘉靖間精寫，而江陰繆氏朱筆手校者也，末有
> 江安傅氏墨筆題語，此書著錄繆氏《藝風堂藏書續記》卷五，題記
> 頗詳，其後武進陶氏刻之，而原日祖本，遂歸予家，刻者固居傳布
> 之功，而伯驥以重幣獲此原本，永唯明嘉靖之遺帙，又奚翅宋嘉泰
> 之初編，且江陰校筆，藉此而窺見精詳，使古今人面目精神，綿綿
> 延延，永留天壤，談書林故實者，當亦謂伯驥與有微勞，不讓繆傅
> 諸君子焉，敢告稽勳，或有取爾也。（初編，頁675～676）

說明獲得善本之經過，可作爲書林佳話。又如卷十六，元刊本《擊壤集》二
十卷：

> 此集亦有宋刻殘本，係季滄葦家物，首二卷亦季氏舊鈔，菟圃得之
> 嚴二酉，自第十一卷至第二十卷，以元時翻宋本補之，尚缺第七至
> 第十卷，復假愛日精廬所藏元鍥本鈔足，遂成完璧，其後歸之張芙

川，又其後歸之適園，所謂宋刻配元刊本也。元本則前清天祿琳琅、

歸安陸氏，均有著錄，此本爲長沙葉氏舊藏。（初編，頁 928）

此記各刊本流散情形，兼載版本概況。

十二、說明一書可珍之因

藏書家對於所藏之書，莫不列其優點，以提高其知名度。莫氏所得善本亦多，如卷十一，周季貺校寫本《庶齋老學叢談》上中下卷：

伯驥以爲此書尤以元人遺聞軼事爲多，間有他書所未見者，其可珍

處實在此。（初編，頁 648）

這是以書的內容取勝。又卷三，明刊本《六書故》三十三卷：

前明嶺南張氏曾刻於辯墅，後板歸嶺南，流傳於世者甚少，購之書

肆，絕不可得，則此本亦希有矣。（初編，頁 195）

這說明版本的稀有。又卷十一，通津草堂本《論衡》三十卷：

諸本並脫，唯此本巋然獨存，當補其闕，尤爲可珍。（初編，頁 633）

其他版本皆有脫漏，此本可補他本之缺漏。又卷十五，明凌氏朱墨本《孟東野詩集》：

伯驥又藏何氏批校本《積古齋鐘鼎款識》，眉端字如攢蟻，細若牛毛，

考正校補，識解過於原著，尤足珍也。（初編，頁 882）

這說明批校者的意見比原著精審。又如卷十七，寫本《誠齋集》百三十三卷：

蓋羅茂良校正後，曾經付刊者，宋刻本日本有之，宋後未嘗再刻，

故藏家多是鈔本，有影宋鈔者，江陰繆氏曾藏之，當今海內藏鈔本

者，亦不多覯，此最足本，且有校記，可貴也。（初編，頁 998）

說明足本又兼有校記，是可貴之因。又如卷十九，明弘治間刻本《夏忠靖公集》六卷：

此本實宏治中原刊，爲館臣所未見，固可貴也。（初編，頁 1128）

以四庫館臣未見爲其書可貴之因。

第五章 《五十萬卷樓藏書目錄》的評價

壹、優 點

綜觀上述章節的討論，可以看出莫伯驥的《五十萬卷樓藏書目錄》，實有多處優點，茲分述如下：

一、於四庫未錄之書撰寫解題

莫伯驥步武前賢，於《四庫》未收之書，撰寫解題，昌彼得先生述其源流曰：

> 又凡四庫未收的書，並介紹作者及書的內容。後來編著藏書志的，如同治光緒間的吳縣潘祖蔭《滂喜齋藏書記》、常熟瞿鏞《鐵琴銅劍樓藏書目錄》、聊城楊紹和《楹書隅錄》、歸安陸心源《皕宋樓藏書志》及《儀顧堂題跋》、杭州丁丙《善本書室藏書志》、江陰繆荃孫《藝風藏書記》、豐順丁日昌《持靜齋藏書紀要》、宜都楊守敬《日本訪書記》，民國以來的江寧鄧邦述《羣碧樓善本書錄》、吳興張鈞衡《適園藏書志》、長沙葉德輝《郋園讀書志》、江安傅增湘《藏園羣書題記》、東莞莫伯驥《五十萬卷樓藏書目錄》等等，雖然是詳略或異，大抵皆師其法，而賞鑒之精，考訂之密，後來者居上。〔註1〕

所謂後出轉精者，是也。胡楚生先生認為此一體例正可彌補《四庫提要》之不足，足供後代學者參考，其言曰：

> 《四庫提要》撰成於乾隆年間，自乾隆嘉慶以還，考證之學，日益

〔註 1〕 昌彼得、潘美月合著《中國目錄學》，頁 62。

發展，學者們的心思更加縝密，眼界也更爲拓廣，對於各種古籍，
也都作出了不少的論述，他們往往根據新的發現或正確的判斷，提
出了許多正面的意見，這些意見，雖不標明是針對《四庫提要》而
發，實際上，卻對《提要》做出了許多糾謬補正的工作，足供後代
學者參考。〔註2〕

莫氏曾爲《四庫提要》作補正，其稿雖遺佚，但解題中，仍時時可見訂補《提
要》之意見。

二、詳考學術源流

在莫氏之前的目錄書，對於學術源流，雖有論及，但不若伯驥詳盡，實
例已見本論文九十六頁。莫氏不僅考訂一派一地一書之學術，甚至一人之學
術概況，亦考證詳晰，且有許多創獲，如於題記中凡有「伯驥按」之文字，
均爲莫氏個人之見解，其中不乏精闢獨到之處。此不僅可見作者涉獵之廣，
用功之勤，對於目錄書「辨章學術，考鏡源流」的功能，實有闡發之功。

三、務實之善本觀

有明以來，宋元版書流傳日稀，價格益昂，藏書家遂流於追求書籍之形
式，一意求古求孤，不問精不精，但問宋不宋，忽視圖書內容之優劣。潘師
美月云：

> 惟自明代中葉以來，藏書家重宋元舊刻已相習成風。清初錢牧齋、
> 季滄葦復倡之於前，黃蕘圃、吳兔牀更應之於後，於是當時藏書家
> 特別珍重宋元版書。〔註3〕

宋元板書由於刊刻時間早，較爲接近舊本，錯訛相對較少，加以傳本數量有
限，固應善加珍惜，然而宋元板本身亦有高下之別，未可盲目信從。莫氏收
藏大量名人批校鈔本、鈔本等，其價值不在宋元版之下，莫氏嘗於題跋中，
論及一書可珍之因，不只限於宋元舊版，舉凡內容的正確無訛和完整無缺，
批校題跋者的意見，都是購成書籍寶貴之因素。不將眼光局限於宋本之範疇，
顯見其務實之善本觀。

〔註2〕 胡楚生，〈四庫提要補正與四庫提要辨證〉，見王國良、王秋桂合編，《中國圖
　　　　書文獻學論集》，頁157。台北：明文書局，民國72年出版。
〔註3〕 《中國目錄學》，頁216。

四、側重鄉邦文獻

此由張金吾《愛日精廬藏書志》首倡，其後之藏書家撰寫書志題跋，沿襲其風。丁丙〈善本書室藏書志序〉云：

> 其所長則有二焉……一在拾鄉先輩之叢殘也，愛日精廬間收國朝人未刻之書，今仿其例，尤留意於鄉人，雖一卷半帙，亦必詳悉備載，如有賢子孫欲求先集，可望留播，以免散遺，宅心仁厚，於此可見。
> 〔註4〕

莫氏亦承其流，詳記與廣東地方相關之人、事、地、物，已見第四章第二節，茲不贅敘。

五、保存古籍之面目

莫伯驥經藏之善本書，雖有亡佚，然而賴有《五十萬卷樓藏書目錄初編》及《五十萬卷樓群書跋文》之編刊印行，乃得以保存古籍之面目。姚伯岳云：

> 豐富的古代藏書目錄，反映了我國古代的學術面貌，為學術史的研究提供了寶貴的資料。儘管所記錄的許多圖書都已亡佚了，卻賴這些目錄書而在世間留下了或多或少的踪跡，所以唐代的毋煚評價目錄書可以使人「不見古人之面，而見古人之心」。近人余嘉錫先生也說「目錄之學，實兼學術之史也」。〔註5〕

尤其伯驥解題之內容豐富詳實，所錄敘跋題識，皆為古籍面目之保存，提供有利之條件。

六、融板本、敘錄為一之體制

昌彼得先生云：

> 近世題跋的書，如陸心源《儀顧堂題跋》、《續跋》，傅增湘《藏園群書題記》、《續記》，莫伯驥《五十萬卷樓群書跋文》等書中，介紹作者的生平，大多博採雜史、方志、文集、說部諸書，能詳以前目錄所未詳的。固然這些題跋書以詳記版本為主，並不完全符合敘錄的體裁，然其博徵繁引，考作者的行事，實在是撰寫敘錄提要的人，

〔註4〕 丁丙，《善本書室藏書志》，卷首。
〔註5〕 姚伯岳，〈淺談圖書館的古籍整理工作〉，《古籍整理與研究》，西元1986年第一期，頁7。

所應當取法的。〔註6〕

莫伯驥之書屬於賞鑑書志，以版本之記載爲主，但於介紹作者的生平、著書原委、書之大旨、評論書的得失等敘錄之義例，莫氏亦都兼具，實不能僅以賞鑑書志視之。昌先生又云：

> 自《別錄》、《七略》、《漢志》以降，目錄的體制有若干種，各有其優點。然而篇目的體制，宜於古而不適於今；錄書的序跋，乃是纂輯工作，非著述的體裁。敘錄闡釋一書的大旨與得失，而不及版本的異同；書志題識載版本賞鑑，而不及書的內容，皆各得一偏。研治學術的方法，貴在能變通，並不是一成不變，互古常新的，端在吾人研究錄略之學，通悉古今，而開創新例。近世撰述版本題識的學者，如陸心源、傅增湘、莫伯驥諸氏的著作，已開融版本、敘錄體制爲一的端倪，雖然其例尚未臻於完善，但頗值得思考效行。〔註7〕

莫氏雖不是首開融版本、敘錄體制爲一之目錄學者，可是對於此風之助瀾，伯驥是與有榮焉。

汪辟疆在《目錄學研究》一書中，將目錄分爲四派：有目錄家之目錄；有史家之目錄；有藏書家之目錄；有讀書家之目錄。〔註8〕綜觀莫氏之藏書目錄，其性質近於汪氏所云「讀書家之目錄」。汪辟疆說：

> 自《班志》分疏大旨於書名之下，而後世解題提要之作遂多。唐宋以後勒爲專書者，如晁公武之《郡齋讀書志》，陳振孫之《直齋書錄解題》；每書之下，詳加考證。或述作者之略歷，或陳書中之要旨，或明學派之淵源，或定糾紛之異說。他如篇章之眞僞，析理之純駁，亦必反覆證明。使承學之士，得所繩準。洵爲目錄學之鉅製矣。然其奮肊見之私，抒排憤之語，恣乖隔而違大道，如清《四庫總目提要》之踵例成書者，亦未能免。然體例足以成家法也。是爲讀書家之目錄。〔註9〕

《晁志》、《陳錄》及《四庫提要》均爲莫伯驥撰寫題跋，取法之對象，況且莫氏爲「嗜書之士」，稱其藏書目錄爲「讀書家之目錄」，亦不爲過。

〔註6〕 昌彼得、潘美月合著《中國目錄學》，頁46～47。
〔註7〕 同上，頁66～67。
〔註8〕 汪辟疆，《目錄學研究》，頁4。台北：文史哲出版社，民國23年5月初版。
〔註9〕 同上，頁5～6。

容肇祖曾爲《跋文》作序，其論莫伯驥之書五述而有三長，更可見其題跋之優點，茲敘述如下：

> 五述者：一曰述人，著書者之小傳，書之序跋人，有可述者述之，刻書、鈔書、藏書，亦必明考其人，連類附及。二曰述事，著書之緣起，以至書林掌故，談之靡縷，不厭其詳。三曰述考，文字、史蹟、典故可資考證者，詳述之。四曰述學，專門之學、經史、理學、文學等，間有闡述；史學如遼、金、蒙古、滿洲以及色目人之漢化，西北之地理、社會、生活、風俗、文學、史料等有裨學者之取益。五曰述文書之佚篇佚句，新奇雋永之文，以及傳奇誌怪，足資談助者，間亦援引。三長者：一曰博徵，以科學之法，治舊學，事必舉證，語必求因，此一長也。二曰讎校，校傳本之誤，必求善本，一字之得，冰釋理順，此二長也。三曰明通，說古而不泥於古，理有獨得必求通，今此三長也。〔註10〕

容氏所言不虛。故現今研究書籍之版本或目錄，《五十萬卷樓藏書目錄初編》及《五十萬卷樓群書跋文》應爲極佳之參考書目，不宜偏廢。

貳、缺　點

今考《五十萬卷樓藏書目錄》之缺失，計有下列數端：

一、誤引目錄書

莫伯驥徵引目錄書，作爲考訂目錄、版本、校勘之依據，然於引錄過程中，亦不免有誤，如卷三，曲阜孔氏寫本《九經三傳沿革例》一卷云：

> 宋岳珂撰。岳氏既刊《九經三傳》，作此總例，足爲校勘典籍之式。張氏適園藏景宋抄本，謂此書今世行本有四，……張氏之言如此，以校孔本，適與之符合。（初編，頁187）

此處「張適園」爲誤，應爲「瞿鏞」。瞿氏《鐵琴銅劍樓藏書目錄》卷六著錄景宋抄本之《九經三傳沿革例》。又如卷十，明刊本《法藏碎金錄》十卷云：

> 錢唐丁氏《善本藏書志》，謂晁陳二家，俱作《法藏碎金》，文元裔孫瑮跋語，及此本版心，亦無「錄」字，則卷首標題，當是後來臆

〔註10〕容肇祖，〈五十萬卷樓群書跋文序〉，頁4。

加。伯驥按：自序已有「錄」字，晁氏說之《嵩山集》〈送郭先生序〉，
亦有此稱，《丁志》尚考之未審也。（初編，頁596）

此處非丁氏《善本藏書志》爲誤，應爲瞿鏞之《鐵琴銅劍樓藏書目錄》。莫氏
誤植爲《丁志》。

二、題跋內容龐雜

《初編》及《跋文》均以內容豐富著稱，蘇精云：

> 莫伯驥的題跋是歷來最特殊的一家，不僅篇幅可觀，動輒洋洋數
> 千言，而且內容幾於無所不有，取材引証則古今中外不居，以經
> 部的《五侯鯖字海》一書爲例，此書原是清代內府天祿琳琅所藏，
> 書中有「古稀天子之寶」「五福五代堂」等璽印，於是莫氏詳考其
> 緣由外，並涉及撰《二十二史箚記》的趙翼，由趙翼而談其治河
> 之法，再由治河而引述某二外籍工程師對治理黃河的意見等。又
> 如集部的《逃虛子集》一書跋文，莫伯驥除詳述作者明代姚廣孝
> 其人其事，因集內有咏石經詩，莫氏便詳考漢朝熹平石經、唐朝
> 開成石經，以及北齊佛經石柱的來龍去脈，然後又接述法國人摩
> 氏發現巴比侖法典石柱等等長篇大論。類如上述的寫法，固然可
> 如他的同鄉容肇祖推崇的博徵明通，反之卻也可說成是枝蔓蕪
> 雜、冗贅不堪，把其他的優點掩蓋了不少，除莫伯驥之外，還眞
> 沒有第二個人如此的寫法。〔註11〕

蘇精舉例之《五侯鯖字海》及《逃虛子集》，確有冗雜之病。莫氏以此種形式
撰寫題跋，是否有炫耀其讀書廣博之意，則不得而知。然旁徵博引，資料豐
富，固足稱道，但也易適得其反，落入雜蕪冗贅之議。

三、徵引目錄書而交代不清

後代藏家撰寫敍錄，參考前人之目錄書，乃正常現象。莫氏之題跋，引
用極多目錄書，有的注明作者及其藏書志，此舉可使人一目瞭然；有的只引
作者姓氏，如「陸氏」、「丁氏」、「瞿氏」、「楊氏」等，必須具備版本目錄學
之基本知識，方可知曉爲何人之語；有的字句引自某目錄書，卻無任何注明，
故易誤認爲伯驥之言。

〔註11〕蘇精，《近代藏書三十家》，頁153～154。

四、引用書志載記而不注明出處

　　最常出現的情形是僅列某人的說法，而不注明出自何書，如：於題跋中，引用錢大昕之語，有時雖說明出自《潛研堂文集》或《十駕齋養新錄》，但亦有只列「錢大昕」、「錢氏」，令人無法立即判斷出自何書何卷。又如顧炎武，莫氏亦常徵引其說，僅列「顧炎武云」之結果，使得出自《日知錄》或《顧亭林文集》，須廢時予以翻閱尋檢，造成種種不便。

五、誤記刊刻者

　　莫伯驥於卷一，明味經堂翻刻本《詩緝》三十六卷云：

> 明趙府居敬堂，曾為鋟行。此則味經堂翻刊也。（初編，頁 68）

將「居敬堂」及「味經堂」分成兩個不同之刻本。昌彼得先生於〈明藩刻書考〉一文，則云：

> 詩緝三十六卷　宋嚴粲撰　趙府味經堂刊本
>
> 見丁志，莫伯驥五十萬卷樓藏書目錄（以下簡稱莫錄），故宮善月，中圖善目。每半葉九行，行十八字。版心上刻「味經堂」三字，音圖後有「趙府刊于居敬堂」一行，及「趙府居敬堂章」木記一方。此亦康王厚煜所刊，丁志、莫錄別居敬堂、味經堂為二刻實誤。〔註12〕

蓋莫氏可能根據丁志之說，未詳加考究。

六、誤記藏家

　　莫伯驥於卷二十二著錄明刊本《新編目蓮救母勸善戲文》不分卷，下云：

> 張月霄妻李靜芬舊藏。此本半葉十行，行二十四字，末有「景和」二字朱文章，「靜芬」二字白文章。孫原湘〈張月霄妻李孺人傳〉云：「孺人姓李氏，名景和，字靜芬，既嬪月霄，琴鳴瑟應，雝雝如也。月霄連試不得志，自奮於古，慨然思為杜鄭馬王之學，日購奇書讀之，遇宋刊元槧，不惜多方羅致，積書至八萬餘卷，孺人濡染既深，遂能別識。月霄每重價購得祕籍，必相對鑒賞，孺人知其難為繼也，從容進曰：蓄之富何如讀之熟耶？其明識婉順如此，卒年四十。」……葉氏《藏書紀事詩》，有雙芙閣事實，而未及月霄妻，當補之。（初編，頁 1360～1361）

〔註12〕昌彼得，〈明藩刻書考〉，收錄於《版本目錄學論叢》，頁 44。

「李靜芬」當爲「季靜芬」之誤。〔註 13〕莫氏又以季景和與張蓉鏡妻姚畹眞媲美，可謂推崇備至，並補葉昌熾之不足。然誤記其姓，未免美中不足，正可謂失之毫釐，差之千里。

七、序跋之考論有誤

莫伯驥於卷二，明會通館活字銅板校正音釋《春秋》十二卷云：

> 考我國雕印經籍，前明胡氏元瑞徧綜諸家之說，謂雕本肇自隋時，行於唐世，擴及五代，精於宋人。伯驥按：清乾隆間洪氏騰蛟所撰《壽山叢錄》，則述北史揚俊之位常侍，嘗作六言歌，其詞淫蕩俚拙，村市流傳，名爲揚五伴侶，書賈梓而賣之。謂印書不始於隋文帝開雕釋氏遺經。其後伯驥讀明益蕃莊王《勿齋集》卷一，謂漢靈帝時詔刊章捕張儉等，是刻印之法，漢已有之。既有刻印之法，而書籍乃日用不可缺之物，卻仍抄寫，恐無是理，則刻書實始於漢人。其說亦未嘗無據。（初編，頁 130）

屈萬里先生對此曾有詳盡之考辨：

> 刊章捕儉之事，見於《後漢書》〈黨錮列傳〉。原文云：「又張儉鄉人朱並，承望中常侍侯覽意旨，上書告儉與同鄉二十四人，列相署號，共爲部黨，圖危社稷，……而儉爲之魁。靈帝詔刊章捕儉等。」李賢注云：「刊，削。不欲宣露並名（案：朱並之名），故削除之，而直捕儉等。」是刊之義爲削除，不爲雕刻。明人不甚讀書，故有此誤解。是漢代有雕本之說，實妄語也。〔註 14〕

此處推翻漢代即有雕本之說。屈先生又云：

> 書賈刊印揚五伴侶六言歌之說，尤爲杜撰無根。且俊之陽姓，非揚字也。《北史》卷四七〈陽休之傳〉云：「（休之弟）俊之……當文襄時，多作六言歌辭，淫蕩而拙，世俗流傳，名爲陽五伴侶，寫而賣之，在市不絕。俊之嘗過市，取而改之，言其字誤。賣書者曰：陽五古之賢人，作此伴侶，君何所知，輕敢議論。俊之大喜。」是陽五伴侶之六言歌，當時曾「寫而賣之」，絕無雕版印行之事。洪氏敫

〔註 13〕王珠美撰，《張金吾藏書研究》，頁 18～19。《張金吾藏書研究》，民國 77 年國立臺灣大學圖書館學研究所碩士論文。

〔註 14〕屈萬里、昌彼得合著，《圖書版本學要略》，頁 21～22。

　　人之談，不圖莫君復津津樂道之也。〔註15〕

此駁洪氏《壽山叢錄》之非。莫氏徵引前人書志載記頗多，稍一不慎，即可能失考，而得到錯誤之結論。

〔註15〕同上，頁22。

結　語

　　莫伯驥之五十萬卷樓藏書，已概略如上。民國以來，私人藏書家之藏書，
幾經戰火摧殘，能獲保存者，誠屬不易。現代圖書館興起，藏家多將其藏書
捐贈出來，以裨益研究者，秘不示人之風已漸次消弭。

　　莫伯驥居廣州一地，除購買書籍，必須遠赴北京、杭州、上海等地搜求，
其餘時間多精心讀書、著述，亦未任官，在其有限之資料，約可鉤勒其生平
述略，更從其著述之富，顯見其爲「少即好學，嗜書如飴」之士。

　　伯驥以經營藥房所得，悉以購書，與各地書估建立良好交情，故可覓得
善本，於藏書善加整理、校讎，其所獲之宋刻、元刻、明刻、影宋、鈔本、
校本等名家藏本極夥，故海內專家，許爲富甲西南，有「上企瞿楊，無慚丁
陸」之譽。可惜廣州淪入日寇之手，莫氏之書幾經易手，終有部份收歸北京
圖書館，堪可告慰。

　　《五十萬卷樓藏書目錄初編》及《五十萬卷樓群書跋文》爲莫伯驥僅存
兩部目錄書，欲研究莫氏其人其書者，自此書中，可考得許多一手資料。

參考書目

專著部份依四部分類法排列，在四部下，目錄學及藏書志先後次序則參考姚
名達《中國目錄學年表》，而姚著未提及者及現代人著作，則案其出版時間為
序。至於論文部份，也依其發表時間為排列的順序。

一、專著部份

1. 《陳垣來往書信集》，陳智超編注，上海：上海古籍出版社，1990 年 6 月
   第一版。

2. 《中國近代報刊史》，方漢奇撰，太原：山西教育出版社，1991 年 11 月出
   版。

3. 《歷代人物年里碑傳綜表》，姜亮夫纂訂，陶秋英校，台北：文史哲出版
   社，民國 74 年 2 月再版。

4. 《張元濟年譜》，張樹年編，北京：商務印書館，1991 年 12 月第一版。

5. 《中國著名藏書家傳略》，鄭偉章、李萬健合著，北京：書目文獻出版社，
   1986 年 9 月出版。

6. 《中國藏書家考略》，楊立誠、金步瀛合編，俞運之校補，上海：上海古
   籍出版社，1987 年 4 月第一版。

7. 《廣東文徵作者考》，吳道鎔著，台北：台灣商務印書館，民國 60 年 10
   月臺一版。

8. 《民國人物小傳》第一冊，劉紹唐主編，台北：傳記文學出版社，民國
   81 年 4 月 31 日再版。

9. 《民國人物小傳》第二冊，劉紹唐主編，台北：傳記文學出版社，民國
   66 年 6 月 1 日初版。

10. 《民國人物小傳》第六冊，劉紹唐主編，台北：傳記文學出版社，民國

73 年 7 月 14 日初版。

11. 《東莞縣志》，葉覺邁修、陳伯陶纂，《中國方志叢書》第五十二號，台北：成文出版社，民國 56 年 12 月台一版。（據民國十年鉛印本影印）

12. 《徐氏紅雨樓書目》，徐燉編，書目類編第二十八冊，臺北：成文出版社，民國 67 年出版。

13. 《天祿琳琅書目、續編》，于敏中、彭元瑞等編，東海大學藏光緒十年長沙王氏刊本。

14. 《四庫全書總目提要》，紀昀等編，臺北：藝文印書館，民國 78 年 1 月六版。

15. 《藏書紀要》，孫從添撰，廣文書局書目續編，台北：廣文書局，民國 57 年 3 月影印出版。

16. 《愛日精盧藏書志》，張金吾撰，台北：文史哲出版社，民國 71 年影印出版。（據清道光七年張氏家刻本影印）

17. 《鄭堂讀書記》，周中孚，台北：臺灣商務印書館，民國 67 年 8 月台一版。

18. 《楹書隅錄》，楊紹和撰，廣文書局書目叢編，臺北：廣文書局，民國 56 年 8 月影印出版。

19. 《鐵琴銅劍樓藏書目錄》，瞿鏞撰，廣文書局書目叢編，臺北：廣文書局，民國 56 年影印出版。

20. 《儀顧堂題跋》，陸心源撰，廣文書局書目續編，臺北：廣文書局，民國 57 年 3 月影印出版。

21. 《皕宋樓藏書志・續志》，陸心源撰，廣文書局書目續編，臺北：廣文書局，民國 57 年 3 月影印出版。

22. 《善本書室藏書志》，丁丙撰，廣文書局書目叢編，臺北：廣文書局，民國 56 年 8 月影印出版。

23. 《藏書紀事詩附補正》，葉昌熾撰，王欣夫補正，上海：上海古籍出版社，1989 年 9 月出版。

24. 《書林清話》，葉德輝撰，台北：文史哲出版社，民國 77 年 4 月再版。

25. 《郋園讀書志》，葉德輝撰，東海大學藏民國 17 年長沙葉氏澹園排印本。

26. 《目錄學研》，汪辟疆撰，台北：文史哲出版社，民國 23 年 5 月初版，民國 79 年 12 月四版。

27. 《中國典籍史》，陳發原撰，台北：樂天出版社，民國 60 年 4 月台一版。

28. 《辛亥以來藏書紀事詩》，倫明著，雷夢水校補，上海：上海古籍出版社，1990 年 9 月出版。

29. 《五十萬卷樓藏書目錄初編》，莫伯驥撰，廣文書局書目叢編，臺北：廣文書局，民國 56 年 8 月影印出版。（據民國 25 年上海商務印書館）

30. 《中國目錄學年表》，姚名達撰，商務印書館，據民國 29 年排印本影印。

31. 《五十萬卷樓群書跋文》，莫伯驥撰，東海大學藏 1948 年廣州文光館刊本。

32. 《廣東藏書紀事詩》，徐信符著，臺北：大華印書館，民國 57 年 5 月影印出版。原書排印於民國 37 年（據徐氏子承琰校補印本）。

33. 《中國歷代書目總錄》，梁子涵編，台北：中華文化出版事業委員會，民國 42 年初版。

34. 《四庫提要辨證》，余嘉錫撰，台北：藝文印書館，民國 78 年 1 月六版。

35. 《余嘉錫論學雜著》，余嘉錫撰，台北：河洛出版社，民國 65 年 3 月臺景印初版。

36. 《目錄學發微》，余嘉錫撰，台北：藝文印書館，民國 76 年 10 月二版。

37. 《四庫全書總目提要補正》，胡玉縉撰、王欣夫輯，北京：中華書局，1964 年 1 月初版。

38. 《版本目錄學論叢（一）（二）》，昌彼得著，台北：學海出版社，民國 66 年 8 月初版。

39. 《宋代藏書家考》，潘美月撰，台北：學海出版社，民國 69 年 4 月出版。

40. 《國立中央圖書館善本題跋真跡》，國立中央圖書館特藏組編，中央圖書館，民國 71 年 12 月出版。

41. 《近代藏書三十家》，蘇精撰，台北：傳記文學出版社，民國 72 年 9 月初版。

42. 《中國目錄學史論叢》，王重民著，北京：中華書局，1984 年 12 月第一版。

43. 《圖書》，潘美月撰，台北：幼獅文化事業公司，民國 75 年 6 月出版。

44. 《中國目錄學》，昌彼得、潘美月著，台北：文史哲出版社，民國 75 年 9 月初版。

45. 《圖書板本學要略》，屈萬里、昌彼得著，潘美月增訂，台北：中國文化大學出版部，民國 75 年 10 月出版。

46. 《中國圖書文獻學論文集》，王國良、王秋桂合編。台北：明文書局，民國 75 年 11 月增訂新版。

47. 《北京圖書館古籍善本書目》，北京圖書館編，北京：書目文獻出版社，1987 年 7 月出版。

48. 《校讎廣義目錄編》，程千帆、徐有富著，濟南：齊魯書社，1988 年 8 月第一版。

49. 《古書版本學概論》，李致忠撰，北京：書目文獻出版社，1990 年 8 月第一版。

50. 《中國歷代藏書家辭典》，王河主編，上海：同濟大學出版社，1991 年 4

月出版。

51. 《古籍版本概要》，陳宏天著，瀋陽：遼寧教育出版社，1991 年 5 月第一版。（又台北：洪葉文化事業有限公司，1992 年 10 月初版一刷）

52. 《校讎廣義版本編》，程千帆、徐有富著，濟南：齊魯書社，1991 年 7 月第一版。

53. 《中國古籍版本學》，曹之撰，武昌：武漢大學出版社，1992 年 5 月第一版。

54. 《祁承㸁及澹生堂藏書研究》，嚴倚帆撰，台北：漢美圖書有限公司，1991 年 7 月初版。

55. 《晚清藏書家繆荃孫研究》，張碧惠撰，台北：漢美圖書有限公司，1991 年 7 月初版。

56. 《清丁丙及其善本書室藏書志研究》，沈新民撰，台北：漢美圖書有限公司，1991 年 7 月初版。

57. 《清人室名別稱字號索引》，楊廷福、楊同甫編，台北：文史哲出版社，民國 78 年 11 月台一版。

58. 《古籍版本題記索引》，羅偉國、胡平編，上海：上海書店，1991 年 6 月第一版。

59. 《北江詩話》，洪亮吉撰，叢書集成初編本（據粵雅堂叢書本影印），上海：上海商務印書館，民國 24 年 12 月初版。

60. 《揅經室續集》，阮元撰，叢書集成初編本。上海：上海商務印書館，民國 24 年 12 月初版。

61. 《廣東文徵》，吳道鎔纂輯，張學華訂補，香港珠海書院出版委員會，民國 67 年 5 月初版。

62. 《澹盦文存》，吳道鎔著，臺北：大華印書館，民國 57 年 5 月影印出版，原書排印於民國 32 年（據吳氏門人陳善伯編印本）。

二、論文部份

1. 〈清代藏家書家〉，洪有豐撰，《圖書館學季刊》第一卷第一期，民國 15 年 3 月。

2. 〈廣東藏家書考（二）〉，何多源撰，《廣州大學圖書館季刊》第一卷第三期，民國 23 年 6 月出刊，頁 398～399。

3. 〈五十萬卷書樓〉（近代東粵藏書家之二），宇翁撰，《藝林叢錄》第一編，香港商務印書館，1961 年 10 月出版，頁 187～191。

4. 〈讀廣東藏書紀事詩〉，千頃撰，《藝林叢錄》第六編，1966 年 4 月出版，頁 340～341。

5. 〈宋代私家藏書考〉，潘銘燊撰，《華國》第六期，民國 60 年 7 月。

6. 〈清季藏書四大家考〉，高禩熹撰，《教育資料科學月刊》第九卷第二期，民國 65 年 3 月。

7. 〈毛晉汲古閣刻書考〉，周彥文撰，民國 69 年東海大學中研所碩士論文。

8. 〈抄本及其價值與鑒定〉，沈津撰，《四川圖書館學報》，1982 年第三期、第四期，頁 48～52；90～93。

9. 〈私人藏書與古籍保存〉，劉意成撰，《圖書館雜誌》，1983 年第三期。頁 60～61，及 47。

10. 〈淺談圖書館的古籍整理工作〉，姚伯岳撰，《古籍整理與研究》，1986 年第一期。

11. 〈羊城訪書偶記（三）廣東藏書家近況〉，周連寬撰，《廣東圖書館學刊》1986 年第二期，頁 13～16 及 40。

12. 〈張金吾藏書研究〉，王珠美撰，民國 77 年國立臺灣大學圖書館學研究所碩士論文。

13. 〈以傳布爲藏，眞能藏書者矣——論我國古代私家藏書的流通〉，劉尚恒撰，《四川圖書館學報》，1991 年第六期，頁 77～80。

14. 〈樂宜偕眾，書不藏家——再論我國古代私家藏書的流通〉，劉尚恒撰，《四川圖書館學報》，1992 年 7 月第四期，頁 71～76。

附　錄

說明：附錄所用《五十萬卷樓藏書目錄》之版本

1. 《五十萬卷樓藏書目錄初編》　廣文書局《書目叢編》本〔根據一九
三六年上海商務印書館本影印〕

2. 《五十萬卷樓群書跋文》　東海大學藏一九四八年廣州文光館刊本

附錄一 《五十萬卷樓藏書目錄》書名索引

凡 例

一、本索引依《五十萬卷樓藏書目錄初編》著錄之順序排列。

二、書名之前有「※」符號者，爲同時著錄於《五十萬卷樓藏書目錄初編》
及《五十萬卷樓群書跋文》。

三、著錄之項目爲編號、書名、卷數、作者、舊藏或批校概況、版本、頁碼。
編號爲筆者所加；頁碼 a 代表上半頁，b 代表下半頁。茲例舉如下：

A8　　　　※兩蘇經解六十二卷　　宋·蘇軾、蘇轍　　　　明刊本　　　　13a/※24a（即表示
　　　　　　鮑鈵（道腴堂）藏　　　　　　　　　　　　　　　　　　　　此書著錄於《初編》
　　　　　　　　　　　　　　　　　　　　　　　　　　　　　　　　　頁 13 的上半頁，以
　　　　　　　　　　　　　　　　　　　　　　　　　　　　　　　　　及《跋文》頁 24
　　　　　　　　　　　　　　　　　　　　　　　　　　　　　　　　　的上半頁。）

卷一　經部一

A1	十三經注疏四百一十六卷	毛晉（斧季）舊藏	明嘉靖中福建巡按御史李元陽校刻本	1a
A2	十三經注疏三百三十五卷		明北監本	2a
A3	十三經注疏二百九十一卷	曹應鐘（咍敢覽館）舊藏	明金蟠葛麗葛鼐校刊本	3a
A4	※御定補刊通志堂經解百四十種一千七百八十六卷	清·徐乾學、納喇成德汪輝祖（龍莊）舊藏	清刻朱筆校本	5b/※17a
A5	六經圖不分卷	宋·楊甲	明重刻宋本	11b
A6	五經四書白文	明正統間奉敕刊	河間紀昀藏本	12a
A7	五經白文		明弘治間刻本	12b

A8	※兩蘇經解六十二卷	宋・蘇軾、蘇轍 鮑鉁（道腴堂）舊藏	明刊本	13a/※ 24a
A9	周易集解十卷附鄭康成注一卷	唐・李鼎祚 陳璘（谿齋）舊藏	從明刊傳錄	15b
A10	※周易兼義九卷略例一卷音義一卷	麟慶（半畝園）舊藏	明閔刻前人校本	16a/※ 25b
A11	※周易程傳十卷	宋・程頤	明嘉靖丙辰廣東崇正堂刊本	17b/※ 26b
A12	※周易傳義十卷	宋・程頤、朱熹 明韓霖（雨公）舊藏	元翠巖精舍刊本	19b/※ 28a
A13	程朱周易傳義十卷	宋・程頤、朱熹	元碧灣書堂刊本	20a
A14	周易經傳集程朱解附錄纂註十二卷	元・董眞卿編	元刊本	21a
A15	※周易本義四卷	宋・朱熹 清錢陸燦（湘靈）批校	明汲古閣據成化本重刻	23a/※ 28b
A16	※周易玩辭十六卷	宋・項安世（平父） 葉德輝舊藏	大字精寫本	26a/※ 30b
A17	周易輯聞六卷附易雅一卷筮宗一卷	宋・趙汝楳	明朱睦㮮校刻本	29a
A18	東坡先生易傳九卷	宋・蘇軾 明張鳳翼舊藏	鈔本	29a
A19	蘇氏易解九卷	宋・蘇軾	明南京吏部刊	29b
A20	※誠齋先生易傳二十卷	宋・楊萬里	明療鶴亭刊本	30b/※ 32b
A21	周易集說十二卷	宋・俞琰	元刊本	33a
A22	※易源奧義一卷周易原旨六卷	元・保巴 江筠（震滄）舊藏	寫本	35a/※ 34a
A23	玩易意見二卷	明・王恕	寫本	36b
A24	尙書精義五十卷	宋・黃倫	文瀾閣傳抄本	38b
A25	敷文鄭氏書說一卷	宋・鄭朴	抄本	39a
A26	書蔡氏傳纂疏六卷	元・陳櫟 胡虔（雒君）舊藏	元泰定刊本	39b
A27	※讀書叢說六卷	元・許謙 朱彝尊（潛采堂）、揆敘（謙牧堂）、朱學勤舊藏	寫本	41a/※ 35a
A28	尙書二卷	西漢・孔安國	明刊本	42b
A29	詩本義十二卷	宋・歐陽修	寫本	43a

A30	※詩總聞二十卷	宋・王質	清四庫底本	44b/ ※36a
A31	韓魯齊三家詩考六卷	宋・王應麟	元泰定刊本	47b
A32	三家詩拾遺十卷	清・范家相 王筠（蒹友）校	守山閣刊本	49a
A33	詩集傳二十卷	宋・朱熹	元刊本	49b
A34	※詩集傳二十卷	宋・朱熹 盧址（抱經樓）舊藏	寫本	50a/ ※38b
A35	※慈湖詩傳二十卷	宋・楊簡	鈔本	64b/ ※46a
A36	※呂氏家塾讀詩記三十二卷	宋・呂祖謙 嘉興項德棻、虞山毛子晉、揭陽丁日昌舊藏	宋巾箱本	52a/ ※40a
A37	※呂氏家塾讀詩記三十二卷	宋・呂祖謙	明嘉靖刊本	58b/ ※44a
A38	呂氏家塾讀詩記三十二卷	宋・呂祖謙	從萬曆刊本傳錄	62a
A39	詩緝三十六卷	宋・嚴粲 焦循（理堂）舊藏	明味經堂翻刻本	66a
A40	※毛詩要義二十卷	宋・魏了翁 沈炳垣（曉滄）手校	鈔宋本	68b/ ※47b
A41	朱子詩傳纂集大成二十卷	宋・胡一桂	元至正翠巖精舍刊本	71a
A42	毛詩集解二十五卷	宋・段昌武（子武） 伊秉綬（墨卿）舊藏	舊鈔本	72b
A43	詩傳注疏三卷	宋・謝枋得（君直）	寫本	73b
A44	詩傳通釋二十卷	元・劉瑾 程松韻（敦和堂）舊藏	元至正日新堂刊本	73b
A45	六家詩名物疏五十五卷提要三卷	明・馮復京	明萬曆刊本	75a
A46	毛詩原解三十六卷	明・郝敬	寫本（翰林院官書）	76a
A47	※詩外傳十卷	漢・韓嬰	明沈與文野竹齋本	76a/ ※49b

卷二　經部二

A48	周禮十二卷	陳本禮（飽室）舊藏	明嘉靖覆宋八行本	81a
A49	周禮六卷		明刊本	82b
A50	儀禮十七卷	過錄前人校筆	明陳鳳梧校刻本	83b
A51	儀禮圖十七卷	宋・楊復	元刊本	86a
A52	儀禮經傳七十三卷		明刻本	87a
A53	儀禮識誤三卷	宋・張淳	寫本	87b
A54	※儀禮集說十七卷	元・敖繼公 季振宜（滄葦）、秦恩復（敦夫）、葉德輝舊藏	元刊本	88a/ ※53a
A55	儀禮集說殘本十卷	元・敖繼公 有校筆	元刊本	92b
A56	禮記二十卷	吳農祥（寶名樓）舊藏	明嘉靖翻宋本	95b
A57	※禮記集說三十卷	元・陳澔 孔憲彝（紅蕚軒）舊藏	明白口九行本	96b/ ※55b
A58	禮記集說三十卷	元・陳澔 楊大堉（雅輪）舊藏	明福建按察司刻本	98b
A59	禮記集說十卷	元・陳澔	明巾箱本	100a
A60	小戴記纂言三十六卷	元・吳澄	元刊本	100b
A61	三禮考註六十四卷	元・吳澄	明刊本	102a
A62	※禮經會元四卷	宋・葉時 南海孔廣陶（三十三萬卷堂）舊藏	元至正間刊本	103b/ ※57a
A63	※五服圖解一卷	元・龔端禮 述古堂錢曾、士禮居黃丕烈、陶湘、汪士鐘舊藏	元刊本	106b/ ※60a
A64	禮書一百五十卷		元刊本	112a
A65	大戴禮記十二卷	陳上舍舊藏	元至正刊本	114a
A66	※大戴禮記十三卷	繆荃孫（藝風堂）舊藏	明嘉趣堂繙宋本	115a/ ※64a
A67	※大戴禮記十三卷	江都汪喜孫、日許瀚校本	明刊本	116b/ ※65b
A68	※大戴禮補注十三卷	清・孔廣森 龔橙（孝拱）手校	孔廣森家刻本	118b/ ※67a

A69	三山陳先生樂書二百卷目錄二十卷正誤一卷	宋・陳暘	元刊本	120a
A70	樂律全書四十七卷	明・朱載堉	明刊本	120b
A71	樂典三十六卷	明・黃佐	拜詩閣寫本	121b
A72	古樂經傳全書上下卷	明・湛若水	明嘉靖本	123a
A73	雅樂發微八卷	明・張敔	明刊本	124b
A74	樂經元義八卷	明・劉濂 繼昌（蓮龕）舊藏	明刊本	125b
A75	※吹豳錄五十卷	清・吳穎芳	寫本	126b/ ※68a
A76	※明會通館活字銅版校正音釋春秋十二卷		一冊子	129b/ ※70a
A77	春秋經傳集解三十卷	晉・杜預 明嘉興項夢原舊藏	明覆相臺岳氏刻本	132a
A78	※古文春秋左氏傳賈服注十二卷	宋・王應麟集	曲阜孔繼涵寫本	135a/ ※72a
A79	※春秋公羊傳二十卷	蕭夢松、丁晏（儉卿）舊藏 伯驥手校	明刻本	138a/ ※74a
A80	春秋公羊傳注疏二十八卷	李宏信（柯溪）過錄何煌（小山）、惠棟（松崖）校筆	清乾隆四年刊本	141a
A81	春秋五禮例宗七卷	宋・張大亨	寫本	143a
A82	音點春秋左傳括例始末句解綱目	宋・林堯叟（唐翁）	高麗舊刻本	143b
A83	新刊詳增補注東萊先生左氏博議二十五卷	宋・呂祖謙 葉德輝舊藏	明正德六年劉氏安正堂本	145b
A84	春秋屬辭十八卷	元・趙汸	元刊本	147a
A85	春秋左氏傳補注十卷春秋師說三卷	元・趙汸	元刊本	148a
A86	※春秋胡氏傳纂疏三十卷	元・汪克寬	元刊本	148b/ ※75b
A87	春秋諸傳會通二十四卷	元・李廉	元至正刊本	149b
A88	春秋列傳五卷	明・劉節	明刻本	151a
A89	左傳註評測義六十卷	明・凌稚隆	明刊本	151b
A90	左氏始末九卷	明・唐順之	明刊本	152a
A91	春秋地理志　卷	清・吳偉業	寫本	152b

卷三　經部三

A92	唐御註八分孝經三卷	唐玄宗 陸錫熊（竹素堂）舊藏	明刊本	154a
A93	孝經大義三卷	宋・董鼎注	明寫本	155a
A94	大學章句重訂輯釋章圖通義大成一卷朱子大學或問重訂輯釋通義大成一卷中庸朱子章句重訂輯釋通義大成一卷中庸或問重訂輯釋通義大成一卷論語集註重訂輯釋章圖通義大成二十卷孟子集註重訂輯釋章圖通義大成十四卷書章圖隱括總要發義二卷新刊重訂輯釋通義源流本末一卷		元刊本	156a
A95	四書纂疏二十六卷	宋・趙順孫 安岐（麓村）舊藏	元刊本	157b
A96	癸巳論語解十卷	宋・張栻	抄本	158a
A97	大學章句一卷中庸章句一卷論語集註十卷孟子集註十四卷	宋・朱熹	元刊宋本	159a
A98	孟子節文二卷	明・劉三吾	從明洪武刊本傳錄	160b
A99	爾雅二卷	晉・郭璞注 佛囃武（純齋）舊藏	元刻巾箱本	162a
A100	※爾雅二卷	晉・郭璞注 吳棠（滁山堂）舊藏	從元刊巾箱本景寫	162b/ ※76b
A101	※爾雅二卷	晉・郭璞注 揚州阮元舊藏	明刊本	164a/ ※77b
A102	爾雅注疏十一卷	清・孔廣森	曲阜孔廣栻校乾隆四年刊本	165b
A103	五雅小爾雅一卷爾雅二卷逸雅八卷廣雅十卷埤雅二十卷	單鈺舊藏	明寫本（自郎氏校刊本傳錄）	168a
A104	※爾雅新義二十卷	宋・陸佃（張德榮）	伊蒿學廬黑格寫本	168b/ ※78b
A105	爾雅翼三十二卷	宋・羅願	明正德刊本	172b
A106	※埤雅二十卷	宋・陸佃 顧瑞清（河之）舊藏 周貞亮手書題識	明仿宋黑口本	175a/ ※81a

A107	埤雅二十卷	宋・陸佃	明刊本	177b
A108	※說文解字義證五十卷	清・桂馥 有諸名人手校	桂氏底本	178a/ ※82b
A109	※通雅五十二卷	明・方以智 陳鱣舊藏	清康熙刻前人朱筆批校本	181b/ ※84b
A110	※經傳釋詞續編上中下卷	清・孫經世	胡澍（甘伯）手編精寫本	184b/ ※88a
A111	九經三傳沿革例一卷	宋・岳珂	曲阜孔氏寫本	187a
A112	※七經孟子考文補遺周易十卷尚書二十卷毛詩二十卷左傳六十卷禮記六十三卷論語十卷古文孝經一卷孟子十四卷	日・山井鼎	高郵王念孫舊藏寫本	188a/ ※94a
A113	佩觿三卷	宋・郭忠恕、清・翁方綱過錄	校本	190b
A114	※六書故三十三卷	元・戴侗	明刊本	192a/ ※89b
A115	六書正五卷	元・周伯琦	元刊本	195b
A116	說文字原一卷	元・周伯琦	元刊本	195b
A117	※五侯鯖字海附五經難字二十一卷	不著撰人 前清天祿琳琅舊藏	明刊本	197b/ ※92a
A118	九經補韻一卷	宋・楊伯嵒（彥瞻） 朱駿聲（豐芑）舊藏	宋刊本	200b
A119	增修互注禮部韻略五卷	宋・毛晃 張貞（寶墨樓）舊藏	宋刊本	202a
A120	韻府群玉二十卷	元・陰時夫輯 陰中夫注	元刊本	203b
A121	古今韻會舉要三十卷	元・熊忠	元刊本	204a
A122	古今韻會舉要三十卷附禮部韻略七音三十六母通攷	元・熊忠 俞正燮（理初）舊藏	明嘉靖刊本	205a
A123	洪武正韻十六卷	明洪武八年樂韶鳳等撰	寫本	206b
A124	轉注古音略五卷	明・楊慎	明刊本	209b

卷四　史部一

B1	明南監二十一史		明嘉靖萬曆先後刊本	211a
B2	二十一史		明萬曆間奉敕刊本	212b
B3	※史記一百三十卷	漢・司馬遷	明震澤王延喆據宋本重刊	213b/※100a
B4	※史記一百三十卷	漢・司馬遷	明柯維熊（奇徵）校刊本	215b/※101a
B5	史記一百三十卷	漢・司馬遷	明秦藩刊本（定王朱維焯刻本）	217a
B6	史記集解附索隱殘本六十五卷	宋・裴駰 唐・司馬貞	覆刻元中統本	217b
B7	※史記題評一百三十卷	明・李元陽輯	明李元陽刊本	219a/※102a
B8	漢書一百三十卷	東漢・班固 葉德輝舊藏	明德藩最樂軒刻本	220a
B9	※漢書一百二十卷後漢書一百二十卷	東漢・班固 劉宋・范曄	明嘉靖廣東崇正書院刊本	220b/※102b
B10	※漢書一百二十卷後漢書一百二十卷	班固、范曄	明汪文盛刊本	225b/※106a
B11	※漢書一百二十卷	東漢・班固	明高麗本	226b/※106b
B12	※漢書地理志補注一百三卷	清・吳卓信	寫本（李兆洛抄本）	230a/※108b
B13	※後漢書一百二十卷	范曄 沈慈（十峰）舊藏	明正統覆宋淳化本	230b/※109b
B14	三國志六十五卷	晉・陳壽	元大德丙午池州路刊本	234b
B15	※舊唐書二百卷	後晉・劉昫	明嘉靖間聞人氏（詮）校刊本	235a/※112a
B16	唐書二百二十五卷	宋・歐陽修	元大德建康路刊本	236b
B17	※五代史記七十五卷	宋・歐陽修 程晉芳（魚門）舊藏	元刊本	237b/※115a
B18	※五代史記七十五卷	宋・歐陽修 馬釗（遠林）舊藏	從元宗文書院本傳錄	238b/※115b

B19	五代史記七十五卷	宋・歐陽修	明汪文盛刊本	241b
B20	遼史一百十六卷	元・脫脫	元刊本	242a
B21	元史二百十卷	明・宋濂、王禕	明洪武間刊本	242b
B22	※漢紀三十卷	漢・荀悅 汪肇龍（稚川）舊藏	明弘治間呂氏校刊本	243a/ ※117b
B23	※前漢紀三十卷後漢紀三十卷	漢・荀悅、晉・袁宏 辛耀文（仿蘇）舊藏	明嘉靖刊前清果親王點讀番禺陳澧（蘭甫）批校本	245b/ ※119a
B24	西漢年紀三十卷	宋・王益之 有校筆	寫本	246b
B25	※資治通鑑二百九十四卷	宋・司馬光	元刊本	248a/ ※120b
B26	※資治通鑑二百九十四卷考異三十卷	宋・司馬光	明嘉靖間孔大胤據宋本刊	250b/ ※122a
B27	資治通鑑考異三十卷	宋・司馬光 周季貺舊藏	明嘉靖間仿宋本	253a
B28	※資治通鑑釋文三十卷	宋・史炤 阮元（文達）舊藏	宋刊本	253b/ ※123b
B29	※資治通鑑釋文辨誤十二卷	元・胡三省 王懿榮（文敏）舊藏	元刊本	256b/ ※125a
B30	稽古錄二十卷	宋・司馬光	宋刊本	257b
B31	稽古錄二十卷	宋・司馬光	明刊本	258b
B32	入注附音資治通鑑外紀一百卷	宋・劉恕 劉銓福（子重）（竹樓）舊藏	宋刊本	259a
B33	陸狀元集百家注資治通鑑詳節一百二十卷	宋・陸唐老 蔡文子校正	宋刊本（南宋麻沙本）	260a
B34	續宋中興編年資治通鑑十五卷	宋・劉時舉	元刊本	260a
B35	※通鑑前編十八卷舉要二卷	元・金履祥	元刊明脩本	260b/ ※126a
B36	通鑑續編二十四卷	元・陳桱	元刊本	263a
B37	續資治通鑑長編五百二十卷	宋・李燾	寫本	265a
B38	重刻通鑑集要二十八卷	諸燮	明刊本	266b
B39	資治通鑑綱目五十九卷	宋・朱熹 嚴觀（子靜）舊藏	宋刊本	267b

B40	皇朝編年備要二十五卷補刊編 年備要五卷	宋・陳均 有校筆	舊寫本	268b
B41	※資治通鑑綱目集說五十九卷 前編二卷	明・扶安原輯	明刊本	271a/ ※128b
B42	資治通鑑綱目大全五十九卷	宋・朱熹	明刊本	272b
B43	續編資治宋元綱目大全二十七 卷	明・商輅等	寫本	274a
B44	宋元通鑑一百五十七卷	明・薛應旂	明刊本	274b

卷五　史部二

B45	※大明實錄殘本三十卷	不著撰人 明晁瑮（寶文堂）舊藏	明寫本	276a/ ※130a
B46	※明太祖實錄二百五十七卷	明・胡廣等	明（藍格）寫本	278b/ ※132a
B47	憲章錄四十七卷	明・薛應旂 南海孔廣陶、上虞羅振 玉舊藏	明刊本	281a
B48	昭代典則廿八卷	明・黃光昇	明刊本	281b
B49	兩朝從信錄三十五卷	明・沈國元	明刊本	283a
B50	明政統宗三十卷	明・涂山	明刊本	284a
B51	※通鑑紀事本末四十二卷	宋・袁樞 吳文溥（硯山堂）舊藏	宋刊元印本	285b/ ※133b
B52	※通鑑紀事本末殘本五卷	宋・袁樞	宋（嚴州原）刊 小字本	287a/ ※134b
B53	蜀鑑十卷	宋・李文子	明刊本	287b
B54	※周書十卷（汲冢書）	晉・孔晁 有校筆	元刊本	288b/ ※136a
B55	汲冢周書十卷	晉・孔晁	元刊本	290b
B56	※東觀漢記二十四卷	漢・班固等	寫本	292a/ ※137b
B57	※古史六十卷	宋・蘇轍	宋刊本	293a/ ※138a
B58	通志二百卷	宋・鄭樵	元刊本	295a
B59	※藏書六十八卷續藏書二十七 卷	明・李贄	明刊本	295b/ ※139b
B60	※十八史略二卷	元・曾先之	元刊本（舊刊本）	300a/ ※142a

B61	※西晉新語不分卷	宋・熊克	揚州吳引孫（測海樓）舊藏寫本四厚冊	301a/ ※143a
B62	※宋史新編二百卷	明・柯維騏 吳引孫（測海樓）舊藏	明嘉靖本	305a/ ※145b
B63	東都事略一百三十卷	宋・王偁	宋刊配明覆本	307b
B64	三朝北盟會編二百五十卷	宋・徐夢梓（商老） 吳縣潘祖蔭（滂喜齋）藏	寫本	309a
B65	※大金國志四十卷	宋・宇文懋昭 翁澍（季霖）舊藏	寫本（有小字標目）	310a/ ※147a
B66	國語二十一卷	三國吳・韋昭	明翻宋本	312a
B67	國語二十一卷	三國吳・韋招	明刻本	314a
B68	戰國策校註十卷	元・吳師道 黟縣李宗煝（芸樓）舊藏	元刊本	315a
B69	※貞觀政要十卷	唐・吳兢 土鳴盛（西莊）舊藏	明成化刊	316a/ ※149a
B70	靖康孤臣泣血錄不分卷	宋・丁特起 張叔未舊藏	寫本	318b
B71	南渡錄一卷竊慣有渡錄一卷續錄一卷	宋・辛棄疾 曾習經（剛父）舊藏	寫本	319b
B72	元祕史十卷續二卷	不著撰人	鈔本	320b
B73	建文朝野彙編二十卷	明・屠叔方	明刊本	322b
B74	左編一百四十二卷	明・唐順之	明刊本	323b
B75	※唐大詔令集一百三十卷	宋・宋敏求 揆敘（謙牧堂）舊藏	明抄本（明寫本）	324b/ ※150b
B76	宋大詔令集二百四十卷	不著編者 沈復粲（鳴野山房）舊藏	舊抄本	326b

卷六　史部三

B77	※（成祖諭輯）歷代名臣奏議三百五十卷	明永樂十四年楊士奇奉敕編	明永樂官刊本	328a/ ※151b
B78	歷代名臣奏議一百六十一卷	明・張溥	明刊本	329b
B79	諸臣奏議一百卷	宋・趙汝愚 章貞（石卿）舊藏	影宋本	331b

B80	名臣經濟錄五十三卷	明・黃訓	明刊本	333a
B81	右編四十卷	明・唐順之	明刊本	334a
B82	右編補十卷	明・姚文蔚	明寫本	334b
B83	秦漢書疏十八卷	不知撰人	明刊人	336a
B84	皇明奏疏類鈔六十一卷		明刊本	336b
B85	皇明疏議輯略三十七卷	明・張瀚	明鈔本	337a
B86	李深之文集六卷	唐・李絳 葉德輝舊藏	舊鈔本	337b
B87	范文正公奏議上下卷	宋・范仲淹	明嘉靖本	338b
B88	盡言集十三卷	宋・劉安世 天一閣、葉德輝舊藏	明隆慶辛未仿宋淳熙刻本	339a
B89	宋丞相李忠定公奏議六十九卷 附錄九卷	宋・李綱	明刊本	340a
B90	少保于公奏議十卷	明・于謙	寫本	341b
B91	※鄭端簡公奏議十四卷	明・鄭曉 葉繼雯（雲素）舊藏	明寫本	342b/ ※152b
B92	晏子春秋四卷	周・晏嬰	明刊本	343a
B93	※敬鄉錄二十三卷	元・吳師道	結一廬（朱澂、朱學勤）藍格寫本	344a/ ※154a
B94	名臣碑傳琬琰之集前集二十七卷中集五十五卷下集二十五卷	宋・杜大珪	舊鈔本	347a
B95	※伊洛淵源錄十四卷續錄六卷	宋・朱熹 明・謝鐸	明刊本	347b/ ※156a
B96	廣卓異記十卷	宋・樂史	舊寫本	348b
B97	※唐才子傳十卷	元・辛文房	陳鱣（仲魚）手校三間草堂本	349b/ ※157a
B98	潤州先賢事實錄六卷	明・姚堂	明天順刊本	351b
B99	莆陽文獻十三卷列傳七十五卷	明・鄭岳（山齋）	明刊本	352b
B100	程氏貽範集三十卷	明・程敏政	從明成化間刻本傳錄	353a
B101	※關王事跡五卷玉泉志三卷	元・胡琦	舊刊本	354a/ ※158
B102	※鄂國金陀粹編二十八卷續編三十卷	宋・岳珂 清永瑆（成哲親王）舊藏	元刊本	355b/ ※160a

B103	溫公年譜六卷	明・馬巒	明刊本	357b
B104	蘇長公外紀十二卷	明・王世貞	明刊本	359a
B105	皇明三儒言行要錄五卷	明・邵承春	明隆慶刊本	359b
B106	※紹興十八年同年小錄不分卷	不著編者 傅以禮（節子）舊藏	景宋本	360a/ ※162a
B107	皇明歷科狀元錄不分卷	明・陳魁占 洪武至隆慶朝共四冊	明刊本	362a
B108	成化元年山東鄉試錄一冊不分卷		明成化刻本	362b
B109	蘇松武舉錄不分卷		寫本	363b
B110	※御製紀非錄一卷	明太祖 潘元祉（淵古樓）舊藏	明寫本	365a/ ※163b
B111	國朝列卿年表一百三十九卷	明・雷禮	明刊本	366b
B112	藩獻記三卷	明・朱謀埠（鬱儀）	明刻本	367a
B113	殿閣詞林記 卷	明・廖道南	明刊本	367b
B114	通鑑總類二十卷	宋・沈樞	明刊本	368a
B115	十七史詳節二百七十三卷	宋・呂祖謙	元刊本	368b
B116	※通鑑類（彙）纂五十四卷	清・芮琪 王愓甫舊藏	寫本	369/※ 164b
B117	吳越春秋上下卷	後漢・趙曄	元刊本	371b
B118	吳越春秋十卷	後漢・趙曄	明臥龍山房刊本	372b
B119	越絕書十四卷	漢・袁康 黃中和（東莊）舊藏	明雙柏堂仿宋丁 黼本	373a
B120	九國志十二卷	宋・路振 大興翁方綱（覃溪）手校	精抄本	374a
B121	南唐書注十八卷	宋・陸游 清・周在浚注 汪文柏（季青）舊藏	寫本	375a
B122	※南詔野史一卷	明・倪輅 曾習經（剛父）舊藏	寫本前人手校	376b/ ※166a
B123	※朝鮮史略六卷	不著撰人姓氏	寫本	378b/ ※167b

卷七　史部四

B124	※元和郡縣圖志四十卷	唐・李吉甫 陳樹華（治泉）鈔 陳鱣（仲魚）手校 黃丕烈（蕘圃）題記	精寫本（治泉司馬鈔本）	382a/ ※169b
B125	※太平寰宇記一百九十三卷	宋・樂史 錢竹汀手校	寫本	383b/ ※170b
B126	※大明一統志九十卷	明・李賢 朱稻孫（朱漁村）舊藏	明官刊本	384b/ ※171b
B127	大明一統志九十卷	明・李賢	明歸仁齋刻本	388a
B128	※方輿勝覽七十卷	宋・祝穆 吳若準（耘石）舊藏	宋刊本	388b/ ※174a
B129	※乾道臨安志三卷	宋・周淙彥 倪稻孫（米樓）舊藏	精寫本	389b/ ※175a
B130	※咸淳臨安志九十六卷	宋・潛說友	曲阜孔繼涵（青曛書屋）寫本	390b/ ※175b
B131	※咸淳臨安志三卷	宋・潛說友 張燕昌藏	梁山舟烏絲欄寫本	393a/ ※177a
B132	※吳郡志五十卷	宋・范成大 韓履卿手校	毛刻本	395b/ ※178a
B133	※吳郡圖經續記三卷	宋・朱長文	黃丕烈（蕘圃）校（乾隆刊）本	395b/ ※178a
B134	嘉泰會稽志二十卷寶慶續志八卷	宋・施宿、張淏	明正德重刊本	397a
B135	淳熙三山志四十二卷	宋・梁克家	寫本	398a
B136	浙江通志七十二卷	明・薛應旂	明嘉靖刊本	399a
B137	徽州府志二十二卷	明・汪尚寧（洪垣）	明嘉靖刊本	399b
B138	※嘉靖彰德府志八卷	明・崔銑 虞山瞿鏞（鐵琴銅劍樓）舊藏	明刊本	401a/ ※179a
B139	※上虞縣志二十卷	不知撰人	明萬曆刊本	403b/ ※181b
B140	寧志備攷十二卷	明・趙維寰	明寫本	405a
B141	齊乘六卷	元・于欽	明刊本	406a

B142	雍大記三十六卷	明·何景明	明刊本	406b
B143	汴京遺跡志二十四卷	明·李濂 王先謙、葉德輝舊藏	舊鈔本	407a
B144	合刻秦漢圖記三輔黃圖六卷西京雜記六卷		明刻本	407b
B145	泰山志四卷	明·汪子卿	明刊本	408b
B146	華嶽全集十三卷	明·張維新	明刊本	409b
B147	※茅山志十五卷	元·劉大彬 錢王炯（青文）舊藏	明永樂重刊元本	410b/ ※184b
B148	※南嶽總勝集三卷	宋·陳田夫 元王元伯、端方、葉德輝舊藏	宋刊本	413a/ ※182a
B149	廬山紀事十二卷	明·桑喬 羅振玉藏	明刊本	416b
B150	天台山方外志三十卷	明·釋無盡（傳燈）	明刊本	417b
B151	西湖游覽志二十四卷西湖游覽志餘二十六卷	明·田汝成	嘉靖杭州刊本	419b
B152	西湖游覽志二十四卷西湖游覽志餘二十六卷	明·田汝成 孔尚任（東塘）舊藏	明萬曆本	420b
B153	海內奇觀十卷	明·楊爾曾	明刊本	422a
B154	※武林舊事六卷	宋·四水潛夫（周密）輯 黃丕烈（菀圃）題記	寫本	423a/ ※186a
B155	※中吳紀聞六卷	宋·龔明之	何焯（義門）、馮登府（雲伯）校毛刊本	425a/ ※187b
B156	金陵瑣事四卷二續上下卷	明·周暉	萬曆刊本	427a
B157	荊溪外紀二十五卷	明·沈敕	明刊本	427b
B158	潘司空河防榷十二卷	明·潘季馴	明刊本	428b

卷八　史部五

| B159 | ※宣和奉使高麗圖經四十卷 | 宋·徐兢 | 彭元瑞知聖道齋寫本 | 431a/
※188b |
| B160 | ※東國通鑑五十六卷 | 明·徐君正等 | 從日本刊本傳錄 | 433b/
※190b |

B161	※職方外紀五卷	明・艾儒略	明刊本	435b/ ※191b
B162	古今游名山記十七卷	明・何鐘	明刊本	437a
B163	長春眞人西遊記二卷	元・李志常	抄本	438b
B164	大唐六典三十卷	唐元宗	明嘉靖刊本	440a
B165	※職官分紀五十卷	宋・孫逢吉 陳詩庭（妙士）、張穆 （石洲）、何紹基（子 貞）舊藏	舊寫本	441a/ ※197a
B166	宋宰輔編年錄二十卷	宋・徐自明	寫本	443a
B167	中興館閣錄十卷續錄十卷	宋・陳騤 韓葑亭、王懿榮（文敏） 舊藏	舊鈔本	445a
B168	※文獻通考三百四十八卷	宋・馬端臨 岳端（紅蘭主人）舊藏	元刊本	447a/ ※198b
B169	※文獻通考三百四十八卷	宋・馬端臨	明嘉靖三年司禮 監刊本	448a/ ※199b
B170	文獻通考三百四十八卷	宋・馬端臨	明馮氏校刊本	449b
B171	諡法通考十八卷	明・王圻 孫星衍（淵如）題識	明萬曆丙申刻本	449b
B172	政和御製冠禮十卷五禮新儀二 百二十卷	宋・鄭君中等	舊鈔本	450b
B173	太常因革禮一百卷	宋・歐陽修等	抄本	452a
B174	※慶元條法事類八十卷附開喜 重脩尚書吏部侍郎右選格二卷	洪頤煊（倦舫）舊藏	寫本	454b/ ※200b
B175	※大元聖政國朝典章六十卷附 新集	不著撰人 吳銓、吳成德、錢大昕 （竹汀）、莫棠（楚生） 舊藏	景寫元刊本	456a/ ※201a
B176	大明會典一百八十卷	明弘治十五年撰	明官刊本	459b
B177	大明律三十卷	明・劉德謙等 陳姚衡（雪逸）舊藏	明抄本	460a
B178	康濟譜二十二卷	明・潘游龍	抄本	461a
B179	※舉業正式六卷	不著撰人	明官刊本	461b/ ※204a
B180	山東鹽法志四卷	明・查志隆	寫本	463b
B181	※七錄（輯本）上下卷	梁・阮孝緒	前清臧鏞堂輯寫 本	463b/ ※205a

B182	新刊經籍考　卷	宋・馬端臨	明刊本	465a
B183	※遂初堂書目一卷	宋・尤袤	寫本	465a/ ※205b
B184	※千頃堂書目三十二卷	明・黃虞稷 有校筆	舊寫本	467b/ ※207a
B185	※萬卷堂藝文記一卷	明・朱睦㮮	舊寫本	496b/ ※208b
B186	※山陰祁氏藏書目不分卷	明・祁承㸁 楊浚（雪滄）舊藏	精寫本二厚冊	470b/ ※209a
B187	輿地碑目四卷	明・王象之 吳騫（兔床）舊藏	寫本	472b
B188	考古圖記十卷	宋・呂大臨	元刊本	473b
B189	※法帖刊誤上下卷	宋・黃伯思 黃丕烈（蕘圃）題記	葉德榮黑格精寫 大字本	474b/ ※210b
B190	※隸續殘存八卷	宋・洪适	黃丕烈（蕘圃） 手校汪氏樓松書 屋翻元本	476b/ ※212a
B191	※絳帖平六卷	宋・姜夔	郁禮東歊軒寫本	478a/ ※213a
B192	史通二十卷	唐・劉子玄（元） 清汪文端手校	明萬曆張之象刊 本	479b
B193	史通二十卷	唐・劉子玄（元）	明萬曆間張之象 校刻本	480b
B194	※讀史管見三十卷	宋・胡寅	明寫本	481b/ ※214a
B195	唐宋名賢歷代確論一百卷	不著編者	明弘治間刊本	483a
B196	宋論三卷	明・劉定之	明刊本	484a
B197	續宋論三卷	明・蔣誼 謝肇淛（在杭）、姚舜 咨（潛坤）舊藏	明刊本	485a

卷九　子部一

C1	孔子家語八卷	明・何孟春 額勒布（藤花榭）舊藏	明嘉靖刊本	487a
C2	※顏子七卷附錄一卷	元・李鼎	元刊本	488b/※ 221a

C3	荀子二十卷	周・荀況 唐・楊倞注	影寫宋呂夏卿 大字本	489b
C4	纂圖互注荀子二十卷	周・荀況 唐・楊倞注	宋刊本	490b
C5	※新語二卷	漢・陸賈 明黃虞稷（千頃齋）舊藏	明刊兩京遺編本	492a/※221b
C6	※鹽鐵論十卷	漢・桓寬 有校筆	明刊本	495b/※224b
C7	※申鑒五卷	漢・荀悅 明・黃省曾注 有墨筆校	明刊本	496b/※228
C8	說苑二十卷	漢・劉向	明楚藩大字本	497b
C9	劉氏二書說苑二十卷新序　卷	漢・劉向	明刊本	499a
C10	※纂圖互注揚子法言十卷	晉・李軌 唐・柳宗元	宋刊本	499b/※228b
C11	※中說十卷	隋・王通 明紐石溪（世學樓）舊藏	明刊本	501b/※229b
C12	溫公家範十卷	宋・司馬光	明刊本	504a
C13	※新刊音點性理群書句解後集二十三卷	宋・熊剛大集解	宋（麻沙）刊本	504b/※231b
C14	麗澤論說集十卷	宋・呂祖謙	宋刊本	505b
C15	※朱子語類一百四十卷	宋・朱熹 宋刊（配明）本	錢儀吉（仙蝶齋）舊藏	506a/※232b
C16	朱子語類大全一百四十卷	宋・朱熹	明刊本	508b
C17	※朱子成書（不分卷）	元・黃瑞節輯	元刊本	509b/※234a
C18	家禮儀節八卷	明・丘濬	明成化甲午寫刊本	511a
C19	家禮會通十卷	明・湯鐸	明刊本	512a
C20	元城先生語錄上下卷	宋・劉安世撰 馬永卿編	明刊本（清四庫底本）	514a
C21	※黃氏日鈔分類九十七卷	宋・黃震（東發） 江聲（飛濤）舊藏	元刊本	515a/※235a

C22	讀書記乙集上大學衍義四十三卷	宋・眞德秀	宋刊本	515b
C23	西山先生眞文忠公讀書記甲集三十七卷乙集十六卷丁集八卷	宋・眞德秀	宋刊本	516b
C24	程氏家塾讀書分年日程二卷	元・程端禮	明翻元本	517b
C25	重刊性理大全七十卷	明・胡廣等	明刊本	518a
C26	五倫書六十二卷	明宣宗（朱瞻基）	明正統刻本	519b
C27	御製孝順事實十卷	明永樂十八年敕撰　孔德昌（佩秋）舊藏	明官刊本	519b
C28	道一編六卷	明・程敏政	從明弘治刊本傳錄	520b
C29	讀書錄十卷	明・薛瑄	明萬曆間官刊本	521a
C30	性理纂要標題四卷		明刊本	522a
C31	諸儒語要十卷	明・唐順之	明刊本	522b
C32	格物明通一百卷	明・湛若水	明刊本（湛氏家刻本）	523a
C33	桃岡日錄　卷	明・蔣□	明刊本	525a
C34	※武經直解二十五卷	明・劉寅	明成化間刊本	526a/※235b
C35	※武經直解十二卷	明・劉寅	日本重刊明萬曆本	528a/※236b
C36	※孫子三卷	周・孫武　王懿榮（文敏）舊藏　吳大澂題字	寫校本	529b/※237b
C37	※趙注孫子五卷	明・趙本學	日本舊刊本	533a/※240a
C38	孫子參同十三篇	明・李贄	明刊本　墨本	535a
C39	武編十二卷	明・唐順之　鄂忻（怡雲）舊藏	明刊本	535b
C40	※少林棍法闡宗三卷蹶張心法一卷長鎗法選一卷單才法選一卷	明・程宗猷	明刊本大冊子	536a/※241b

卷十　子部二

C41	※管子纂詁二十四卷	日・安井衡	日本刊本	538a/※242b
C42	商子五卷	秦・商鞅	明刻本	540b
C43	※韓非子廿卷附顧氏識誤三卷	周・韓非 清・顧廣圻 曾習經（剛父）過錄陳澧（蘭甫）簽注	清嘉慶二十三年重刊宋乾道本	541b/※244b
C44	※棠陰比事原編不分卷補編不分卷續編不分卷	宋・桂萬榮（補） 明・吳訥（續） 汪憲（魚亭）（振綺堂）舊藏	寫本	542a/※245b
C45	※農書三十六卷	元・王禎	寫本	544a/※246b
C46	※新刊補注釋文黃帝內經素問十二卷素問遺篇一卷運氣論奧三卷黃帝內經靈樞十二卷	唐・王冰注 宋・林億等校正 孫兆改誤	元古林書堂刊本	546a/※248b
C47	補注釋文黃帝內經素問十二卷	唐・王冰注	明趙府居敬堂本	546b
C48	重廣補注黃帝內經素問二十四卷	唐・王冰注	明仿宋本	547a
C49	王氏脈經	晉・王叔和 葉德輝舊藏	明成化十年仿元泰定四年刊本	547b
C50	※重刊孫真人備急千金要方三十卷	唐・孫思邈 蔡泳（一帆）舊藏	元刊本	549a/※248a
C51	※重刊外臺祕要方四十卷	唐・王燾	明刊本	550a/※250a
C52	※太平惠民和劑局方十卷用藥總論上中下卷藥性總論一卷	宋・陳師文等編	元高氏日新堂刊	553a/※252a
C53	※活人事證藥方二十卷	劉佳甫編	宋刊本	555b/※254a
C54	※三因極一病證方論十八卷	宋・陳言 日人森立之、羅振玉舊藏	仿宋寫錄	557b/※255a
C55	新刊仁齋直指方論二十六卷	宋・楊士瀛	明刊本	559a

C56	傷寒總病論六卷附音訓一卷修治藥法一卷	宋・龐安時	宋刊本	560b
C57	新刊圖解素問要旨論八卷	金・劉守眞 馬宗素編	元刊本	561b
C58	濟生拔粹方十九卷	元・杜思敬	元刊本	562a
C59	類編南北經驗醫方大成十卷		元刊本	563b
C60	辨惑論三卷	元・李杲 清怡府舊藏	舊刊本	564b
C61	壽親養老新書四卷	宋・陳直	元刊本	564b
C62	活人心上下卷	明・臞仙	明刊本	565b
C63	古今醫統大全一百卷	明・徐春甫	明刊本	566b
C64	古今醫統正脈全書四十四種	明・吳勉學編	明刊本	567a
C65	※新編西方子明堂灸經八卷	不著撰人 前清怡府、平陽(長洲) 汪文琛、汪士鐘、獨山 莫棠舊藏	明山西平陽府重刊	567b/※256a
C66	※鍼灸擇日編集不分卷	高麗・全循義、金義 日本吉家氏、多紀氏舊藏	舊寫本	569b/※257b
C67	古今律曆考七十貳卷	明・邢雲路 于鬯(香草)舊藏	明刊本	571b
C68	準齋心製几漏圖式一卷	宋・孫逢吉	抄本	573b
C69	焦氏易林上下卷	漢・焦延壽 清金門詔(二酉山房)藏	明瀋藩刻本	575a
C70	元包經傳五卷	後周・衛元嵩 唐・蘇元明傳 李江注	明刊本	576b
C71	靈棋經二卷	許丹臣、朱少河校藏	寫本	577b
C72	※景祐遁甲符應經三卷	宋・楊維德	精寫本	579b/※259a
C73	邵子全書二十四卷	宋・邵雍	明刊本	580b
C74	天原發微五卷	元・鮑雲龍	明刊本	583a
C75	※禽遁大全四卷	明・池本理	明刊本	584a/※259b
C76	三命通會十二卷	明・萬民英	明刊本	586a

C77	※人象大成一冊	明・袁忠徹	寫本	587a/※261a
C78	※玉髓眞經二十一卷	宋・張洞玄	明刊本	588a/※262a
C79	墨子十五卷	周・墨翟	明刊本	589b
C80	呂氏春秋二十六卷	秦・呂不韋	元刊本	591a
C81	※呂氏春秋二十六卷	秦・呂不韋 張符驤（良御）舊藏	元刊明脩本	592a/※263a
C82	淮南鴻列解二十卷	漢・劉安注 高誘注 有校筆	明刊本	593b
C83	儒門經濟長短經九卷	唐・趙蕤 王初桐（于陽）舊藏	舊抄本	594a
C84	化書六卷	南唐・譚峭	弘治甲子刊本	595a
C85	※法藏碎金錄十卷	宋・晁迥	明（裔孫璟嘉靖）刊本	595b/※264a
C86	※芻言上中下卷	宋・崔敦禮	前清四庫館底本	598a/※266a
C87	※鳴道集說一卷	金・李之純	明寫本	598b/※266a
C88	居家必用事類全集十卷	不著撰人 葉德輝舊藏	明黑口本	599b

卷十一　子部三

C89	白虎通德論十卷	漢・班固	元大德刊本	601a
C90	白虎通德論十卷	漢・班固 有校筆	元刊本	603b
C91	白虎通德論十卷	漢・班固 有校筆 陳鱣舊藏	明汪士漢刻本	604a
C92	東觀餘論二卷附錄一卷	宋・黃伯思	天一閣舊鈔本	604b
C93	※西溪叢語二卷	宋・姚寬 宋筠舊藏	明鵾鳴館刊本	606a/※266b
C94	※學林十卷	宋・王觀國	清四庫底本	612a/※270a

C95	※容齋五筆隨筆十六卷續筆十六卷三筆十六卷四筆十六卷五筆十卷	宋・洪邁	明會通館活字本	613a/※270b
C96	緯略十二卷	宋・高似孫 玉函山房、葉德輝遞藏	影寫明沈士龍刻本	614a
C97	古今考三十八卷	宋・魏了翁	明刊本	615b
C98	困學紀聞二十卷	宋・王應麟	元刊本	617a
C99	※疑耀七卷	明・李贄著 張萱訂	明刊本	618a/※271b
C100	※說楛七卷	明・焦周	寫本	622a/※275a
C101	※日知錄三十二卷	清・顧炎武	過錄李敬堂批校本	624a/※277b
C102	※十駕齋養新錄二十卷餘錄三卷	清・錢大昕 毛嶽生（生甫）校讀	原刊本	628b/※280a
C103	大德新刊校正風俗通義十卷	漢・應劭	元刊本	632a
C104	※論衡三十卷	漢・王充	通津草堂本	633b/※225a
C105	論衡三十卷	漢・王充	明刊本	636a
C106	塵史一卷	宋・王得臣	舊抄本	636b
C107	夢溪筆談二十六卷	宋・沈括	宋刊本	638a
C108	夢溪筆談二十六卷	宋・沈括 明徐萬齡（百城樓）舊藏	元刊本	639a
C109	晁氏客語不分卷	宋・晁說之 張載華（芷齋）、周星詒、胡爾榮（豫波）、柯逢時舊藏	明刊本	639b
C110	賓退錄十卷	宋・趙與時 吳縣潘荼坡（椒坡）（桐西書屋）藏 傳錄胡珽（心耘）校筆	仿宋刻本	641b
C111	冷齋夜話十卷	宋・惠洪	元刊本	643b
C112	石林燕語十卷	宋・葉夢得	明正德刊本	644a
C113	鶴林玉露十六卷	宋・羅大經	明小字本	644b
C114	※齊東野語二十卷	宋・周密 費莫文良舊藏	明正德刊本	645b/※282a

C115	※庶齋老學叢談上中下卷	元・盛如梓 周星詒、蔣鳳藻、柯逢時藏	周季貺校寫本	646b/※283a
C116	※七脩類（彙）稿五十一卷	明・郎瑛 前清天祿琳琅舊藏	明刊本	648b/※284b
C117	穀山子文定公筆塵十八卷	明・于慎行	明刊本	649b
C118	※味水軒日記八卷	明・李日華	戴松門手寫本	650b/※285b
C119	※意林五卷	唐・馬總	從明刊本傳錄	652a/※286b
C120	※皇朝事實類苑七十八卷	宋・江少虞	傳錄日本舊活字本	653b/※287b
C121	※自警編五卷	宋・趙善璙	宋刊本	654b/※288a
C122	自警編九卷	宋・趙善璙	明刊本	657a
C123	御製爲善陰騭十卷	明永樂十七年敕編 王守仁舊藏	明官刊本	657a
C124	劉子威雜俎十卷	明・劉鳳	明刊本	658a
C125	欣賞編十集續編十集	明・沈律、茅一相	明刊本	658b
C126	群芳清玩不分卷	明・李璵惠	汲古閣本	659b
C127	玄玄碁經一卷	宋・晏天章 嚴德上	未著版本	660a

卷十二　子部四

C128	新增格古要論十三卷	明・曹昭	明刻本	661a
C129	石雲先生印譜釋文考上中下卷	明・孫楨	明刊本	661b
C130	圖繪寶鑑五卷續編一卷	元・夏文彥	明刊本	662a
C131	廣川書跋十卷	宋・董逌 文徵明、季振宜、朱筠、朱少河、何紹基、安岐、葉德輝舊藏	明文氏玉蘭堂鈔本	663a
C132	書史會要九卷	明・陶宗儀	明初刊本	665a
C133	書史會要五卷	明・朱謀垔（隱之）	明刊本	666b
C134	※畫史會要五卷	明・朱謀垔（隱之） 百齡（文敏公）（珊瑚閣）舊藏	舊寫本（菉竹堂抄本）	667b/※289b

C135	翰墨會紀十九卷	明・金階	明刻本	670a
C136	※程氏墨苑十二卷	明・程大約	明刊本	670b/※291a
C137	※方氏墨譜六卷	明・方于魯	明刊本	673a/※292b
C138	※洞天清錄不分卷	宋・趙希鵠	明博羅張本刊本	673b/※293a
C139	香乘二十八卷	明・周嘉量（江左）	明刊本	674b
C140	※儒學警悟七集四十卷	宋・俞鼎經、俞經編 盛昱（伯兮）、繆荃孫（小山）舊藏	明嘉靖寫本	675b/※294a
C141	※百川學海十集	宋・左圭	方扶南批校明刊本	681b/※297b
C142	說郛一百卷	明・陶宗儀	明刊本	683b
C143	世德堂六子	明・顧春輯	明刻本	684b
C144	二十子全書	明・吳勉學輯	明寫本	685a
C145	中都四子集六十四卷	明・朱光東	明刊本	685b
C146	子彙十二冊	明・周子儀等	明萬曆刊本	686b
C147	五子七卷	不著編者	明歐陽清刊本	687b
C148	兩京遺編十二種	明・胡維新輯	明萬曆十年刻本	689a
C149	山居雜志二十種		明刊本	690b
C150	稽古堂叢刊		明高承埏校刊	691b
C151	祕冊彙函　卷	鮑倚雲（薇省）舊藏	明刊本	691b
C152	古今逸史四十二種	明・吳琯輯	明吳琯刊本	693a
C153	百家類纂四十卷	明・沈津	明刻本	695b
C154	天學初函五十二卷	明・李之藻	寫本	697a
C155	藝文類聚一百卷	唐・歐陽詢	元宗文堂刻本	698a
C156	藝文類聚一百卷	唐・歐陽詢	明活字本	698b
C157	※白孔六帖一百六卷	唐・白居易 宋・孔傳 巴陵方功惠舊藏	明刊本	699a/※299a

C158	※事類賦三十卷	宋・吳淑 繆荃孫（藝風堂）舊藏	元翻宋本	701a/※ 301a
C159	事物紀原十卷	宋・高承 海鹽張宗橚、潘眅潤、葉德輝舊藏	明正統十二年閻敬刊本	702a
C160	※海錄碎事二十二卷	宋・葉廷珪	明刊本	703b/※ 302b
C161	※漢雋十卷	宋・林鉞	宋刊本	706b/※ 303a
C162	※漢雋十卷	宋・林鉞	元刊本	707b/※ 304a
C163	錦繡萬花谷前集四十卷後集四十卷續集四十卷	宋・蕭贊元	明徽藩刻本	708b
C164	新編古今事文類聚前集六十卷後集五十卷續集二十八卷別集二十二卷新集三十六卷外集十五卷	宋・祝穆 富大用編	明刊本	709b
C165	山堂先生群書考索前集六十六卷後集六十五卷續集五十六卷別集二十五卷	宋・章如愚	元刊本	710a
C166	山堂先生群書考索前集六十六卷後集六十二卷續集五十六卷別集二十五卷	宋・章如愚	明慎獨齋本	710a
C167	※萬卷菁華前集八十卷後集七十八卷續集三十四卷	不著撰人 明項篤壽（萬卷樓）舊藏	明藍絲欄精寫本	711a/※ 304b
C168	記纂淵海一百卷	宋・潘自牧	明刊本	714a
C169	※新箋決科古今源流至論前集十卷後集十卷續集十卷別集十卷	宋・林駉 黃履翁	元刊本	714b/※ 306a
C170	※全芳備祖前集二十七卷後集三十一卷	宋・陳景沂 顧崆誠 徐時棟（柳泉）舊藏	寫本	717a/※ 307b
C171	※誠齋文膾前集十二卷後集十二卷	宋・楊萬里 周永年（林汲）舊藏	宋刊本	718a/※ 308b
C172	玉海二百卷附詞學指南四卷	宋・王應麟	元刊元印本	720b

卷十三 子部五

C173	李氏蒙求補註二卷	遼・李瀚 宋・徐子光補正 有校筆	寫本	721a
C174	重刊增廣分門類林雜說十五卷	金・王朋壽	舊抄本	722b
C175	※增修詩學集成押韻淵海二十卷	元・嚴毅 清天祿琳琅、揆敘舊藏	元刊本	723b/※310a
C176	※新編古今姓氏瑤華韻九十九卷	元・洪景修 陳僅（漁珊）舊藏	寫本	725a/※311b
C177	※新編事文類聚翰墨全書一百二十七卷	元・劉應李	元刊本	728a/※313a
C178	事文類聚翰墨大全一百十七卷	元・劉應李	明嘉靖刊本	728b
C179	群書鉤元十卷	高恥傳 孔千秋（堯山）舊藏	元刊本	729b
C180	※萬姓統譜一百四十卷附二十卷	明・凌迪知	明刊本	731a/※313b
C181	※類書三才圖會一百六卷	明・王圻	明刊本	732a/※314b
C182	圖書編二百一十七卷	明・章潢	寫本	733b
C183	稗編一百二十卷	明・唐順之	明刊本	734b
C184	博物策會十七卷	明・戴璟 范欽（天一閣）舊藏	明嘉靖刊本	735b
C185	姓源珠璣四卷	明・楊信民	從明宣德刊本傳錄	737a
C186	萬寶詩山三十八卷	宋・葉景逵	舊刻巾箱本	737a
C187	宋四六叢珠彙選十卷	王明嶅、黃金璽	明刊本	739b
C188	※山海經十八卷	清・畢沅注 楊希閔手校	畢沅刻本	740/※316a
C189	世說新語三卷	劉宋・劉義慶 有校筆	從明袁氏刊本傳錄	742a
C190	※玉壺清話十卷	宋・釋文瑩	明范氏天一閣寫本	742a/※317a
C191	※桯史十五卷	宋・岳珂 謝肇淛（在杭）舊藏	明刊本	746b/※320b

C192	※清波雜志十二卷別志三卷	宋・周煇	知不足齋寫校本	747b/※320b
C193	※山居新話東園友聞不分卷	宋・楊瑀、夏頤 吳漫士、黃丕烈（蕘圃）手校	舊鈔本	748b/※321a
C194	※輟耕錄三十卷	明・陶宗儀	明成化刊本	750a/※322a
C195	輟耕錄三十卷	明・陶宗儀 查繼佐（伊璜）舊藏	明玉蘭草堂刻本	751b
C196	水東日記三十七卷	明・葉盛 陳在謙（六吉）舊藏	明寫本	753a
C197	陸文裕公外集四十卷	明・陸深	明刊本	754a
C198	※琅邪代醉編四十卷	明・張鼎思 盧世㴑（德水）舊藏	明刊本	755a/※323a
C199	※文海披沙八卷	明・謝肇淛	日本舊刊本	756b/※324a
C200	留青日札四十卷	明・田藝蘅	明刊本	757b
C201	濯纓亭筆記七卷	明・戴冠	嘉靖刊本	758b
C202	酉陽雜俎二十卷續十卷	唐・段成式	明刊本	759b
C203	湘煙錄十六卷	明・閔元京 凌義渠	明刻本	760b
C204	※太平廣記五百卷目錄十卷	明・李昉	明寫本	762a/※325a
C205	※三國志通俗演義二十四卷	明・羅貫中 潘奕雋（榕皐）舊藏	明嘉靖壬午刊本	763a/※325b
C206	釋迦譜十卷	蕭齊・釋僧佑	舊寫本	768a
C207	釋氏源流上下卷	不著撰人	明刊本	768b
C208	佛祖歷代通載二十二卷	元・念常	明宣德刊本	769a
C209	十一面神呪心經	唐・玄奘譯	宋刊本	770b
C210	五經同卷		宋刊本	770b
C211	大方廣華嚴經八十卷		明萬曆辛丑徑山寂然庵刻本	771a
C212	※楞嚴經義淵海三十卷	畢瀧（潤飛）、方功惠（柳橋）、吳農元（長卿）	明寫藍絲欄本（棉紙藍格寫本）	772a/※329a
C213	※大佛頂首楞嚴經會解十卷		明洪武間寫刊本	776b/※332b

卷十四 子部六

C214	※妙法蓮華經七卷	後秦‧釋鳩摩羅什譯 日人向山黃村、宜都楊守敬（惺吾）舊藏	宋刊卷子本	780a/※334a
C215	※妙法蓮華經七卷	後秦‧釋鳩摩羅什譯	宋刊兩面印摺本	783b/※336b
C216	※妙法蓮華經七卷	後秦‧釋鳩摩羅什譯	元人磁青紙金銀泥書摺本	785b/※338b
C217	維摩詰所說經上中下卷	後秦‧釋鳩摩羅什譯	明刊本	788b
C218	成唯識論十卷	不著撰人	明刊精校本	789a
C219	※景德傳燈錄殘本十七卷	宋‧釋道原	元刊本	789b/※340b
C220	※五燈會元二十卷	宋‧釋普濟 范欽（天一閣）舊藏	明嘉靖刊本	793a/※342b
C221	廬山蓮宗寶鑑十卷	元‧普度	元刻本	796b
C222	禪宗永嘉集注上下卷		明刻本	798b
C223	※林泉老人評唱投子青和尚頌古空谷傳聲三卷	義聰 楊泰亨（理庵）舊藏	元刊本	799b/※344b
C224	※宏明集十四卷	梁‧釋僧佑	從明支那本寫錄	800a/※345a
C225	弘明集十四卷	梁‧釋僧佑	明汪氏校刊本	802a
C226	※開元釋教錄二十卷	唐‧釋智昇	明寫本	802b/※346a
C227	※貞元新定釋教目錄三十卷	唐‧圓照	從日本享保刊本寫錄	803a/※347b
C228	一切經音義一百卷附續音義十卷	唐‧慧琳	日本刊本	804a
C229	教乘法數十二卷	明‧圓敬	明宣德間刊本	805a
C230	象教皮編六卷	明‧陳士元	明萬曆刻本	805b
C231	※神僧傳九卷	明永樂間奉敕撰 孫星衍（淵如）舊藏	明永樂官刊本	806a/※348b
C232	※續高僧傳四十卷	唐‧釋道宣	明支那本（明萬曆中徑山寂照庵刻）	807a/※349a
C233	※宋高僧傳三十五卷	宋‧釋贊寧	明刊本	808a/※350a

C234	※諸佛世尊如來菩薩尊者名稱歌曲一卷	明成祖撰	明永樂官刊本	809a/※351a
C235	※纂圖互注老子道德經二卷	漢・河上公注 明張基（德載）舊藏	宋刊本	810a/※352a
C236	老子二卷	周・李耳	南宋坊刻巾箱本	811a
C237	道德眞經廣聖義五十卷	唐・杜光庭	明寫本	811b
C238	※老子鬳齋口義二卷	宋・林希逸 濮州李廷相、北平孫承澤舊藏 袁克文題記	元刊本	813b/※352b
C239	道德眞經取善集十二卷	宋・李霖	明抄本	816a
C240	道德眞經講義十二卷		明宣德刊本	817b
C241	莊子郭注　卷	周・莊周 晉・郭象注	明刊本	818a
C242	※列子八卷	周・列禦寇 晉・張湛注 黃丕烈（蕘圃）據宋本校 楊紹和（海源閣）舊藏	明世德堂刊本	819a/※354b
C243	※沖虛至德眞經解八卷	宋・江遹	明刊本	820a/※355a
C244	※抱朴子內篇二十卷外篇五十卷	晉・葛洪 陳澧（蘭甫）校讀 曾習經（剛父）舊藏	清嘉慶癸酉金陵道署校刊本	822a/※356b
C245	※抱朴子內篇二十卷外篇五十卷	晉・葛洪	明魯藩刊本	823a/※357b
C246	※道書十二種十二卷	不著撰者 范欽（天一閣）舊藏	明寫本二冊子	825a/※358b
C247	群仙語要纂集不分卷	元・董漢醇	明刊本	826a
C248	※三洞群仙錄十卷	宋・陳葆光	天一閣舊寫本	827a/※359b
C249	悟眞篇集註三卷	宋・張伯端	明刊本	829a
C250	列仙傳上下卷	漢・劉向	明刊本	829b
C251	黃庭經分節解證四冊不分卷		明刊本	830b

C252	三元延壽參贊書五卷	元・李鵬飛 前清怡府舊藏	精寫本	831b
C253	※眞仙體道通鑑前集三十六卷 後集六卷	趙道一 傅增湘藏	寫本	833a/※ 361a
C254	墉城集仙錄六卷	唐・杜光庭 呂璜（月滄）舊藏	舊寫本	833b
C255	祕傳關尹子言外經旨三卷	宋・王夷	元刊本	834a
C256	周易參同契發揮上中下三卷	宋・俞琰	明刊本	835b
C257	道藏闕經目錄上下卷		舊寫本	837a
C258	※雲笈七籤一百二十二卷	宋・張君房	明刊（清眞館 本）	838b/※ 361b

卷十五　集部一

D1	※楚辭八卷後語六卷	楚・屈原 宋・朱熹 陣時化（潤之）舊藏	明成化刊本	840a/※ 374a
D2	※楚辭章句十七卷	漢・劉向編 王逸章句	明夫容館重刻 宋本	841b/※ 373a
D3	※曹子建集十卷	魏・曹植 王士禎（文簡）、沈廷 芳（椒園）舊藏	明活字本	843a/※ 375b
D4	※曹子建集十卷	魏・曹植	明郭氏刊本	845b/※ 377a
D5	※嵇康集十卷	晉・嵇康 邵彌（僧彌）舊藏 姚華（茫父）補寫	明寫本	847a/※ 378b
D6	陶靖節集何孟春注十卷	葉德輝舊藏	明正德癸未刻 本	848a
D7	※梁昭明太子文集五卷	梁・蕭統	明遼府寶訓堂 刊本	849a/※ 380a
D8	張子壽文集二十卷	唐・張九齡 徐松（星伯）手校	寫本	850b
D9	※楊盈川集十卷附錄一卷	唐・楊炯 丁丙（八千卷樓）舊藏	明童佩（子鳴） 校刊本	852a/※ 381a
D10	靈隱子六卷	唐・駱賓王	明萬曆刻本	852b

D11	唐駱先生文集六卷	唐・駱賓王	明刊本	853a
D12	分類補註李太白詩二十五卷	唐・李白	元刊本	853b
D13	分類補注李太白詩三十五卷	唐・李白	明刊本	854b
D14	集千家注批點杜工部詩集二十卷文集二卷附錄一卷	唐・杜甫 元・高楚芳	元刊本	855a
D15	李嶠集上中下卷	唐・李嶠	明活字本	856b
D16	類箋唐王右丞集十四卷	唐・王維	明奇字齋刊本	857a
D17	※元次山集十二卷	唐・元結	明武定侯郭勛刊本	857b/※381b
D18	顏魯公文集十五卷附補遺	唐・顏真卿	明錫山安氏刊本	858b
D19	韋蘇州集十卷	唐・韋應物	明翻宋本	860a
D20	重刊陸宣公奏議二十二卷	唐・陸贄	明金氏序刊本	861a
D21	重刻陸宣公奏議二十二卷	唐・陸贄 獨山莫氏舊藏	明葉逢春刊本	862a
D22	※權載之文集五十卷摭遺一卷附錄一卷	唐・權德輿	海源閣藏孫星衍（淵如）舊寫本	862b/※382b
D23	※宋之問集上下卷	唐・宋之問 黃丕烈（蕘圃）、繆荃孫（小山）舊藏	明翻宋本	865a/※384a
D24	朱文公校昌黎先生文集四十卷	唐・韓愈	影宋刊本	866b
D25	朱文公校昌黎先生文集四十卷外集十卷集傳遺文二卷	唐・韓愈	元刊小字本	868a
D26	昌黎先生集四十卷外集十卷遺文一卷	唐・韓愈	明徐氏刊本	868b
D27	※韓昌黎集四十卷	唐・韓愈 明陳仁錫（明卿）手校	明刊本	869a/※385b
D28	唐韓昌黎集四十卷外集十卷附錄一卷	唐・韓愈 葉德輝藏	明崇禎癸酉蔣氏合刻本	872b
D29	河東先生集四十五卷外集二卷附錄二卷集傳一卷後序一卷	唐・柳宗元 清阮氏學濬手校	明濟美堂刊本	873b
D30	唐柳河東集四十五卷外集五卷遺文一卷	唐・柳宗元 葉德輝藏	明崇禎癸酉蔣氏合刻本	874a

D31	京本唐柳先生文集四十三卷	唐・柳宗元	明刊本	875a
D32	柳柳州集　卷	唐・柳宗元	明廣西刊本	876b
D33	※孟東野詩集十卷	唐・孟郊 袁廷檮（五硯樓）舊藏	明宏治仿宋刊本	877a/※389a
D34	※孟東野詩集十卷	唐・孟郊 （玉磐山房舊藏）沈寶硯過錄何義門手校	明嘉靖刊本	379a/※390a
D35	※孟東野詩集十卷	唐・孟郊 清何紹基（子貞）批讀	明凌氏朱墨本	881a/※391b
D36	※鮑溶詩集六卷集外詩一卷	唐・鮑溶 曹秋嶽、張孟公（拱端）校	寫本	882a/※392b
D37	※李文公集十八卷	唐・李翱 明錢穀（叔寶）舊藏	宋刊本	883b/※393b
D38	※歐陽先生文集十卷附錄一卷	唐・歐陽詹	明焦竑（澹園）藏寫本	889a/※397a
D39	※孫可之文集十卷	唐・孫樵 楊以增、楊紹和（海源閣）舊藏 黃丕烈（蕘圃）、顧千里批校	宋刊本	890a/※398a
D40	※孫可之集十卷	唐・孫樵	明正德間王氏刊本	896a/※403a
D41	孫職方集不分卷	唐・孫樵 葉德輝舊藏	明崇禎庚辰閔齊伋刻本	897a
D42	劉拾遺集不分卷	唐・劉蛻 葉德輝舊藏	明崇禎庚辰閔齊伋刻本	897b
D43	※李嘉祐集上下卷	唐・李嘉祐	明活字本	898b/※404a
D44	※桂苑筆耕集二十卷	唐・崔致遠 葉德輝舊藏	高麗舊活字印本	900a/※405b
D45	※廣成集十七卷	唐・杜光庭	晚晴軒陳文田傳錄知聖道齋本	901b/※406a

卷十六　集部二

D46	徐騎省文集三十卷	宋・徐鉉	經鋤堂綠格鈔本	903a
D47	※武溪集二十一卷	宋・余靖 王士禎（文簡）舊藏	明嘉靖修成化本	905a/※407b
D48	宋端明殿學士蔡忠惠公文集四十卷	宋・蔡襄	明刊本	909b
D49	※范文正公集二十卷別集四卷尺牘二卷	宋・范仲淹	宋乾道丁亥刊本	910b/※411b
D50	※鐔津文集二十二卷	宋・釋契嵩 劉喜海（燕庭）舊藏	明宏治刊本	911b/※412b
D51	司馬太師溫國公傳家集八十卷	宋・司馬光	明初刊本	913b
D52	※趙清獻公文集十卷	宋・趙抃	明刊本	914b/※414a
D53	※公是集五十四卷	宋・劉敞 王芑孫（惕甫）批校	寫本過錄	915b/※415b
D54	※都官集十四卷	宋・陳舜俞 巴陵方功惠舊藏	清四庫傳鈔本	917a/※416b
D55	※石室先生丹淵集四十卷拾遺上下卷續編諸公詩文一卷	宋・文同	明萬曆刊本	919a/※430b
D56	※元豐類稿五十卷續附一卷	宋・曾鞏 佐名文庫方瀋師（退一步齋）舊藏	明正統間刊本	920b/※429a
D57	南豐先生元豐類稿五十一卷	宋・曾鞏 李春芳、葉德輝藏	明嘉靖戊申王忬刻本	922b
D58	元豐類稿五十卷	宋・曾鞏 黃叔琳（崑圃）（萬卷樓）舊藏	明刊本	925a
D59	文潞公文集四十卷	宋・文彥博	明嘉靖間刊本	926a
D60	※擊壞集二十卷	宋・邵雍 汪啓淑（秀峰）、黃壽玉、葉德輝藏	元翻宋本	927a/※418a
D61	※重刻節孝先生文集三十一卷	宋・徐積 桐城蕭穆舊藏	明嘉靖刊本	931b/※421a
D62	※歐陽文忠公全集一百五十六卷	宋・歐陽修 毛晉（汲古閣）舊藏	明天順刊本	933b/※422b
D63	※新刊歐陽文忠公集攷異殘本三十四卷	宋・歐陽修 陳微芝（蘭鄰）藏	明洪武刊本	936a/※424b

D64	※臨川先生文集一百卷	宋・王安石	宋刊本	941a/※427b
D65	東坡集四十卷後集二十卷奏議十五卷內制十卷附樂語外制二卷應詔集十卷續集十二卷	嚴長明（歸求草堂）舊藏	明嘉靖間江西布政司刻本	943b
D66	東坡禪喜集四卷	徐長孫輯	明朱墨本	944b
D67	山谷刀筆二十卷	宋・黃庭堅	明弘治刊本	945b
D68	※欒城集五十卷後集二十四卷三集十卷	宋・蘇轍	明嘉靖蜀府活字本	946b/※432a
D69	※後山先生集三十卷	宋・陳師道	明宏治間刊本	948b/※433a
D70	※倚松老人詩集二卷	宋・饒節　繆荃孫（小山）手校	寫本	951a/※434b
D71	※張文潛文集十三卷	宋・張耒　毛子晉、方功惠（柳橋）舊藏	明嘉靖仿宋本	952a/※435b
D72	※石門文字禪三十卷	宋・釋德洪　厲鶚（樊榭）點讀	明萬曆丁酉徑山興聖萬壽寺刊本	953b/※436b
D73	※嵩山集二十卷	宋・晁說之　玉棟（讀易樓）舊藏	鈔宋本	954b/※437a
D74	濟北晁先生雞肋集七十卷	宋・晁補之	明詩瘦閣仿宋刊本	956b
D75	※姑溪居士文集五十卷後集二十卷	宋・李之儀	小山堂寫本	957b/※439a
D76	※北湖集五卷	宋・吳則禮	傳鈔清四庫底本	959a/※440a
D77	※竹隱畸士集二十卷	宋・趙鼎臣　巴陵方功惠舊藏	寫本	960b/※441a
D78	龜山先生集十六卷	宋・楊時	明刊本	961a
D79	梁溪先生集一百八十卷	宋・李綱	寫本	962b
D80	浮溪文粹十五卷	宋・汪藻	明正德西充馬金刊本	963a
D81	※孫仲益大全集七十卷	宋・孫覿　王蔭槐（味蘭）舊藏	寫本	964a/※442a
D82	※岳王集一卷	宋・岳飛	明徐氏編刊本	966a/※443a
D83	石林居士建康集八卷	宋・葉夢得	陸香圃三間草堂寫本	967b

卷十七　集部三

D84	苕溪集五十卷	宋・劉一止 韓泰華（玉雨堂）舊藏	寫本	970a
D85	栟櫚文集二十五卷	宋・鄧肅 江陰繆荃孫舊藏	從正德刻本傳錄	971b
D86	和靖先生文集三卷	宋・尹焞	鳴野山房精鈔本	973a
D87	※莆黃知稼翁集十一卷詞一卷	宋・黃公度	寫本	973a/※444b
D88	香溪先生文集二十二卷	宋・范浚	元刊本	974b
D89	※太倉稊米集七十卷	宋・周紫芝	寫本	975a/※445a
D90	梅溪先生文集五十四卷	宋・王十朋 吳振棫（花宜館）舊藏	明刊本	977b
D91	※竹洲文集二十卷	宋・吳儆 葉德輝藏	明宏治間十世孫雷亨刊本	978a/※446b
D92	※羅鄂州小集六卷	宋・羅願	桐鄉汪森裘杼樓寫本	979b/※447b
D93	※白玉蟾文集六卷續集二卷	宋・葛長庚	明正統間臞仙（寧藩）編刊本	981b/※449a
D94	晦庵先生朱文公集一百卷	宋・朱熹 葉德輝藏	明嘉靖壬辰蔣詔刻本	986a
D95	※網山月魚先生文集八卷	宋・林亦之 查昇（聲山）舊藏	寫本	986b/※452a
D96	※東萊詩集二十卷	宋・呂本中	寫本	988a/※453a
D97	止齋先生文集五十二卷	宋・陳傅良 葉德輝藏	明弘治十八年王瓚序刻本	990b
D98	※蠹齋鉛刀編三十二卷	宋・周孚	明寫本	991b/※455a
D99	※象山先生全集三十六卷	宋・陸九淵	明嘉靖刊本	993b/※456a
D100	※盤洲文集八十卷目錄二卷	宋・洪适 東皐蔣氏、洪氏振安舊藏	景宋本	995a/※457a
D101	※誠齋集百三十三卷	宋・楊萬里	寫本過錄宋賓王（題記及前人）校筆	996b/※458a

D102	北磵文集十卷	宋・釋居簡	舊寫本	998b
D103	渭南文集五十二卷	宋・陸游	明正德刊本	999b
D104	※勉齋先生黃文肅公集四十卷附錄一卷	宋・黃幹 臨海洪震煊（百里）舊藏	景宋本	1000b/ ※459a
D105	北溪陳先生大全文集五十卷	宋・陳淳	明刻本	1001b
D106	※漫塘劉先生文集二十二卷	宋・劉宰	舊活字本	1002a/ ※460a
D107	漫塘文集三十六卷	宋・劉宰	明刊本	1004a
D108	程洛水先生集三十卷	宋・程珌 周浚（雪客）舊藏	明萬曆刊本	1005a
D109	程端明公洺水集二十六卷	宋・程珌	明嘉靖刊本	1005b
D110	龍川先生文集三十卷	宋・陳亮	明嘉靖刊本	1006a
D111	重刻西山先生眞文忠公集　卷	宋・眞德秀	明寫刻本	1008a
D112	※重校鶴山先生大全文集一百九卷	宋・魏了翁	明錫山安國活字本	1008b/ ※461a
D113	滄浪先生吟卷二卷	宋・嚴羽	明刊本	1011a
D114	※可齋雜稿三十四卷續稿八卷續稿後十二卷	宋・李曾伯 吳焯（繡谷亭）、張金吾（愛日精廬）舊藏	寫本	1012a/ ※462a
D115	※劉後村先生大全集一百九十六卷	宋・劉克莊 巴陵方功惠、蔣子壑舊藏（丁日昌持靜齋藏賜硯堂寫本方功惠借錄）	從賜硯堂本傳錄	1014b/ ※463b
D116	※後村居士集五十卷	宋・劉克莊	明刊本（宋刊明印本）	1019b/ ※466b
D117	※玉楮詩稿八卷	宋・岳珂	明刊本	1020b/ ※467b
D118	※晞髮集十卷	宋・謝翱	從明萬歷刊本傳錄	1023b/ ※469a
D119	文文山先生大全集二十八卷	宋・文天祥	明刊本	1025b

卷十八　集部四

| D120 | ※湛然居士集十四卷 | 元・耶律楚材
王紹蘭藏 | 清吳錫麟（穀人）手寫本 | 1026a/
※471a |
| D121 | 藏春詩集六卷 | 元・劉秉忠
壽陽祁嶲藻舊藏 | 舊抄本 | 1031b |

D122	張淮陽詩集一卷	元‧張宏範 勞氏丹鉛精舍舊藏	寫本	1033a
D123	※張文忠公文集二十八卷	元‧張養浩 羁有高（臺山）手校	籍書園寫本	1035a/ ※475b
D124	※虛谷桐江續集三十二卷	元‧方回	孔荭谷微波榭藏寫本	1037a/ ※476b
D125	※剡源集二十八卷	元‧戴表元	明初刊本	1042a/ ※479b
D126	松鄉先生文集十卷	元‧任森	臨清徐坊（歸樸堂）臨寫惠周惕紅豆新居本	1045a
D127	※松雪齋文集十卷外集一卷	元‧趙孟頫 汪啓淑（秀峰）、孫星衍（淵如）藏	元刻本	1046a/ ※482b
D128	趙松雪文集四卷	元‧趙孟頫 梁清標（蕉林）、陳鱣（簡莊）、陳鴻壽藏	舊刻本	1047a
D129	重選刊松雪文集上下卷	元‧趙孟頫	明陸公兆選刻本	1047b
D130	※草廬吳文正公文集五十三卷	元‧吳澄 明陳仁錫（無夢園）舊藏	明成化本	1048a/ ※483a
D131	※筠溪牧潛集不分卷	元‧釋圓至 鮑廷博（淥飲）、陳撰（玉几）舊藏	從元槧精鈔本	1049b/ ※484a
D132	※雙溪醉隱集六卷	元‧耶律鑄	文瀾閣傳鈔本	1053b/ ※486b
D133	默庵安先生文集五卷	元‧安熙 鮑廷博、文廷式（道義）、蔣維基（子壼）、葉德輝舊藏	知不足齋鈔本	1055a
D134	秋澗先生大全文集一百卷	元‧王惲	舊鈔本	1056b
D135	※秋澗先生大全文集殘本七十一卷	元‧王惲	景寫元刊本	1059b/ ※490b
D136	漢泉曹文貞公詩集十卷	元‧曹伯啓	影寫元刊本	1061a
D137	※石田集十五卷	元‧馬祖常	景寫元刊本	1063a/ ※491b

D138	道園學古錄五十卷	元・虞集	元刊本	1064a
D139	淵穎先生集十二卷附錄一卷	元・吳萊	明翻宋璲寫刻本	1064b
D140	柳待制文集二十卷	元・柳貫	明天順刊本	1065a
D141	存復齋文集十卷	元・朱德潤	明刊本	1066a
D142	※至正集八十卷	元・許有壬	舊寫本張穆（月齋）手校	1067a/※492b
D143	吳禮部文集二十卷附錄一卷	元・吳師道	舊鈔本	1068a
D144	滋溪文稿三十卷	元・蘇天爵 繆荃孫（藝風堂）舊藏	盧抱經校鈔本	1069b
D145	※青陽文集六卷附錄二卷	元・余闕 季振宜（滄葦）舊藏	明正統刊本	1070b/※493b
D146	※潞國公張蛻庵詩集四卷	元・張翥	寫本	1071b/※494a
D147	※金臺集一卷	元・危素	汲古閣景元本	1073a/※495a
D148	貢泰甫玩齋集十二卷	元・貢師泰	寫本	1076a
D149	不繫舟漁集十五卷附錄一卷	元・陳高	舊鈔本	1078a
D150	※僑吳集十二卷	元・鄭元祐 秦更年識語	明宏治間張習（企翔）粵刊本	1079b/※497a
D151	※青村遺稿一卷	元・劉涓	叢書樓寫本	1081a/※498a
D152	※鶴年先生詩集四卷	元・丁鶴年	舊寫本	1082b/※499a
D153	華陽貞素文集七卷附錄一卷又北莊遺稿可庵搜枯集一卷	元・舒頔	誦芬堂精寫本	1083b
D154	友石山人遺稿一卷	元・王翰	明寫本	1084a
D155	※石初集十卷附錄一卷	元・周霆震 馬曰琯（叢書樓）、王士禎（文簡）、彭元瑞（文勤）校讀	舊寫本	1085a/※500b
D156	九靈山房集三十卷補編二卷	元・戴良	明初刊本	1086a
D157	※梧溪集　卷	元・王逢	寫本	1087b/※501b
D158	樵雲獨唱詩集八卷	元・葉顒	舊鈔本	1090b
D159	※竹素山房詩集三卷附錄一卷	元・吳衍 繆荃孫（小山）舊藏	寫本	1091a/※503b

D160	※東維子文集三十卷附錄一卷	元・楊維楨 巴陵方功惠、武進董康 舊藏（原出四庫震无咎 齋黑格鈔本）	寫本	1091b/ ※507a
D161	鐵崖文集五卷	元・楊維楨	明弘治間刊本	1093b
D162	夷白齋稿三十五卷	元・陳基 劉喜海（燕庭）舊藏	寫本	1094b

卷十九　集部五

D163	※高皇帝御製文集二十卷		明萬曆刊本	1096a/ ※504b
D164	※陶學士先生文集二十卷	明・陶安	明宏治刊本	1098a/ ※506b
D165	※王忠文公集二十四卷附繼志齋稿二卷瞶齋稿一卷齋山稿一卷	明・王禕、王稌、王紳、王汶	明刊清四庫底本	1098b/ ※509a
D166	潛溪先生集十八卷	明・宋濂 吳縣潘祖蔭（滂喜齋）舊藏	明天順蜀刻本	1100a
D167	宋學士全集六十四卷	明・宋濂	明正德刻本	1100b
D168	潛溪集十卷	明・宋濂	明刊八冊本	1101b
D169	※誠意伯文集二十卷	明・劉基	明林富編刊本	1102b/ ※510a
D170	誠意伯文集二十卷	明・劉基	明嘉靖刊本	1106a
D171	高太史大全集二十四卷	明・高啓	舊寫本	1107a
D172	大全集十八卷	明・高啓 張叔未（廷濟）朱墨二筆評註 葉德輝藏	康熙乙亥刻本	1107b
D173	缶鳴集十二卷	明・高啓	寫本	1109a
D174	劉翰林斐然稿不分卷	明・劉三吾	寫本	1111a
D175	※丹崖集八卷附錄一卷	明・唐肅 黃丕烈（蕘圃）朱筆校	舊寫本	1112b/ ※512b
D176	※王常宗集四卷補遺一卷	明・王彝	傳錄錢求赤寫本	1115a/ ※516b

D177	※臨安集十卷	元・錢宰 呂留良（講習堂）、韓泰華（玉雨堂）藏	明淡生堂祁承㸁寫本	1117a/ ※518b
D178	※陳聘君海桑先生集十卷	明・陳謨	舊寫本	1119a/ ※519b
D179	巽隱先生集四卷	明・程本立	汲古閣刻本	1119b
D180	遜志齋集二十四卷	明・方孝孺	明刊本	1120a
D181	※全室外集十卷	明・釋宗泐	明永樂刊本	1121a/ ※520a
D182	※逃虛子集十卷外集一卷	明・姚廣孝 朱彝尊（竹垞）、曾習經（剛父）舊藏	舊寫本	1124a/ ※522a
D183	少師東里楊公文集二十五卷	明・楊士奇	明正統刊本	1126a
D184	東里文集二｜五卷詩集三卷續集六十二卷別集四卷附錄四卷	明・楊士奇	明嘉靖刊本	1126b
D185	楊文敏公集二十五卷	明・楊榮	明刊本	1127b
D186	※夏忠靖公集六卷	明・夏原吉 金檀（星軺）舊藏	明宏治刊本	1128a/ ※524a
D187	金文靖公集十卷	明・金幼孜	明成化刊本	1130a
D188	※白沙先生全集九卷附錄一卷	明・陳獻章	明宏治刊本	1131a/ ※525b
D189	※白沙子八卷	明・陳獻章 禦兒呂留良舊藏	明嘉靖間揚州刊本	1133b/ ※527b
D190	※耕石齋石田詩鈔十卷	明・沈周	明錢牧齋編刊本	1136b/ ※529b
D191	※王舍人詩集　卷	明・王紱	吳城瓶花齋寫本	1138a/ ※531a
D192	羅一峰先生文集十四卷	明・羅倫	從明萬卷樓刊本傳錄	1139b
D193	莊定山集十卷	明・莊昶	明刻本	1140b
D194	※醫閭集九卷	明・賀欽 明陳仁錫（明卿）校讀	明刊本	1142b/ ※531b
D195	匏翁家藏集七十卷	明・吳寬	明正德刊本	1143a
D196	※震澤先生集三十六卷	明・王鏊	明刊本	1144a/ ※532b

D197	石淙詩稿十九卷	明·楊一清	明嘉靖刻本	1145b
D198	※式齋文集二十七卷	明·陸容 太倉季錫疇舊藏	精寫本	1146b/ ※533b
D199	※空同集六十三卷	明·李夢陽	明嘉靖刊本	1147b/ ※534a
D200	※李空同集六十八卷	明·李夢陽	明東莞鄧雲霄刊本	1150a/ ※536a
D201	※儲文懿集十六卷	明·儲巏	寫本	1151b/ ※537a
D202	東田漫稿六卷	明·馬中錫	明嘉靖刊本	1154a
D203	※渼陂集十六卷續集三卷	明·王九思	明嘉靖刊本	1154b/ ※538b
D204	陽明先生文錄十四卷	明·王守仁 葉樹藩、葉德輝藏	明嘉靖癸巳門人黃綰序刻	1156b
D205	王氏家藏集四十一卷內臺集七卷愼言集十三卷雜述二卷喪禮備纂二卷	明·王廷相	明嘉靖刊本	1158b
D206	※莊渠魏先生遺書十六卷	明·魏校	明刊本	1159b/ ※540a
D207	※念庵羅先生文集十三卷	明·羅洪先 倪模（江上雲林閣）舊藏	明嘉靖刊本	1160b/ ※543a
D208	※海忠介公全集十二卷	明·海瑞	明天啓刊本	1162a/ ※544a
D209	海忠介全集七卷	明·海瑞	明崇禎間刊本	1163a
D210	※鈐山堂集三十五卷	明·嚴嵩	明嘉靖刊本	1164a/ ※545a
D211	※大復集三十八卷	明·何景明	寫本	1165b/ ※546a
D212	何仲默集二十六卷	明·何景明	明野竹齋刊本	1167a

卷二十　集部六

D213	鄭詩十三卷附錄一卷	明·鄭善夫	明刊本	1168a
D214	陸文裕公集一百卷	明·陸深 陶澍（文毅）舊藏	明嘉靖刻本	1168b
D215	※董文僖公集四十二卷	明·董越	精寫本	1170a/ ※547a

D216	※黎陽王襄敏集四卷	明・王越	明刊本	1171a/ ※547b
D217	※涇野先生集三十六卷	明・呂柟	明刊本	1172a/ ※548a
D218	文翰林甫田集三十六卷	明・文徵明	從明刊本傳錄	1173a
D219	雅宜山人集十卷	明・王寵	明嘉靖刊本	1174a
D220	※舒梓溪先生集十卷	明・舒芬	明刊本	1174b/ ※549a
D221	※瑤石山人詩稿十六卷	明・黎民表	明刊本	1176b/ ※550b
D222	※弇州山人四部稿一百七十四卷續稿二百七卷	明・王世貞	明刊本	1178a/ ※552b
D223	※世經堂集二十六卷	明・徐階	明刊本	1180b/ ※555b
D224	※四溟山人全集二十四卷	明・謝榛	明趙府冰玉堂刊本	1185b/ ※558a
D225	太史楊升庵全集八十一卷	明・楊慎	明刊本	1186b
D226	升庵文集八十一卷	明・楊慎	明刻本	1187b
D227	※張愈光詩文選八卷	明・張含	明刊本	1188a/ ※559a
D228	※王奉常集六十九卷	明・王世懋	明萬曆刊本	1189a/ ※560a
D229	甔甀洞稿　卷	明・吳國倫	明刊本	1191a
D230	※金子有集二卷	明・金大車	舊寫本	1191b/ ※561b
D231	歷下集不分卷花縣集四卷	明・莫叔明	明刻本	1194a
D232	※田叔禾集十二卷	明・田汝成	明嘉靖刻本	1194b/ ※541a
D233	※李中麓閒居集二十卷	明・李開先	明嘉靖刊本	1195b/ ※563a
D234	※五嶽山人集三十八卷	明・黃省曾	明嘉靖刊本	1199b/ ※565b
D235	※貝葉齋稿四卷	明・李言恭	明寫刻本	1201a/ ※567a
D236	※袁文榮公文集八卷	明・袁煒	從明刊本傳錄	1203a/ ※568a
D237	王文肅公文草十四卷	明・王錫爵	明刊本	1205a

D238	※徐文長集三十卷	明・徐渭	明刊本	1206a/ ※570a
D239	李子田詩集六卷	明・李蓘	寫本	1208a
D240	茅鹿門先生文集三十六卷	明・茅坤	明刊本	1209a
D241	※北園蛙鳴集十二卷	明・鄭瓛	明刊本	1210a/ ※572a
D242	龍江先生文集十四卷	明・唐錦	明隆慶刊本	1212a
D243	※玩畫齋雜著編八卷	明・姚翼	明刊本	1213b/ ※574a
D244	※童子鳴集六卷	明・童珮	寫本	1215a/ ※575a
D245	※滄溟集三十卷附錄一卷	明・李攀龍 黃澄量（五桂樓）舊藏	明隆慶刊本	1217a/ ※578a
D246	※蟻蝝集五卷	明・盧柟 汪文柏（季青）舊藏	明刊本	1219a/ ※579b
D247	※謝耳伯先生詩集八卷	明・謝兆申 葉元堦（赤堇山人）舊藏	明刊本	1220a/ ※580a
D248	※陳白陽先生集不分卷	明・陳淳	明刊本	1221b/ ※581b
D249	※群玉樓集八十四卷	明・張燮	明崇禎刊本	1223a/ ※582a
D250	※寶庵集二十四卷	明・顧紹芳 顧淳德批校	明刊本	1226/※584a
D251	※珂雪齋前集八卷	明・袁中道 溫日鑑（鐵華）舊藏	明刊本	1227b/ ※586b
D252	※白蘇齋集二十二卷	明・袁宗道	明刊本	1228b/ ※587b
D253	鍾伯敬詩集十卷譚友夏詩集十一卷	明・鍾惺 譚元春	明刊本	1230a
D254	※嶽歸堂未刻稿不分卷	明・譚元春	明刊本	1231b/ ※588b
D255	※檀園集十二卷	明・李流芳 岳鍾琪（威信公）舊藏	明刊本	1232b/ ※589b

卷二十一 集部七

D256	※文選六臣注六十卷	梁・蕭統 葉德輝舊藏	元茶陵陳仁子古迂書院刊本	1234a/ ※591a
D257	文選李善注六十卷	梁・蕭統 葉德輝舊藏	明成化二十三年唐藩重刻元張伯顏池州路本	1235b
D258	文選六十卷	梁・蕭統 清怡府舊藏	明嘉靖己酉翻雕宋本	1236b
D259	※玉臺新詠十卷	陳・徐陵 季振宜（滄葦）舊藏	明崇禎癸酉趙宧光仿宋刊本	1239a/ ※592a
D260	玉臺新詠　卷	陳・徐陵	明吳興茅元禎重校本	1242a
D261	※文苑英華一千卷	宋・李昉等 有校筆	舊寫本	1242b/ ※595a
D262	文苑英華一千卷	宋・李昉等	依胡刻烏絲欄寫本	1244b
D263	※樂府詩集一百	劉宋・郭茂倩 蔣士銓（甘荼老人）舊藏	元刊本	1246a/ ※596a
D264	※樂府詩集一百卷	劉宋・郭茂倩 用公牘故紙印	明汲古閣刊本	1248a/ ※597b
D265	古樂府十卷	元・左克明	元至正刊本	1249b
D266	疊山先生批點文章軌範七卷	宋・謝枋得	元刊本	1250b
D267	※文翰類選大成百六十三卷	明・李伯璵 烏程沈垚（子敦）舊藏	明刊本	1251b/ ※613b
D268	文章辨體五十卷外集五卷	明・吳訥	明天順間刊本	1252b
D269	文編六十四卷	明・唐順之	明刊本	1253a
D270	※文粹一百卷	宋・姚鉉 吳士鑑識語	舊刊本	1253b/ ※598b
D271	唐文粹一百卷	宋・姚鉉	明嘉靖間徐氏刻本	1258a
D272	萬首唐人絕句一百一卷	宋・洪邁	寫本	1259a
D273	萬首唐人絕句四十卷	宋・洪邁	明刻本	1261a
D274	※唐分門別類歌詩殘本十一卷	宋・趙孟奎 丁健（誠叔）舊藏	傳錄宋本	1262b/ ※601b

D275	※箋注唐賢絕句三體詩法二十卷	宋・周弼 葉德輝舊藏	明繙元本（過錄何小山袁漱六校筆）	1264a/ ※602b
D276	增注唐賢三體詩法三卷	宋・周弼	高麗舊刊本	1266b
D277	箋注唐賢三體詩法二十卷	宋・周弼	明刊本	1267a
D278	※唐詩鼓吹十卷	金・元好問 元・郝天挺注 明徐光啓（後樂堂）舊藏	元至正大戊申浙江儒司刊本	1267b/ ※604a
D279	唐詩鼓吹十卷	金・元好問	元刊小字本	1270b
D280	瀛奎律髓四十九卷	元・方回 戴廷栻（楓仲）舊藏	明刊本	1271a
D281	唐詩品彙　卷	明・高棅 汪士鐸（梅村）舊藏	明初刊本	1272b
D282	唐詩紀一百七十卷	明・吳琯	明刊本	1274b
D283	※唐僧宏秀集十卷	宋・李龏 虞山錢謙益、北平謝寶樹、劉喜海（燕庭）、楊承訓、馬竹銘（尚杰）舊藏	明刊本	1275b/ ※606b
D284	※唐宋元名表四卷	明・胡松	寫本	1276b/ ※607b
D285	新雕宋刻文鑑一百五十卷	宋・呂祖謙	明天順間嚴州翻宋本	1278b
D286	※聖宋文選三十二卷		南海孔氏從文瀾閣傳鈔本	1279a/ ※608b
D287	聖宋名賢五百家播芳大全文粹一百二十六卷	宋・魏齊賢、葉棻	寫本	1280b
D288	宋名家小集六十四種		寫本	1282a
D289	※中州集十卷中州樂府一卷	金・元好問	日本五山校本	1284a/ ※609b
D290	天下同文集五十卷	元・周南瑞 汪西亭舊藏	寫本	1286a
D291	※大雅集八卷	賴良善 黃丕烈（蕘圃）手校 袁廷檮（五硯樓）、張紹仁（執經堂）舊藏	舊寫本	1287b/ ※611a
D292	※元人十種詩集五十卷	顧錫麟（詠閒齋）、葉德輝舊藏	毛刻本	1289a/ ※612a

D293	皇朝文衡九十八卷	明・程敏政 德濟（雪山）藏本	明刊本	1291b
D294	※皇朝詩選十三卷		明崇禎刊本	1292a/ ※614b
D295	皇朝風雅四十卷	徐泰 明鄭曉（淡泉）、繆荃 孫舊藏	明刊本	1294a
D296	※列朝詩集乾集二卷甲集前編 十一卷甲集三十二卷乙集八卷 丙集十六卷丁十六卷閏集六卷	清・錢謙益	明崇禎癸未汲 古閣刊本	1294b/ ※616a

卷二十二　集部八

D297	※金華文統十三卷	明・趙鶴	明正德刊本	1298a/ ※618a
D298	金華文徵二十卷	明・阮元聲	明刊本	1300a
D299	唐四傑集　卷		明嘉靖間刻本	1300b
D300	唐四傑詩集		明活字本	1301b
D301	※重刊二程全書六十五卷	宋・程頤、程顥 明行人司舊藏	明宏治間刊本	1302a/ ※619b
D302	※三蘇文粹七十卷	宋・蘇洵、蘇軾、蘇 轍 葉樹蓮（林宗）、趙次 侯（舊山樓）舊藏	宋刊小字本	1302b/ ※620a
D303	※二妙集八卷	金・段克己　段誠己	舊刊本	1305b/ ※622b
D304	※湖湘校士錄八卷		明刊本	1307a/ ※624a
D305	※西崑酬唱集上下卷	宋・楊億 阮元（文選樓）、繆荃 孫、黃海長舊藏	傳錄明嘉靖丁 酉高郵張綖序 刊本	1310b/ ※628a
D306	路公軒詩上中下卷	明・王泰	明刊本	1312b
D307	※雲巖詩集六卷	范欽（天一閣）舊藏	明刊本	1313a/ ※629b
D308	重脩會景編十二卷	明・趙廷瑞	明刊本	1313b
D309	月泉吟社詩二卷	宋・吳渭	清林吉人精寫 本	1314b

D310	※叢書堂投贈集二冊	吳寬（文定公）手題 潘叔潤（介祉）藏	明寫本	1316a/ ※630a
D311	詩女史十四卷拾遺	明‧田藝蘅	明刊本	1317b
D312	皇華集五卷	明‧李爾瞻	明高麗官刊本	1318b
D313	※朝鮮詩選七卷	吳明濟 盛昱（伯兮）舊藏	寫本	1320a/ ※631a
D314	文心雕龍十卷	梁‧劉勰	明歙汪一元校刻本	1323a
D315	文斷不分卷	不著撰人	明刊本	1324a
D316	唐詩紀事八十一卷	宋‧計敏夫	汲古閣刊本	1325a
D317	新刻全唐詩話　卷	宋‧尤袤	明正德刊本	1325b
D318	※詩人玉屑二十卷	宋‧魏慶之 蔣春農（冬友）舊藏	元刊本	1326b/ ※635b
D319	增修詩話總龜前集四十八卷後集五十卷	阮閱	明刊本	1328a
D320	※苕溪漁隱詩評叢話前集六十卷後集四十卷	宋‧胡仔	呂旡咎寫本	1329b/ ※633a
D321	菊坡叢話殘本十卷	明‧單宇 繆荃孫（藝風堂）舊藏	明刊本	1332b
D322	千里面譚上下卷	明‧楊慎	明刊本	1333a
D323	蒼崖先生金石例十卷	元‧潘昂霄 沈欽韓（小宛）舊藏	元至正刊本	1334a
D324	燕喜詞一卷	宋‧曹冠	楊紹和海源閣藏寫本	1337a
D325	※辛稼軒詞十二卷	宋‧辛棄疾 葉德輝舊藏	清厲鶚（樊榭）手寫本	1338b/ ※637a
D326	※批點稼軒長短句十二卷	宋‧辛棄疾 何紹基（子貞）、葉德輝舊藏	明嘉靖刊本	1345b/ ※636a
D327	※元遺山新樂府五卷	金‧元好問	南昌彭氏知聖道齋寫本	1346b/ ※645b
D328	※蟻術詞選四卷	元‧邵亨貞 鮑廷博（知不足齋）、方功惠舊藏	精寫本	1347b/ ※646a
D329	※桂洲詞六卷	明‧夏言	明刊本	1349a/ ※647a

D330	花間集十卷	五代・趙崇祚	汲古閣刊本	1350a
D331	花間集不分卷	五代・趙崇祚 有校筆	寫本	1350a
D332	※玉茗新詞四種	明・湯顯祖	明（雕蟲館校定）刊本	1350b/ ※653a
D333	※雍熙樂府二十卷	明・郭勛	明刊本	1351b/ ※648b
D334	※琵琶記　卷	明・高明	明朱墨（印）本	1354a/ ※650b
D335	※新編目蓮救母勸善戲文不分卷	明・鄭之珍 張金吾（月霄）妻季景和（靜芬）舊藏	明刊本	1358b/ ※656a
D336	※虛齋樂府上下卷	宋・趙以夫 毛晉、朱彝尊（竹垞）、袁廷檮、黃丕烈（蕘圃）舊藏	明汲古閣毛鈔景宋本	無／※ 642a

附錄二 《五十萬卷樓藏書目錄》書名筆劃索引

凡 例

一、本索引依書名筆劃多寡爲序。

二、各筆劃再依「點、橫、直、撇、捺」之順序排列。

三、書名之前有「#」符號者，表示重複著錄於索引中。

一　畫：一

二　畫：二、十、七、九、人

三　畫：三、大、子、于、小、上、山、千

四　畫：文、方、六、不、五、元、友、天、太、孔、王、中、少、日、月、止、水、丹、化、仁、公、升、毛

五　畫：玄、世、古、可、右、司、左、弘、玉、石、北、史、四、田、申、目、外、白

六　畫：沖、列、夷、存、式、百、至、西、伊、全、印、名、缶、朱、竹、老、考、自

七　畫：冷、汲、汗、宋、宏、辛、祁、孝、李、酉、成、吳、吹、呂、困、貝、何、佛、妙

八　畫：河、法、空、事、兩、孟、居、抱、松、林、東、武、玩、邵、長、青、政、味、尙、性、昌、明、易、花、佩、周、和、姑、姓、岳、念、欣、金、知

九　畫：冠、宣、客、洞、洪、活、洺、爲、神、祕、南、咸、建、春、

柳、珂、韋、昭、茗、茅、范、貞、勉、後、弇、皇、秋、紀、
風、香、癸

十　畫：剡、唐、家、容、浙、浮、海、涇、記、高、夏、孫、書、格、
桂、桃、栟、泰、眞、秦、素、耕、袁、貢、悟、晁、晏、荆、
荀、草、倚、徐、留、脈、芻、逃

十一畫：商、庶、康、梁、淳、淮、清、乾、匏、埒、張、教、曹、桯、
梧、梅、琅、通、陳、陶、陸、國、晞、晦、莊、莆、盧、紹

十二畫：棠、渭、渼、湖、湘、滋、湛、淵、童、詞、博、巽、琵、朝、
畫、越、都、陽、雲、景、黃、雅、菊、華、鄂、開、斐、焦、
嵇、程、絳、舒、象、鈐

十三畫：意、新、準、滄、溫、慈、詩、資、遂、道、雍、靖、楊、楞、
楚、殿、群、聖、嵩、敬、萬、蜀、路、農、傷、會、禽、稗、
筠、經、遁

十四畫：寧、漢、漫、誠、說、賓、齊、嘉、墉、壽、爾、瑤、疑、盡、
趙、遜、圖、夢、蒼、鳴、僑、管、維、網

十五畫：廣、慶、潘、潤、潛、論、鄭、諸、歐、穀、輟、震、墨、蔡、
儀、劉、樂、盤、稼、稽、節、黎、緯

十六畫：憲、潞、諡、辨、駱、龍、塵、禪、樵、歷、燕、翰、遼、戰、
默、儒、學、錦、鮑

十七畫：濟、濯、禮、謝、擊、檀、臨、隸、韓、嶽、儲、徽、舉、輿、
鍾、鍼

十八畫：顏、職、醫、轉、叢、舊、甂、雙、龜

十九畫：廬、瀛、譚、韻、類、麗、羅、蟻、關、藏、藝、藩

廿　畫：寶、蘇、釋、鐔

廿一畫：蠔、鶴、續、鐵

廿二畫：讀、權、疊

廿三畫：欒

廿四畫：蠹、靈、鹽

一畫：一

C228	一切經音義一百卷　附續音義十卷	唐・慧琳	日本刊本	804a

二畫：二、十、七、九、人

B1	〔明南監〕二十一史		明嘉靖萬曆先後刊本	211a
B2	二十一史		明萬歷間奉敕刊本	212b
C144	二十子全書	明・吳勉學輯	明寫本	685a
D303	※二妙集八卷	金・段克己、段誠己	舊刊本	1305b/※622b
D301	※〔重刊〕二程全書六十五卷	宋・程頤、程顥 明行人司舊藏	明宏治間刊本	1302a/※619b
C209	十一面神呪心經	唐・玄奘譯	宋刊本	770b
A1	十三經注疏四百一十六卷	毛扆（斧季）藏	明嘉靖中福建巡按御史李元陽校刻本	1a
A2	十三經注疏三百三十五卷		明北監本	2a
A3	十三經注疏二百九十一卷	曹應鐘（喀敢覽館）舊藏	明金蟠、葛麗、葛鼐校刊本	3a
B60	※十八史略二卷	元・曾先之	元刊本（舊刊本）	300a/※142a
B115	十七史詳節二百七十三卷	宋・呂祖謙	元刊本	368b
C102	※十駕齋養新錄二十卷餘錄三卷	清・錢大昕 毛嶽生（生甫）校讀	原刊本	628b/※284b
C116	※七脩類（彙）稿五十一卷	明・郎瑛 前清天祿琳琅舊藏	明刊本	648b/※284b
A112	※七經孟子考文補遺：周易十卷尚書二十卷毛詩二十卷左傳六十卷禮記六十三卷論語十卷古文孝經一卷孟子十四卷	日・山井鼎	高郵王念孫舊藏寫本	188a/※94a
B181	※七錄（輯本）上下卷	梁・阮孝緒	前清臧鏞堂輯寫本	463b/※205a
B120	九國志十二卷	宋・路振 大興翁方綱（覃溪）手校	精抄本	374a

A111	九經三傳沿革例一卷	宋・岳珂	曲阜孔氏寫本	187a
A118	九經補韻一卷	宋・楊伯嵒（彥瞻） 朱駿聲（豐芑）舊藏	宋刊本	200b
D156	九靈山房集三十卷補編二卷	元・戴良	明初刊本	1086a
C77	※人象大成一冊	明・袁忠徹	寫本	587a/※ 261a

三畫：三、大、子、于、小、上、山、千

A69	#三山陳先生樂書二百卷目錄 二十卷正誤一卷	宋・陳暘	元刊本	120a
C181	#※〔類書〕三才圖會一百六卷	明・王圻	明刊本	732a/※ 314b
C252	三元延壽參贊書五卷	元・李鵬飛 前清怡府舊藏	精寫本	831b
C54	※三因極一病證方論十八卷	宋・陳言 日人森立之、羅振玉 舊藏	仿宋寫錄	227b/ ※255a
C76	三命通會十二卷	明・萬民英	明刊本	586a
C248	※三洞群仙錄十卷	宋・陳葆光	天一閣舊寫本	827a/※ 359b
A32	三家詩拾遺十卷	清・范家相 王筠（篆友）校	守山閣刊本	49a
B14	三國志六十五卷	晉・陳壽	元大德丙午池 州路刊本	234b
C205	※三國志通俗演義二十四卷	晉・陳壽 潘奕雋（榕皋）舊藏	明嘉靖壬午刊 本	763a/※ 325b
B64	三朝北盟會編二百五十卷	宋・徐夢梓 吳縣潘祖蔭（滂喜齋） 藏	寫本	309a
A61	三禮考註六十四卷	元・吳澄	明刊本	102a
D302	※三蘇文粹七十卷	宋・蘇洵、蘇軾、蘇 轍 葉樹蓮（林宗）、趙次 侯（舊山樓）舊藏	宋刊小字本	1302b/ ※620a
C211	大方廣華嚴經八十卷	唐・釋實義難陀譯	明萬曆辛丑徑 山寂然庵刻本	771a

B175	#※大元聖政國朝典章六十卷附新集	吳成德、錢竹汀、莫棠（楚生）舊藏	景寫元刊本	456a/※201a
D172	大全集十八卷	明·高啓 張叔未（廷濟）朱墨二筆評註 葉德輝藏	康熙乙亥刻本	1107b
D171	#〔高太史〕大全集二十四卷	明·高啓	舊寫本	1107a
C213	※大佛頂首楞嚴經會解十卷		明洪武間寫刊本	776b/※332b
B126	#※大明一統志九十卷	明·李賢 朱稻孫（朱漁村）舊藏	明官刊本	384b/※171b
B127	#大明一統志九十卷	明·李賢	明歸仁齋刻本	388a
B177	#大明律三十卷	明·劉德謙等 陳姚衡（雪逸）舊藏	明抄本	460a
B176	#大明會典一百八十卷	明弘治十五年撰	明官刊本	459b
B45	#※大明實錄殘本三十卷	不著撰人 明晁瑮（寶文堂）舊藏	明寫本	276a/※130a
B65	#※大金國志四十卷	宋·宇文懋昭 翁澍（季霖）舊藏	寫本（有小字標目）	310a/※147a
B164	#大唐六典三十卷	唐元宗	明嘉靖刊本	440a
D211	※大復集三十八卷	明·何景明	寫本	1165b/※546a
D291	※大雅集八卷	賴良善 黃丕烈（蕘圃）手校 袁廷檮（五硯樓）、張紹仁（執經堂）舊藏	舊寫本	1287b/※611a
C103	#大德新刊校正風俗通義十卷	漢·應劭	元刊本	632a
A94	大學章句重訂輯釋章圖通義大成一卷朱子大學或問重訂輯釋通義大成一卷中庸朱子章句重訂輯釋通義大成一卷中庸或問重訂輯釋通義大成一卷論語集註重訂輯釋章圖通義大成二十卷孟子集註重訂輯釋章圖通義大成十四卷書章圖隱括總要發義二卷新刊重訂輯釋通義源流本末一卷		元刊本	156a

A97	#大學章句一卷中庸章句一卷論語集註　卷孟子集註十四卷	宋・朱熹	元刊宋本	159a
A65	大戴禮記十三卷	陳上舍舊藏	元至正刊本	114a
A66	※大戴禮記十三卷	繆荃孫（藝風堂）舊藏	明嘉趣堂繙宋本	115a/※64a
A67	※大戴禮記十三卷	日照許氏、江都汪喜孫校本徐坊藏	明刊本	116b/※65b
A68	※大戴禮補注十三卷	清・孔廣森龔橙（孝拱）手校	孔廣森家刻本	118b/※67a
C146	子彙十二冊	明・周子義等輯	明萬曆刊本	686b
B90	#〔少保〕于公奏議十卷	明・于謙	寫本	341b
A60	小戴記纂言三十六卷	元・吳澄	元刊本	100b
B139	※上虞縣志二十卷	不知撰人	明萬曆刊本	403b/※181b
D67	山谷刀筆二十卷	宋・黃庭堅	明弘治刊本	945b
B180	山東鹽法志四卷	明・查志隆	寫本	463b
C193	#※山居新話、東園友聞不分卷	宋・楊瑀（山）、夏頤（東）吳漫士、黃丕烈（蕘圃）手校	舊鈔本	748b/※321a
C149	山居雜志二十種		明刊本	690b
C188	※山海經十八卷	清・畢沅注楊希閔手校	畢沅刻本	740b/※316a
B186	#※山陰祁氏藏書目不分卷	明・祁承爍楊浚（雪滄）藏藏	精寫本二厚冊	470b/※209a
C165	#山堂先生群書考索前集六十六卷後集六十五卷續集五十六卷別集二十五卷	宋・章如愚	元刊本	710a
C166	#山堂先生群書考索前集六十六卷後集六十五卷續集五十六卷別集二十五卷	宋・章如愚	明慎獨齋本	710a
D322	千里面譚上下卷	明・楊慎	明刊本	1333a
B184	※千頃堂書目三十二卷	明・黃虞稷有校筆	舊寫本	467b/※207a

四畫：文、方、六、不、五、元、友、天、太、孔、王、中、少、日、月、止、水、丹、化、仁、公、升、毛

D119	文文山先生大全集二十八卷	宋·文天祥	明刊本	1025b
D314	文心雕龍十卷	梁·劉勰	明歙汪一元校刻本	1323a
D261	※文苑英華一千卷	宋·李昉等 有校筆	舊寫本	1242b/※595a
D262	文苑英華一千卷	宋·李昉等	依胡刻烏絲欄寫本	1244b
C199	※文海披沙八卷	明·謝肇淛	日本舊刊本	756b/※324a
D268	文章辨體五十卷外集五卷	明·吳訥	明天順間刊本	1252b
D266	#〔疊山先生批點〕文章軌範七卷	宋·謝枋得	元刊本	1250b
D270	※文粹一百卷	宋·姚鉉 吳士鑑識語	舊刊本	1253b/※598b
D269	文編六十四卷	明·唐順之	明刊本	1253a
D59	文潞公文集四十卷	宋·文彥博	明嘉靖間刊本	926a
D256	※文選六臣注六十卷	梁·蕭統 葉德輝舊藏	元茶陵陳仁子古迂書院刊本	1234a/※591a
D257	文選李善注六十卷	梁·蕭統 葉德輝舊藏	明成化二十三年唐藩重刻元張伯顏池州路本	1235b
D258	文選六十卷	梁·蕭統 清怡府舊藏	明嘉靖己酉翻雕宋本	1236b
D218	文翰林甫田集三十六卷	明·文徵明	從明刊本傳錄	1173a
D267	※文翰類選大成百六十三卷	明·李伯璵 烏程沈垚（子敦）舊藏	明刊本	1251b/※613b
D315	文斷不分卷	不著撰人	明刊本	1324a
B168	※文獻通考三百四十八卷	宋·馬端臨 岳端（紅蘭主人）舊藏	元刊本	447a/※198b
B169	※文獻通考三百四十八卷	宋·馬端臨	明嘉靖三年司禮監刊本	448a/※199b
B170	文獻通考三百四十八卷	宋·馬端臨	明馮氏校刊本	449b

D285	〔新雕宋刻〕文鑑一百五十卷	宋・呂祖謙	明天順間嚴州翻宋本	1278b
C137	#※方氏墨譜六卷	明・方于魯	明刊本	673a/※292b
B128	※方輿勝覽七十卷	宋・祝穆 吳若準（耘石）舊藏	宋刊本	388b/※174a
A45	六家詩名物疏五十五卷提要三卷	明・馮復京	明萬曆刊本	75a
A114	※六書故三十三卷	元・戴侗	明刊本	192a/※89b
A115	六書正譌五卷	元・周伯琦	元刊本	195b
A5	六經圖不分卷	宋・楊甲	明重刻宋本	11b
D149	不繫舟漁集十五卷附錄一卷	元・陳高	舊鈔本	1078a
C147	五子七卷	不著編者	明歐陽清刊本	687b
B17	※五代史記七十五卷	宋・歐陽修 程晉芳（魚門）舊藏	元刊本	237b/※115a
B18	※五代史記七十五卷	宋・歐陽修 馬釗（遠林）舊藏	從元宗文書院本傳錄	238b/※115b
B19	五代史記七十五卷	宋・歐陽修	明汪文盛刊本	241b
A63	※五服圖解一卷	元・龔端禮 述古堂錢曾、士禮居黃丕烈、汪士鐘、陶湘舊藏	元刊本	106b/※60a
A117	※五侯鯖字海附五經難字二十一卷	不著撰人 前清天祿琳琅舊藏	明刊本	197b/※92a
C26	五倫書六十二卷	明宣宗	明正統刻本	519b
C210	五經同卷		宋刊本	770b
A6	五經四書白文	明正統間奉敕刊	河間紀昀藏本	12a
A7	五經白文		明弘治間刻本	12b
A103	#五雅：小爾雅一卷爾雅二卷逸雅八卷廣雅十卷埤雅二十卷	單鈺舊藏	明寫本（自郎氏校刊本傳錄）	168a
C220	※五燈會元二十卷	宋・釋普濟 范欽（天一閣）舊藏	明嘉靖刊本	793a/※342b
D234	※五嶽山人集三十八卷	明・黃省曾	明嘉靖刊本	1199b/※565b
D292	#※元人十種詩集五十卷	顧錫麟（詿聞齋）、葉德輝舊藏	毛刻本	1289a/※612a
B21	元史二百十卷	明・宋濂、王禕	明洪武間刊本	242b

C70	元包經傳 卷	後周・衛元嵩	明刊本	576b
D17	※元次山集十二卷	唐・元結	明武定侯郭勛刊本	857b/※381b
B124	※元和郡縣圖志四十卷	唐・李吉甫 陳鱣（仲魚）手校 黃丕烈（蕘圃）題記	精寫本	382a/※169b
C20	元城先生語錄上下卷	宋・劉安世撰 馬永卿編	明刊本（清四庫底本）	514a
B72	元祕史十卷續二卷	不著撰人	鈔本	320b
B175	＃※〔大〕元聖政國朝典章六十卷附新集	不著撰人 吳成德、錢竹汀、莫棠（楚生）舊藏	景寫元刊本	456a/※201a
D327	※元遺山新樂府五卷	金・元好問	南昌彭氏知聖道齋寫本	1346b/※645b
D56	※元豐類稿五十卷續附一卷	宋・曾鞏 佐名文庫方瀋師退一步齋舊藏	明正統間刊本	920b/※429a
D58	元豐類稿五十卷	宋・曾鞏 黃叔琳（崑圃）（萬卷樓）舊藏	明刊本	925a
D57	＃〔南豐先生〕元豐類稿五十一卷	宋・曾鞏 李春芳、葉德輝藏	明嘉靖戊申王忬刻本	922b
D154	友石山人遺稿一卷	元・王翰	明寫本	1084a
D290	天下同文集五十卷	元・周南瑞 汪西亭舊藏	寫本	1286a
B150	天台山方外志三十卷	明・釋無盡（傳燈）	明刊本	417b
C74	天原發微五卷	元・鮑雲龍	明刊本	583a
C154	天學初函五十二卷	明・李之藻	寫本	697a
D225	＃太史楊升庵全集八十一卷	明・楊慎	明刊本	1186b
C52	※太平惠民和劑局方十卷用藥總論上中下卷藥性總論一卷	宋・陳師文等編	元高氏日新堂刊本	553a/※252a
B125	※太平寰宇記一百九十三卷	宋・樂史 錢大昕（竹汀）手校	寫本	383b/※170b
C204	※太平廣記五百卷目錄十卷	明・李昉	明寫本	762a/※325a
D89	※太倉稊米集七十卷	宋・周紫芝	寫本	975a/※445a

B173	太常因革禮一百卷	宋・歐陽修等	抄本	452a
C1	孔子家語八卷	明・何孟春 額勒布（藤花榭）舊藏	明嘉靖刊本	487a
D237	王文肅公文草十四卷	明・王錫爵	明刊本	1205a
D205	王氏家藏集四十一卷內臺集七卷慎言集十三卷雜述二卷喪禮備纂二卷	明・王廷相	明嘉靖刊本	1158b
C49	#王氏脈經	晉・王叔和 葉德輝舊藏	明成化十年仿元泰定四年刊本	547b
D16	〔類箋唐〕王右丞集十四卷	唐・王維	明奇字齋刊本	857a
D165	#※王忠文公集二十四卷附繼志齋稿二卷矉齋稿一卷齋山稿一卷	明・王褘、王紳、王稌、王汶	明刊清四庫底本	1098b/※509a
D191	※王舍人詩集　卷	明・王紱	吳城瓶花齋寫本	1138a/※531a
D228	※王奉常集六十九卷	明・王世懋	明萬曆刊本	1189a/※560a
D176	※王常宗集四卷補遺一卷	明・王彝	傳錄錢求赤寫本	1115a/※516b
D216	#※〔黎陽〕王襄敏集四卷	明・王越	明刊本	1171a/※547b
D289	※中州集十卷中州樂府一卷	金・元好問	日本五山校本	1284a/※609b
B155	※中吳紀聞六卷	宋・龔明之	何焯（義門）、馮登府（雲伯）校毛刊本	425a/※187b
C145	中都四子集六十四卷	明・朱光東	明刊本	685b
C11	※中說十卷	隋・王通 明紐石溪（世學樓）舊藏	明刊本	501b/※229b
B167	中興館閣錄十卷續錄十卷	宋・陳騤 韓菼亭、王懿榮（文敏）舊藏	舊鈔本	445a
C40	#※少林棍法闡宗三卷蹶張心法一卷長鎗法選一卷單刀法選一卷	明・程宗猷	明刊本大冊子	536a/※241b
B90	#少保于公奏議十卷	明・于謙	寫本	341b

D183	#少師東里楊公文集二十五卷	明‧楊士奇	明正統刊本	1126a
C101	※日知錄三十二卷	清‧顧炎武	過錄李敬堂批校本	624a/※277b
D309	月泉吟社詩二卷	宋‧吳渭	清林吉人精寫本	1314b
D97	止齋先生文集五十二卷 葉德輝藏	宋‧陳傅良	明弘治十八年王瓚序刻本	990b
C196	水東日記三十七卷	明‧葉盛 陳在謙（六吉）舊藏	明寫本	753a
D175	※丹崖集八卷附錄一卷	明‧唐肅 黃丕烈（蕘圃）朱筆校	舊寫本	112b/※512b
D55	#※〔石室先生〕丹淵集四十卷拾遺上下卷續編諸公詩文一卷	宋‧文同	明萬曆刊本	919a/※430b
C84	化書六卷	南唐‧譚峭	弘治甲子刊本	595a
C55	〔新刊〕仁齋直指方論二十六卷	宋‧楊士瀛	明刊本	559a
D53	※公是集五十四卷	宋‧劉敞 王芑孫（惕甫）批校	寫本過錄	915b/※415b
D226	升庵文集八十一卷	明‧楊慎	明刻本	1187b
A40	※毛詩要義二十卷	宋‧魏了翁 沈炳垣（曉滄）手校	鈔宋本	68b/※47b
A46	毛詩原解三十六卷	明‧郝敬	寫本（翰林院官書）	76a
A42	毛詩集解二十五卷	宋‧段昌武（子武）集 伊秉綬（墨卿）舊藏	舊鈔本	72b

五畫：玄、世、古、可、右、司、左、弘、玉、石、北、史、四、田、申、目、外、白

C127	玄玄碁經一卷	宋‧晏天章、嚴德上	未著版本	660a
D223	※世經堂集二十六卷	明‧徐階	明刊本	1180b/※555b
C189	世說新語三卷 有校筆	劉宋‧劉義慶	從明袁氏刊本傳錄	742a
C143	世德堂六子	明‧顧春輯	明刻本	684b
A78	※古文春秋左氏傳賈服注十二卷	宋‧王應麟集	曲阜孔繼涵寫本	135a/※72a

C97	古今考三十八卷	宋・魏了翁	明刊本	615b
C164	〔新編〕古今事文類聚前集六十卷後集五十卷續集二十八卷別集二十二卷新集三十六卷外集十五卷	宋・祝穆 富大用編	明刊本	709b
C176	※〔新編〕古今姓氏瑤華韻九十九卷	元・洪景修 陳僅（漁珊）舊藏	寫本	725a/※ 311b
C67	古今律曆考七十貳卷	明・邢雲路 于邕（香草）舊藏	明刊本	571b
C152	古今逸史四十二種	明・吳琯輯	明吳琯刊本	693a
B162	古今游名山記十七卷	明・何鏜	明刊本	437a
C169	※〔新箋決科〕古今源流至論前十卷後集十卷續集十卷別集十卷	宋・林駉	元刊本	714b/ ※306a
A121	古今韻會舉要三十卷	元・熊忠	元刊本	204a
A122	古今韻會舉要三十卷附禮部韻略七音三十六母通攷	元・熊忠 俞正燮（理初）舊藏	明嘉靖刊本	205a
C63	古今醫統大全一百卷	明・徐春甫	明刊本	566b
C64	古今醫統正脈全書四十四種	明・吳勉學編	明刊本	567a
B57	※古史六十卷	宋・蘇轍	宋刊本	393a/※ 138a
D265	古樂府十卷	元・左克明	元至正刊本	1249b
A72	古樂經傳全書上下卷	明・湛若水	明嘉靖本	123a
D114	※可齋雜稿三十四卷續稿八卷續稿後十二卷	宋・李曾伯 吳焯（繡谷亭）、張金吾（愛日精廬）舊藏	寫本	1012a/ ※462a
B81	右編四十卷	明・唐順之	明刊本	334a
B82	右編補十卷	明・姚文蔚	明寫本	334b
D51	司馬太師溫國公傳家集八十卷	宋・司馬光	明初刊本	913b
A90	左氏始末九卷	明・唐順之	明刊本	152a
A83	#〔新刊詳增補注東萊先生〕左氏博議二十五卷	宋・呂祖謙 葉德輝舊藏	明正德六年郭氏安正堂本	145b
A89	左傳註評測義六十卷	明・凌稚隆	明刊本	151b
B74	左編一百四十二卷	明・唐順之	明刊本	323b
C225	弘（宏）明集十四卷	梁・釋僧佑	明汪氏校刊本	802a
D332	※玉茗新詞四種	明・湯顯祖	明（雕蟲館校定）刊本	1350b/ ※653a
C172	#玉海二百卷附詞學指南四卷	宋・王應麟	元刊元印本	720b

D117	※玉楮詩稿八卷	宋・岳珂	明刊本	1020b/※467b
D259	※玉臺新詠十卷	陳・徐陵 季振宜（滄葦）舊藏	明崇禎癸酉趙宦光仿宋刊本	1236b
D260	玉臺新詠卷	陳・徐陵	明吳興茅元禎重校本	1242a
C190	※玉壺清話十卷	宋・釋文瑩	明范氏天一閣寫本	742a/※317a
C78	※玉髓眞經二十一卷	宋・張洞玄	明刊本	588a/※262a
D137	※石田集十五卷	元・馬祖常	景寫元刊本	1063a/※491b
D155	※石初集十卷附錄一卷	元・周霆震 王士禛（文簡）、彭元瑞（文勤）校讀	舊寫本	1085a/※500b
D72	※石門文字禪三十卷	宋・釋德洪 厲鶚（樊榭）點讀	明萬曆丁酉徑山興聖萬壽寺刊本	953b/※436b
D83	＃石林居士建康集八卷	宋・葉夢得	陸香圃三間草堂寫本	967b
C112	石林燕語十卷	宋・葉夢得	明正德刊本	644a
D55	＃※石室先生丹淵集四十卷拾遺上下卷續編諸公詩文一卷	宋・文同	明萬曆刊本	919a/※430b
D197	石淙詩稿十九卷	明・楊一清	明嘉靖刻本	1145b
C129	＃石雲先生印譜釋文考上中下卷	明・孫楨	明刊本	661b
D76	※北湖集五卷	宋・吳則禮	傳鈔清四庫底本	959a/※440a
D241	※北園蛙鳴集十二卷	明・鄭瓛	明刊本	1210a/※572a
D105	北溪陳先生大全文集五十卷	宋・陳淳	明刻本	1001b
D102	北磵文集十卷	宋・釋居簡	舊寫本	998b
B3	※史記一百三十卷	漢・司馬遷	明震澤王延喆據宋本重刊	213b/※100a
B4	※史記一百三十卷	漢・司馬遷	明柯維熊（奇微）校刊本	215b/※101a
B5	史記一百三十卷	漢・司馬遷	明秦藩刊本（定王朱維焯刻本）	217a
B6	史記集解附索隱殘本六十五卷	宋・裴駰 唐・司馬貞	覆刻元中統本	217b

B7	※史記題評一百三十卷	明・李元陽輯	明李元陽刊本	219a/※102a
B192	史通二十卷	唐・劉子玄（元）清汪文端手校	明萬曆張之象刊本	479b
B193	史通二十卷	唐・劉子玄（元）	明萬曆間張之象校刻本	480b
A95	四書纂疏二十六卷	宋・趙順孫 安岐（麓村）舊藏	元刊本	157b
D224	※四溟山人全集二十四卷	明・謝榛	明趙府冰玉堂刊本	1185b/※558a
D232	※田叔禾集十二卷	明・田汝成	明嘉靖刻本	1194b/※541a
C7	※申鑒五卷	漢・荀悅 明・黃省曾注 有墨筆校	明刊本	496b/※228a
D335	※〔新編〕目蓮救母勸善戲文不分卷	明・鄭之珍 張金吾（月霄）妻季景和（靜芬）舊藏	明刊本	1358b/※656a
C51	※〔重刊〕外臺祕要方四十卷	唐・王燾	明刊本	550a/※250a
C157	※白孔六帖一百六卷	唐・白居易 宋・孔傳 巴陵方功惠舊藏	明刊本	699a/※299a
D93	※白玉蟾文集六卷續集二卷	宋・葛長庚	明正統間臞仙（寧藩）編刊本	981b/※449a
D188	※白沙先生全集九卷附錄一卷	明・陳獻章	明宏治刊本	1131a/※525b
D189	※白沙子八卷	明・陳獻章 禦兒呂留良舊藏	明嘉靖間揚州刊本	1133b/※527b
C89	白虎通德論十卷	漢・班固	元大德刊本	601a
C90	白虎通德論十卷	漢・班固 有校筆	元刊本	603b
C91	白虎通德論十卷	漢・班固 有校筆 陳鱣舊藏	明汪士漢刻本	604a
D252	※白蘇齋集二十二卷	明・袁宗道	明刊本	1228b/※587b

六畫：沖、列、夷、存、式、百、至、西、伊、全、印、名、缶、朱、竹、老、考、自

C243	※沖虛至德眞經解八卷	宋・江遹	明刊本	820a/※355a
C242	※列子八卷	周・列禦寇 晉・張湛注 黃丕烈（蕘圃）據宋本校 楊紹和（海源閣）舊藏	明世德堂刊本	819a/※354b
C250	列仙傳上下卷	漢・劉向	明刊本	826b
D296	※列朝詩集乾集二卷甲集前編十一卷甲集三十二卷乙集八卷丙集十六卷丁集十六卷閏集六卷	清・錢謙益	明崇禎癸未汲古閣刊本	1294b/※616a
D162	夷白齋稿三十五卷	元・陳基 劉喜海（燕庭）舊藏	寫本	1094b
D141	存復齋文集十卷	元・朱德潤	明刊本	1066a
D198	※式齋文集二十七卷	明・陸容 太倉季錫疇舊藏	精寫本	1146b/※533b
C141	※百川學海十集	宋・左圭	方扶南批校明刊本	681b/※297b
C153	百家類纂四十卷	明・沈津	明刻本	695b
D142	※至正集八十卷	元・許有壬	舊寫本張穆（月齋）手校	1067a/※492b
D111	〔重刻〕西山先生眞文忠公集卷	宋・眞德秀	明寫刻本	1008a
C23	西山先生眞文忠公讀書記甲集三十七卷乙集十六卷丁集八卷	宋・眞德秀	宋刊本	516b
C65	※〔新編〕西方子明堂炙經八卷	不著撰人 前清怡府、平陽（長洲）汪士鐘、獨山莫氏舊藏	明山西平陽府重刊	567b/※256a
B61	※西晉新語不分卷	宋・熊克	揚州吳引孫（測海樓）舊藏寫本四厚冊	301a/※143a
D305	※西崑酬唱集上下卷	宋・楊億 阮元（文選樓）、繆荃孫、黃海長舊藏	傳錄明嘉靖丁酉高郵張綖序刊本	1310b/※628a

B151	西湖游覽志二十四卷西湖游覽志餘二十六卷	明·田汝成	嘉靖刊本	419b
B152	西湖游覽志二十四卷西湖游覽志餘二十六卷	明·田汝成 孔尚任（東塘）舊藏	明萬曆本	420b
C93	※西溪叢語二卷	宋·姚寬 宋筠舊藏	明鶴鳴館刊本	606a/※266b
B163	#〔長春眞人〕西遊記二卷	元·李志常	抄本	438b
B24	西漢年紀三十卷	宋·王益之 有校筆	寫本	246b
B95	※伊洛淵源錄十四卷續錄六卷	宋·朱熹 明·謝鐸	明刊本	347b/※156a
C170	※全芳備祖前集二十七卷後集三十一卷	宋·陳景沂、顧嵒誠 徐時棟（柳泉）舊藏	寫本	717a/※307b
D181	※全室外集十卷	明·釋宗泐	明永樂刊本	1121a/※520a
D317	〔新刻〕全唐詩話　卷	宋·尤袤	明正德刊本	1325b
C129	#〔石雲先生〕印譜釋文考上中下卷	明·孫楨	明刊本	661b
B80	名臣經濟錄五十三卷	明·黃訓	明刊本	333a
B94	名臣碑傳琬琰之集前集二十七卷中集五十五卷下集二十五卷	宋·杜大珪	舊鈔本	347a
D173	缶鳴集十二卷	明·高啓	寫本	1109a
C17	※朱子成書（不分卷）	元·黃瑞節輯	元刊本	509b/※234a
A41	朱子詩傳纂集大成二十卷	宋·胡一桂	元至正翠巖精舍刊本	71a
C15	※朱子語類一百四十卷	宋·朱熹 錢儀吉（仙蝶齋）舊藏	宋刊（配明）本	506a/※232b
C16	朱子語類大全一百四十卷	宋·朱熹	明刊本	508b
D24	#朱文公校昌黎先生文集四十卷	唐·韓愈	影宋刊本	866b
D25	#朱文公校昌黎先生文集四十卷外集十卷集傳遺文二卷	唐·韓愈	元刊小字本	868a
D94	#〔晦庵先生〕朱文公集一百卷	宋·朱熹 葉德輝藏	明嘉靖壬辰蔣詔刻本	986a
D91	※竹洲文集二十卷	宋·吳儆 葉德輝藏	明宏治間十世孫雷亨刊本	978a/※446b

D159	※竹素山房詩集二卷附錄一卷	元・吳衍 繆荃孫（小山）舊藏	寫本	1091a/ ※503b
D77	※竹隱畸士集二十卷	宋・趙鼎臣 巴陵方功惠舊藏	寫本	960b/ ※441a
C236	老子二卷	周・李耳	南宋坊刻巾箱本	811a
C238	※老子鬳齋口義二卷	宋・林希逸 濮州李廷相、北平孫承澤、袁克文舊藏	元刊本	813b/ ※352b
C235	※〔纂圖互注〕老子道德經二卷	漢・河上公注 明・張基（德載）舊藏	宋刊本	810a/※ 352a
B188	考古圖記十卷	宋・呂大臨	元刊本	473b
C121	※自警編五卷	宋・趙善璙	宋刊本	654b/ ※288a
C122	白警編九卷	宋・趙善璙	明刊本	657a

七畫：冷、汲、汴、宋、宏、辛、祁、孝、李、酉、成、吳、吹、呂、困、貝、何、佛、妙

C111	冷齋夜話十卷	宋・惠洪	元刊本	643b
B55	汲冢周書十卷	晉・孔晁	元刊本	290b
B143	汴京遺跡志二十四卷	明・李濂 王先謙、葉德輝藏	舊鈔本	407a
D23	※宋之問集上下卷	唐・宋之問 黃丕烈（蕘圃）、繆荃孫（小山）舊藏	明翻宋本	865a/※ 384a
B76	宋大詔令集二百四十卷	沈復粲（鳴野山房）舊藏	舊抄本	326b
B44	宋元通鑑一百五十七卷	明・薛應旂	明刊本	274b
D286	#※〔聖〕宋文選三十二卷	不著輯錄人名	南海孔氏從文瀾閣傳鈔本	1279a/ ※608b
B62	※宋史新編二百卷	明・柯維騏 吳引孫（測海樓）舊藏	明嘉靖本	305a/※ 145b
C187	宋四六叢珠彙選十卷	王明嶅、黃金璽	明刊本	739b
D288	宋名家小集六十四種		寫本	1282a
D287	#〔聖〕宋名賢五百家播芳大全文粹一百二十六卷	宋・魏齊賢、葉棻	寫本	1280b

B89	#宋承相李忠定公奏議六十九卷附錄九卷	宋・李綱	明刊本	340a
B166	宋宰輔編年錄二十卷	宋・徐自明	寫本	443a
C233	※宋高僧傳三十五卷	宋・釋贊寧	明刊本	808a/※350a
D48	#宋端明殿學士蔡忠惠公文集四十卷	宋・蔡襄	明刊本	909b
B196	宋論三卷	明・劉定之	明刊本	484a
D167	宋學士全集六十四卷	明・宋濂	明正德刻本	1100b
C224	※宏（弘）明集十四卷	梁・釋僧佑	從明支那本寫錄	800a/※345a
D325	※辛稼軒詞十二卷	宋・辛棄疾 葉德輝舊藏	清厲鶚（樊榭）手寫本	1338b/※637a
B186	#※〔山陰〕祁氏藏書目不分卷	明・祁承㸁 楊浚（雪滄）舊藏	精寫本二厚冊	470b/※209a
C27	〔御製〕孝順事實十卷	明永樂十八年敕撰 孔德昌（佩秋）舊藏	明官刊本	519b
A92	〔唐御註八分〕孝經三卷	唐玄宗 陸錫熊（竹素堂）舊藏	明刊本	154a
A93	孝經大義三卷	宋・董鼎注	明寫本	155a
D239	李子田詩集六卷	明・李蓘	寫本	1208a
D37	※李文公集十八卷	唐・李翱 明錢穀（叔寶）舊藏	宋刊本	883b/※393b
C173	李氏蒙求補註二卷	遼・李瀚 宋・徐子光補正 有校筆	寫本	721a
D12	〔分類補注〕李太白詩二十五卷	唐・李白 楊齊賢注	元刊本	853b
D13	〔分類補注〕李太白詩三十五卷	唐・李 楊齊賢注白	明刊本	854b
D233	※李中麓閒居集二十卷	明・李開先	明嘉靖刊本	1195b/※563a
D200	※李空同集六十八卷	明・李夢陽	明東莞鄧雲霄刊本	1150a/※536a
B89	#〔宋丞相〕李忠定公奏議六十九卷附錄九卷	宋・李綱	明刊本	340a

B86	李深之文集六卷	唐・蔣偕編 葉德輝舊藏	舊鈔本	337b
D43	※李嘉祐集上下卷	唐・李嘉祐	明活字本	898b/ ※404a
D15	李嶠集上中下卷	唐・李嶠	明活字本	856b
D14	〔集千家注批點〕杜工部詩集 二十卷文集二卷附錄一卷	唐・杜甫 元・高楚芳	元刊本	855a
C202	酉陽雜俎二十卷續十卷	唐・段成式	明刊本	759b
B108	成化元年山東鄉試錄一冊不分 卷		明成化刻本	362b
C218	成唯識論十卷	不著撰人	明刊精校本	789a
D130	#※〔草廬〕吳文正公文集五 十三卷	元・吳澄 明陳仁錫（無夢園） 舊藏	明成化本	1048a/ ※483a
B132	吳郡志五十卷	宋・范成大 韓崇（履卿）手校	毛刻本	395a
B133	※吳郡圖經續記三卷	宋・朱長文	黃丕烈（蕘圃） 校（乾隆刊）本	395b/ ※178a
B117	吳越春秋上下卷	後漢・趙曄	元刊本	371b
B118	吳越春秋十卷	後漢・趙曄	明臥龍山房刊 本	372b
D143	吳禮部文集二十卷附錄一卷	元・吳師道	舊鈔本	1068a
A75	※吹嶇錄五十卷	清・吳穎芳	寫本	126b/ ※68a
C80	呂氏春秋二十六卷	秦・呂不韋	元刊本	591a
C81	※呂氏春秋二十六卷	秦・呂不韋 張符驤（良御）舊藏	元刊明脩本	592a/※ 40a
A36	※呂氏家塾讀詩記三十二卷	宋・呂祖謙 嘉興項德棻、虞山毛 晉、揭陽丁日昌舊藏	宋巾箱本	52a/※ 40a
A37	※呂氏家塾讀詩記三十二卷	宋・呂祖謙	明嘉靖刊本	58b/※ 44a
A38	呂氏家塾讀詩記三十二卷	宋・呂祖謙	從萬曆刊本傳 錄	62a
C98	困學紀聞二十卷	宋・王應麟	元刊本	617a
D235	※貝葉齋稿四卷	明・李言恭	明寫刻本	1201a/ ※567a

D212	何仲默集二十六卷	明・何景明	明野竹齋刊本	1167a
C208	佛祖歷代通載二十二卷	元・念常	明宣德刊本	769a
C214	※妙法蓮華經七卷	後秦・釋鳩摩羅什譯 日・向山黃村、宜都 楊守敬（惺吾）舊藏	宋刊卷子本	780a/※ 334a
C215	※妙法蓮華經七卷	後秦・釋鳩摩羅什譯	宋刊兩面印摺本	783b/ ※336b
C216	※妙法蓮華經七卷	後秦・釋鳩摩羅什譯	元人磁青紙金銀泥書摺本	785b/ ※338b

八畫：河、法、空、事、兩、孟、居、抱、松、林、東、武、玩、邵、長、
青、政、味、尚、性、昌、明、易、花、佩、周、和、姑、姓、岳、
念、欣、金、知

D29	河東先生集四十五卷外集二卷 附錄二卷集傳一卷後序一卷	唐・柳宗元 清阮學濬手校	明濟美堂刊本	873b
C10	※〔纂圖互注揚子〕法言十卷	晉・李軌 唐・柳宗元	宋刊本	499b/ ※228b
B189	※法帖刊誤上下卷	宋・黃伯思 黃丕烈（蕘圃）題記	葉德榮黑格精 寫大字本	474b/ ※210b
C85	※法藏碎金錄十卷	宋・晁迥	明（裔孫璟嘉靖）刊本	595b/ ※264a
D199	※空同集六十三卷	明・李夢陽	明嘉靖刊本	1147b/ ※534a
C177	※〔新編〕事文類聚翰墨全書 一百二十七卷	元・劉應李	元刊本	728a/※ 313a
C178	事文類聚翰墨大全一百十七卷	元・劉應李	明嘉靖刊本	728b
C159	事物紀原十卷	宋・高承 海鹽張宗橚、潘畎 潤、長沙葉德輝舊藏	明正統十二年 閻敬刊本	702a
C158	※事類賦三十卷	宋・吳淑 繆荃孫（藝風堂）舊 藏	元翻宋本	701a/※ 301a
C148	兩京遺編十二種	明・胡維新輯	明萬曆十年刻本	689a
B49	兩朝從信錄三十五卷	明・沈國元	明刊本	283a
A8	※兩蘇經解六十二卷	宋・蘇軾、蘇轍 鮑鈫（道腴堂）舊藏	明刊本	13a/ ※ 24a

A98	孟子節文二卷	明・劉三吾	從明洪武刊本傳錄	160b
D33	※孟東野詩集十卷	唐・孟郊 袁廷檮（五硯樓）舊藏	明宏治仿宋刊本	877a/※389a
D34	※孟東野詩集十卷	唐・孟郊 （玉磬山房舊藏）沈寶硯過錄何義門手校	明嘉靖刊本	879a/※390a
D35	※孟東野詩集十卷	唐・孟郊 清何紹基（子貞）批讀	明凌氏朱墨本	881a/※391b
C88	居家必用事類全集十卷	不著撰人 葉德輝舊藏	明黑口本	599b
C244	※抱朴子內篇二十卷外篇五十卷	晉・葛洪 陳澧（蘭甫）校讀 曾習經（剛父）舊藏	清嘉慶癸酉金陵道署校刊本	822a/※356b
C245	※抱朴子內篇二十卷外篇五十卷	晉・葛洪	明魯藩刊本	823a/※357b
D129	〔重選刊〕松雪文集上下卷	元・趙孟頫	明陸公兆選刻本	1047b
D127	※松雪齋文集十卷外集一卷	元・趙孟頫 汪啟淑（秀峰）、孫星衍（淵如）藏	元刻本	1046a/※481b
D126	松鄉先生文集十卷	元・任森	臨清徐坊（歸樸堂）臨寫惠周惕紅豆新居本	1045a
C223	＃※林泉老人評唱投子青和尚頌古空谷傳聲三卷	義聰 楊泰亨（理庵）舊藏	元刊本	799b/※344b
D202	東田漫稿六卷	明・馬中錫	明嘉靖刊本	1154a
D184	東里文集二十五卷詩集三卷續集六十一卷別集四卷附錄四卷	明・楊士奇	明嘉靖刊本	1126b
A18	東坡先生易傳九卷	宋・蘇軾 明張鳳翼舊藏	鈔本	29a
D65	東坡集四十卷後集二十卷奏議十五卷內制十卷附樂語外制二卷應詔集十卷續集十二卷	嚴長明（歸求草堂）舊藏	明嘉靖間江西布政司刻本	943b

D66	東坡禪喜集四卷	徐長孫輯	明朱墨本	944b
B160	※東國通鑑五十六卷	明・徐君正等	從日本刊本傳錄	433b/※190b
B63	東都事略一百三十卷	宋・王偁	宋刊配明覆本	307b
C193	#※〔山居新話〕、東園友聞不分卷	宋・楊瑀（山）、夏頤（東） 吳漫士、黃丕烈（蕘圃）手校	舊鈔本	748b/※321a
A83	#〔新刊詳增補注〕東萊先生左氏博議二十五卷	宋・呂本中 葉德輝舊藏	明正德六年郭氏安正堂本	145b
D96	※東萊詩集二十卷	宋・呂祖謙	寫本	988a/※453a
D160	※東維子文集三十卷附錄一卷	元・楊維楨 巴陵方功惠、武進董康舊藏	寫本（原出四庫震无咎齋黑格鈔本）	1091b/※507a
B56	※東觀漢記二十四卷	漢・班固等	寫本	292a/※137b
C92	東觀餘論二卷附錄一卷	宋・黃伯思	天一閣舊鈔本	604b
B154	※武林舊事六卷	宋・四水潛夫（周密）輯 黃丕烈（蕘圃）題記	寫本	423a/※186a
D47	※武溪集二十一卷	宋・余靖 王士禛（文簡）舊藏	明嘉靖修成化本	905a/※407b
C34	※武經直解二十五卷	明・劉寅	明成化間刊本	526a/※235b
C35	※武經直解十二卷	明・劉寅	日本重刊明萬曆本	528a/※236b
C39	武編　卷	明・唐順之 鄂忻（怡雲）舊藏	明刊本	535b
A23	玩易意見二卷	明・王恕	寫本	36b
D243	※玩畫齋雜著編八卷	明・姚翼	明刊本	1213b/※574a
C73	邵子全書二十四卷	宋・邵雍	明刊本	580b
B163	#長春眞人西遊記二卷	元・李志常	抄本	438b
D145	※青陽文集六卷附錄二卷	元・余闕 季振宜（滄葦）舊藏	明正統刊本	1070b/※493b
D151	※青村遺稿一卷	元・劉涓	叢書樓寫本	1081a/※498a

B172	#政和御製冠禮十卷五禮新儀二百二十卷	宋・鄭君中等	舊鈔本	450b
C118	※味水軒日記八卷	明・李日華	戴松門手寫本	650b/※285b
A24	尚書精義五十卷	宋・黃倫	文瀾閣傳抄本	38a
A28	尚書二卷	西漢・孔安國	明刊本	42b
C25	〔重刊〕性理大全山十卷	明・胡廣等撰	明刊本	518a
C13	※〔新刊音點〕性理群書句解後集二十三卷	宋・熊大剛集解	宋（麻沙）刊本	504b/※231b
C30	性理纂要標題四卷		明刊本	522a
D24	#〔朱文公校〕昌黎先生文集四十卷	唐・翰愈	影宋刊本	866b
D25	#〔朱文公校〕昌黎先生文集四十卷外集十卷集傳遺文二卷	唐・韓愈	元刊小字本	868a
D26	昌黎先生集四十卷外集十卷遺文一卷	唐・韓愈	明徐氏刊本	868b
B46	※明太祖實錄二百五十七卷		明（藍格）寫本	278b/※132a
B126	#※〔大〕明一統志九十卷	明・李賢 朱稻孫（朱漁村）舊藏	明官刊本	384b/※171b
B127	#〔大〕明一統志九十卷	明・李賢	明歸仁齋刻本	388a
B177	#〔大〕明律三十卷	明・劉德謙等 陳姚衡（雪逸）舊藏	明抄本	460a
B176	#〔大〕明會典一百八十卷	明弘治十五年撰	明官刊本	459b
B45	#※〔大〕明實錄殘本三十卷	不著撰人 明晁瑮（寶文堂）舊藏	明藍絲欄寫本	276a/※130a
B50	明政統宗三十卷	明・涂山	明刊本	284a
A76	#※明會通館活字銅版校正音釋春秋十二卷		一冊子	129b/※70a
C69	#〔焦氏〕易林上下卷	漢・焦延壽 清金門詔（二酉山房）藏	明潘藩刻本	575a
A22	#※易源奧義一卷周易原旨六卷	元・保巴 江筠（震滄）舊藏	寫本	35a/※34a
D330	花間集十卷	五代・趙崇祚	汲古閣刊本	1350a

D331	花間集不分卷	五代・趙崇祚 有校筆	寫本	1350a
A113	佩觿三卷	宋・郭忠恕 清翁方綱過錄	校本	190b
A15	※周易本義四卷	宋・朱熹 清錢陸燦（湘靈）批校	明汲古閣據成化本重刻	23a/ ※28b
A16	※周易玩辭十六卷	宋・項安世（平父） 葉德輝舊藏	大字精寫本	26a/ ※30b
A22	＃※〔易源奧義一卷〕周易原旨六卷	元・保巴 江筠（震滄）舊藏	寫本	35a/ ※34a
C256	周易參同契發揮上中下三卷	宋・俞琰	明刊本	835b
A10	※周易兼義九卷略例一卷音義一卷	麟慶（半畝園）舊藏	明閔刻前人校本	16a/ ※25b
A21	周易集說十二卷	宋・俞琰	元刊本	33a
A9	周易集解十卷附鄭康成注一卷	唐・李鼎祚 陳璘（谿齋）舊藏	從明刊傳錄	15b
A11	※周易程傳十卷	宋・程頤	明嘉靖丙辰廣東崇正堂刊本	17b/ ※26b
A12	※周易傳義十卷	宋・程頤、朱熹 明韓霖（雨公）舊藏	元翠巖精舍刊本	19b/ ※28a
A14	周易經傳集程朱解附錄纂註十二卷	元・董眞卿編	元刊本	21a
A17	周易輯聞六卷附易雅一卷筮宗一卷	宋・趙汝楳	明朱睦㮮校刻本（刊本）	29a
B54	※周書十卷（汲冢書）	晉・孔晁 有校筆	元刊本	288b/ ※136a
A48	周禮十二卷	陳本禮（鮑室）舊藏	明嘉靖覆宋八行本	81a
A49	周禮六卷		明刊本	82b
D86	和靖先生文集三卷	宋・尹焞	鳴野山房精鈔本	973a
D75	※姑溪居士文集五十卷後集二十卷	宋・李之儀	小山堂寫本	957b/ ※439a
C185	姓源珠璣四卷	明・楊信民	從明宣德刊本傳錄	737a
D82	※岳王集一卷	宋・岳飛	明徐氏編刊本	966a/※443a

D207	※念庵羅先生文集十三卷	明‧羅洪先 倪模（江上雲林閣）舊藏	明嘉靖刊本	1160b/ ※543a
C125	欣賞編十集續編十集	明‧沈津	明刊本	658b
D230	※金子有集二卷	明‧金大車	舊寫本	1130a
D187	金文靖公集十卷	明‧金幼孜	明成化刊本	1130a
B65	#※〔大〕金國志四十卷	宋‧宇文懋昭 翁澍（季霖）舊藏	寫本（有小字標目）	310a/※ 147a
B156	金陵瑣事四卷二續上下卷	明‧周暉	萬曆刊本	427a
D297	※金華文統十三卷	明‧趙鶴	明正德刊本	1298a/ ※618a
D298	金華文徵二十卷	明‧阮元聲	明刊本	1300a
D147	※金臺集一卷	元‧危素	汲古閣景元本	1073a
D87	#※〔莆黃〕知稼翁集十一卷詞一卷	宋‧黃公度	寫本	973a/※ 444b

九畫：冠、宣、客、洞、洪、活、洺、為、神、祕、南、咸、建、春、柳、珂、韋、昭、苔、茅、范、貞、勉、後、弇、皇、秋、紀、風、香、癸

B172	#〔政和御製〕冠禮十卷五禮新儀二百二十卷	宋‧鄭君中等	舊鈔本	450b
B159	#※宣和奉使高麗圖經四十卷	宋‧吳兢	彭氏知聖道齋寫本	431a/※ 188b
C109	#〔晁氏〕客語不分卷	宋‧晁說之 張載華（芷齋）、周星詒、胡爾榮（豫波）、柯逢時舊藏	明刊本	639b
C137	※洞天清錄不分卷	宋‧趙希鵠	明（博羅張本）刊本	673b/ ※293a
A123	洪武正韻十六卷	明洪武八年樂韶鳳等編	寫本	206b
C62	活人心上下卷	明‧臞仙	明刊本	565b
C53	※活人事證藥方二十卷	劉佳甫編	宋刊本	555b/ ※254a
D109	#〔程端明公〕洺水集二十六卷	宋‧程珌	明嘉靖刊本	1005b
C123	〔御製〕為善陰騭十卷	明永樂十七年敕編 王守仁舊藏	明官刊本	657b

C231	※神僧傳九卷	孫星衍（淵如）舊藏	明永樂官刊本	806a/※348b
C151	祕冊彙函　卷	鮑倚雲（薇省）舊藏	明刊本	691b
C255	#祕傳關尹子言外經旨三卷	宋・王夷	元刊本	834a
C59	〔類編〕南北經驗醫方成十卷		元刊本	563b
B121	南唐書注十八卷	宋・陸游 汪文柏（季青）舊藏	寫本	375a
B71	南渡錄一卷竊憤南渡錄一卷續錄一卷	宋・辛棄疾 曾習經（剛父）舊藏	寫本	319b
B122	※南詔野史一卷	明・倪輅 曾習經（剛父）舊藏	寫本前人手校	376b/※166a
D57	#南豐先生元豐類稿五十一卷	宋・曾鞏 葉德輝藏	明嘉靖戊申王忬刻本	922b
B148	※南嶽總勝集三卷	宋・陳田夫 元人王元伯、端方、葉德輝舊藏	宋刊本	413a/※182a
B131	※咸淳臨安志三卷	宋・潛說友 張燕昌藏	梁山舟烏絲欄寫本	393a/※177a
B130	※咸淳臨安志九十六卷	宋・潛說友	曲阜孔繼涵（青曛書屋）寫本	390b/※175b
B73	建文朝野彙編二十卷	明・屠叔方	明刊本	322b
D83	#〔石林居士〕建康集八卷	宋・葉夢得	陸香圃三間草堂寫本	967b
A76	#※〔明會通館活字銅版校正音釋〕春秋十二卷		一冊子	129b/※70a
A79	※春秋公羊傳二十卷	蕭夢松、丁晏（儉卿）舊藏 伯驥手校	明刻本	138a/※74a
A80	春秋公羊傳注疏二十八卷	李宏信（柯溪）過錄 何煌（小山）、惠棟（松崖）校筆	清乾隆四年刊本	141a
A81	春秋五禮例宗七卷	宋・張大亨	寫本	143a
A85	春秋左氏傳補注十卷春秋師說三卷	元・趙汸	元刊本	148a
A82	〔音點〕春秋左傳括例始末句解綱目	宋・林堯叟（唐翁）	高麗舊刻本	143b
A88	春秋列傳五卷	明・劉節	明刻本	151a

A91	春秋地理志　卷	清・吳偉業	寫本	152b
A86	※春秋胡氏傳纂疏三十卷	元・汪克寬	元刊本	148b/※75b
A77	春秋經傳集解三十卷	晉・杜預　明嘉興項夢原舊藏	明覆相臺岳氏刻本	132a
A87	春秋諸傳會通二十四卷	元・李廉	元至正刊本	149b
A84	春秋屬辭十八卷	元・趙汸	元刊本	147a
D30	〔唐〕柳河東集四十五卷外集五卷遺文一卷	唐・柳宗元　葉德輝舊藏	明崇禎癸酉蔣氏合刻本	874a
D31	〔京本唐〕柳先生文集四十三卷	唐・柳宗元	明刊本	875a
D32	柳柳州集卷	唐・柳宗元	明廣西刊本	876b
D140	柳待制文集二十卷	元・柳貫	明天順刊本	1065a
D251	※珂雪齋前集八卷	明・袁中道　溫曰鑑（鐵華）舊藏	明刊本	1227b/※586b
D19	韋蘇州集十卷	唐・韋應物	明翻宋本	860a
B48	昭代典則卄八卷	明・黃光昇	明刊本	281b
D84	苕溪集五十卷	宋・劉一止　韓泰華（玉雨堂）舊藏	寫本	970a
D320	※苕溪漁隱詩評叢話前集六十卷後集四十卷	宋・胡仔	呂旡咎寫本	1329b/※633a
B147	※茅山志十五卷	元・劉大彬　錢王炯（青文）舊藏	明永樂重刊元本	410b/※184b
D240	茅鹿門先生文集三十六卷	明・茅坤	明刊本	1209a
B87	范文正公奏議上下卷	宋・范仲淹	明嘉靖本	338b
D49	※范文正公集二十卷別仕四卷尺牘二卷	宋・范仲淹	宋乾道丁亥刊本	910b/※411b
C227	#※貞元新定釋教目錄三十卷	唐・圓照	從日本享保刊本寫錄	803a/※347b
B69	※貞觀政要十卷	唐・吳兢　王鳴盛（西莊）舊藏	明成化刊	316a/※149a
D104	#※勉齋先生黃文肅公集四十卷附錄一卷	宋・黃幹　臨海洪震煊（百里）舊藏	景宋本	1000b/※459a
D69	※後山先生集三十卷	宋・陳師道	明宏治間刊本	948b/※433a

D116	※後村居士集五十卷	宋・劉克莊	明刊本（宋刊明印本）	1019b/※466b
B13	※後漢書一百二十卷	劉宋・范曄 沈慈（十峰）舊藏	明正統覆宋淳化本	230b/※109b
D222	※弇州山人四部稿一百七十四卷續稿二百七卷	明・王世貞	明刊本	1178a/※552b
B105	皇明三儒言行要錄五卷	明・邰承春	明隆慶刊本	359b
B84	皇明奏疏類鈔六十一卷		明刊本	336b
B85	皇明疏議輯略三十七卷	明・張瀚	明鈔本	337a
B107	皇明歷科狀元錄不分卷	明・陳魁占 洪武至隆慶朝共四冊	明刊本	362a
D293	皇朝文衡九十八卷	明・程敏政 德濟（雪山）藏本	明刊本	1291b
C120	※皇朝事實類苑七十八卷	宋・江少虞	傳錄日本舊活字本	653b/※287b
D295	皇朝風雅四十卷	徐泰 明鄭曉（淡泉）、繆荃孫舊藏	明刊本	1294a
D294	※皇朝詩選十三卷		明崇禎刊本	1292a/※614b
B40	皇朝編年備要二十五卷補刊編年備要五卷	宋・陳均 有校筆	舊寫本	268b
D312	皇華集五卷	明・李爾瞻	明高麗官刊本	1318b
D134	※秋澗先生大全文集一百卷	元・王惲	舊鈔本	1056b
D135	※秋澗先生大全文集殘本七十一卷	元・王惲	景寫元刊本	1059b/※490b
B110	※〔御製〕紀非錄一卷	明太祖 潘元祉（淵古樓）舊藏	明寫本	365a/※163b
C103	#〔大德新刊校正〕風俗通義十卷	漢・應劭	元刊本	632a
C139	香乘二十八卷	明・周嘉量（江左）	明刊本	574b
D88	香溪先生文集二十二卷	宋・范浚	元刊本	974b
A96	癸巳論語解十卷	宋・張栻	抄本	158a

十畫：剡、唐、家、容、浙、浮、海、涇、記、高、夏、孫、書、格、桂、
桃、栟、泰、真、秦、素、耕、袁、貢、悟、晁、晏、荊、荀、草、
倚、徐、留、脈、芻、逃

D125	※剡源集二十八卷	元・戴表元	明初刊本	1042a/ ※479b
B75	※唐大詔令集一百三十卷	宋・宋敏求 揆敘（謙牧堂）舊藏	明抄本（明寫本）	324b/ ※150b
B97	※唐才子傳十卷	元・辛文房	陳鱣（仲魚）手校三間草堂本	349b/ ※157a
B164	＃〔大〕唐六典三十卷	唐元宗	明嘉靖刊本	440a
D271	唐文粹一百卷	宋・姚鉉	明嘉靖間徐氏刻本	1258a
D274	※唐分門別類歌詩殘本十一卷	宋・趙孟奎 丁健（誠叔）舊藏	傳錄宋本	1262b/ ※601b
D299	唐四傑集卷		明嘉靖間刻本	1300b
D300	唐四傑詩集		明活字本	1301b
D284	※唐宋元名表四卷	明・胡松	寫本	1276b/ ※607b
B195	唐宋名賢歷代確論一百卷	不著編者	明弘治間刊本	483a
B16	唐書二百二十五卷	宋・歐陽修	元大德建康路刊本	236b
D281	唐詩品彙卷	明・高棅 汪士鐸（梅村）舊藏	明初刊本	1272b
D282	唐詩紀一百七十卷	明・吳琯	明刊本	1274b
D316	唐詩紀事八十一卷	宋・計敏夫	汲古閣刊本	1325a
D278	※唐詩鼓吹十卷	金・元好問 元・郝天挺注 明・徐光啟（後樂堂）舊藏	元至正大戊申浙江儒司刊本	1267b/ ※604a
D279	唐詩鼓吹十卷	金・元好問	元刊小字本	1270b
D283	※唐僧宏（弘）秀集十卷	宋・李龏 虞山錢謙益、北平謝寶樹、劉喜海（燕庭）楊承訓、馬竹銘舊藏	明刊本	1275b/ ※606b
D276	〔增注〕唐賢三體詩法三卷	宋・周弼	高麗舊刊本	1266b
D277	〔箋注〕唐賢三體詩法二十卷	宋・周弼	明刊本	1267a

D275	※〔箋注〕唐賢絕句三體詩法二十卷	宋・周弼 長沙葉德輝舊藏	明繙元本（過錄何小山袁漱六校筆）	1264a/※602b
C19	家禮會通十卷	明・湯鐸	明刊本	512a
C18	家禮儀節八卷	明・丘濬	明成化甲午寫刊本	511a
C95	※容齋五筆隨筆十六卷續筆十六卷三筆十六卷四筆十六卷五筆十卷	宋・洪邁	明會通館活字本	613a/※270b
B136	浙江通志七十二卷	明・薛應旂	明嘉靖刊本	399a
D80	浮溪文粹十五卷	宋・汪藻	明正德西充馬金刊本	963a
B153	海內奇觀十卷	明・楊爾曾	明刊本	422a
D208	※海忠介公全集十二卷	明・海瑞	明天啓刊本	1162a/※544a
D209	海忠介全集七卷	明・海瑞	明崇禎間刊本	1163a
D178	＃※〔陳聘君〕海桑先生集十卷	明・陳謨	舊寫本	119a/※519b
C160	※海錄碎事二十二卷	宋・葉廷珪	明刊本	703b/※302b
D217	※涇野先生集三十六卷	明・呂柟	明刊本	1172a/※548a
C168	記纂淵海一百卷	宋・潘自牧	明刊本	714a
D163	※高皇帝御製文集二十卷	明太祖	明萬曆刊本	1096a/※504b
D171	＃高太史大全集二十四卷	明・高啓	舊寫本	1107a
D186	※夏忠靖公集六卷	明・夏原吉 金檀（星軺）舊藏	明宏治刊本	1128a/※524a
C36	※孫子三卷	周・孫武 王懿榮（文敏）舊藏	寫校本	529b/※237b
C37	※〔趙注〕孫子五卷	明・趙本學解	日本舊刊本	533a/※240a
C38	孫子參同十三篇	明・李贄 墨本	明刊本	535a
D39	※孫可之文集十卷	唐・孫樵 楊以增、楊紹和（海源閣）舊藏 黃丕烈（蕘圃）、顧千里批校	宋刊本	890a/※398a

D40	※孫可之集十卷	唐・孫樵	明正德間王氏刊本	896a/※403a
D81	※孫仲益大全集七十卷	宋・孫覿 王蔭槐（味蘭）舊藏	寫本	964a/※442a
C50	※〔重刊〕孫眞人備急千金要方三十卷	唐・孫思邈 蔡泳（一帆）舊藏	元刊本	549a/※248a
D41	孫職方集不分卷	唐・孫樵 葉德輝舊藏	明崇禎庚辰閔齊伋刻本	897a
C132	書史會要九卷	明・陶宗儀	明初刊本	665a
C128	〔新增〕格古要論十三卷	明・曹昭	明刻本	661a
C32	格物明通一百卷	明・湛若水	明刊本（湛氏家刻本）	523a
D44	※桂苑筆耕集二十卷	唐・崔致遠 葉德輝舊藏	高麗舊活字印本	900a/※405b
D329	※桂洲詞六卷	明・夏言	明刊本	1349a/※647a
C33	桃岡日錄卷	明・蔣□	明刊本	525a
D85	栟櫚文集二十五卷	宋・鄧肅 江陰繆荃孫舊藏	從正德刻本傳錄	971b
B145	泰山志四卷	明・汪子卿	明刊本	408b
C253	※眞仙體道通鑑前集三十六卷後集六卷	趙道一 傅增湘藏	寫本	833a/※361a
B83	秦漢書疏十八卷	不知撰人	明刊本	336a
B144	〔合刻〕秦漢圖記三輔黃圖六卷西京雜記六卷		明刻本	407b
C57	〔新刊圖解〕素問要旨論八卷	金・劉守眞	元刊本	561b
D190	※耕石齋石田詩鈔十卷	明・沈周	明錢牧齋編刊本	1136b/※529b
D236	※袁文榮公文集八卷	明・袁煒	從明刊本傳錄	12103a/※568a
D148	貢泰甫玩齋集十二卷	元・貢師泰	寫本	1076a
C249	悟眞篇集註三卷	宋・張伯端	明刊本	829a
C109	＃晁氏客語不分卷	宋・晁說之 張載華（芷齋）、周星詒、胡爾榮（豫波）、柯逢時舊藏	明刊本	639b
B92	晏子春秋四卷	周・晏嬰	明刊本	343a

B157	荊溪外紀二十五卷	池敕編	明刊本	427b
C3	荀子二十卷	周‧荀況 唐‧楊倞注	影寫宋呂夏卿大字本	489b
C4	〔纂圖互注〕荀子二十卷		宋刊本	490b
D130	#※草廬吳文正公文集五十三卷	元‧吳澄 明陳仁錫（無夢園）舊藏	明成化本	1048a/ ※483a
D70	※倚松老人詩集二卷	宋‧饒節 繆荃孫（小山）手校	寫本	951a/※ 434b
D238	※徐文長集三十卷	明‧徐渭	明刊本	1206a/ ※570a
D46	徐騎省文集三十卷	宋‧徐鉉	經鋤堂綠格鈔本	903a
C200	留青日札四十卷	明‧田藝蘅	明刊本	757b
C49	#〔王氏〕脈經	晉‧王叔和 葉德輝舊藏	明成化十年仿元泰定四年刊本	547b
C86	※芻言上中下卷	宋‧崔敦禮	前清四庫館底本	598a/※ 265b
D182	※逃虛子集十卷外集一卷	明‧姚廣孝 朱彝尊（竹垞）、曾習經（剛父）舊藏	舊寫本	24a/ ※ 522a

十一畫：商、庶、康、梁、淳、淮、清、乾、匏、埤、張、教、曹、桯、 梧、梅、琅、通、陳、陶、陸、國、晞、晦、莊、莆、虛、紹

C42	商子五卷	秦、商鞅	明刻本	540b
C115	※庶齋老學叢談上中下卷	元‧盛如梓 周星詒、蔣鳳藻、柯逢時藏	周季貺校寫本	646b/ ※283a
B178	康濟譜二十二卷	明‧潘游龍	抄本	461a
D7	※梁昭明太子文集五卷	梁‧蕭統	明遼府寶訓堂刊本	849a/※ 380a
D79	梁溪先生集一百八十卷	宋‧李綱	寫本	962b
B135	淳熙三山志四十二卷	宋‧梁克家	寫本	398a
C82	淮南鴻列解二十卷	漢‧劉安撰 高誘注 有校筆	明刊本	593b

C192	※清波雜志十二卷別志三卷	宋・周煇 鮑廷博手校	知不足齋寫校本	747b/ ※320b
B129	※乾道臨安志三卷	宋・周淙彥 倪稻孫（米樓）舊藏	精寫本	389b/ ※175a
D195	匏翁家藏集七十卷	明・吳寬	明正德刊本	1143a
A106	※埤雅二十卷	宋・陸佃 顧瑞清（河之）舊藏	明仿宋黑口本	175a/※ 81a
A107	埤雅二十卷	宋・陸佃	明刊本	177b
D83	張子壽文集二十卷	唐・張九齡 徐松（星伯）手校	寫本	967b
D123	※張文忠公文集二十八卷	元・張養浩 羅有高（臺山）手校	籍書園寫本	1035a/ ※475b
D71	※張文潛文集十三卷	宋・張耒 毛子晉、方功惠舊藏	明嘉靖仿宋本	952a/※ 435b
D146	＃※〔潞國公〕張蛻庵詩集四卷	元・張翥	寫本	1071b/ ※494a
D122	張淮陽詩集一卷	元・張宏範 勞氏丹鉛精舍舊藏	寫本	1033a
D227	※張愈光詩文選八卷	明・張含	明刊本	1188a/ ※559
C229	教乘法數十二卷	明・圓瀞	明宣德間刊本	805a
D3	※曹子建集十卷	魏・曹植 王士禎（文簡）、沈廷芳（椒園）舊藏	明活字本	843a/※ 375b
D4	※曹子建集十卷	魏・曹植	明郭氏刊本	845b/ ※377a
D136	＃〔漢泉〕曹文貞公詩集十卷	元・曹伯啓	影寫元刊本	1061a
C191	※桯史十五卷	宋・岳珂 謝肇淛（在杭）舊藏	明刊本	746b/ ※319b
D157	※梧溪集卷	元・王逢	寫本	1087b/ ※501b
D90	梅溪先生文集五十四卷	宋・王十朋 吳振棫（花宜館）舊藏	明刊本	977b
C198	※琅邪代醉編四十卷	明・張鼎思 盧世㴶（德水）舊藏	明刊本	755a/※ 323a
B58	通志二百卷	宋・鄭樵	元刊本	295a

A4	※〔御定補刊〕通志堂經解百四十種一千七百八十六卷	清・徐乾學、納喇成德 汪輝祖（龍莊）舊藏	清刻朱筆校本	5b/ ※17a
A109	※通雅五十二卷	明・方以智 陳鱣舊藏	清康熙刻前人朱筆批校本	181b/※84b
B35	※通鑑前編十八卷舉要二卷	元・金履祥	元刊明脩本	260b/※126a
B36	通鑑續編二十四卷	元・陳桱	元刊本	263a
B51	※通鑑紀事本末四十二卷	宋・袁樞 吳文溥（硯山堂）舊藏	宋刊元印本	285b/※133b
B52	※通鑑紀事本末殘本五卷	宋・袁樞	宋（嚴州原）刊小字本	287a/※134b
B38	〔重刻〕通鑑集要二十八卷	諸燮	明刊本	266b
B134	通鑑總類二十卷	宋・沈樞	明刊本	397a
B116	※通鑑類（彙）纂五十四卷	清・芮琪 王芑孫（惕甫）舊藏	寫本	369a/※164b
D248	※陳白陽先生集不分卷	明・陳淳	明刊本	1221b/※581b
D178	＃※陳聘君海桑先生集十卷	明・陳謨	舊寫本	1119a/※519b
D6	陶靖節集可孟春注十卷	葉德輝舊藏	明正德癸未刻本	848a
D164	※陶學士先生文集二十卷	明・陶安	明宏治刊本	1098a/※506b
D214	陸文裕公集一百卷	明・陸深 陶澍（文毅）舊藏	明嘉靖刻本	1168b
C197	陸文裕公外集四十卷	明・陸深	明刊本	754a
D20	〔重刊〕陸宣公奏議二十二卷	唐・陸贄	明金氏序刊本	861a
D21	〔重刻〕陸宣公奏議二十二卷	唐・陸贄 獨山莫氏舊藏	明葉逢春刊本	862a
B33	＃陸狀元集百家注資治通鑑詳節一百二十卷	宋・陸唐老 蔡文子校正	宋刊本	260a
B111	國朝列卿年表一百三十九卷	明・雷禮	明刊本	366b
B66	國語二十一卷	三國吳・韋昭	明翻宋本	312a
B67	國語二十一卷	三國吳・韋昭	明刻本	314a
D118	※晞髮集十卷	宋・謝翱	從明萬歷刊本傳錄	1023b/※469a

D94	#晦庵先生朱文公集一百卷	宋・朱熹 葉德輝藏	明嘉靖壬辰蔣詔刻本	986a
C241	莊子郭注卷	晉・郭象注	明刊本	818a
D193	莊定山集十卷	明・莊㫤	明刻本	1140b
D206	※莊渠魏先生遺書十六卷	明・魏校	明刊本	1159b/ ※540a
D87	#※莆黃知稼翁集十一卷詞一卷	宋・黃公度	寫本	973a/※ 444b
B99	莆陽文獻十三卷列傳七十五卷	明・鄭岳（山齋）	明刊本	352b
D124	※虛谷桐江續集三十二卷	元・方回	孔葒谷微波榭藏寫本	1037a/ ※476b
D336	※虛齋樂府上下卷	宋・趙以夫 毛晉、朱彝尊（竹垞）、袁廷檮、黃丕烈（蕘圃）舊藏	明汲古閣毛鈔景宋本	無 / ※ 642a
B106	※紹興十八年同年小錄不分卷	不著編著 傅以禮（節子）舊藏	景宋本	360a/※ 162a

十二畫：棠、渭、渼、湖、湘、滋、湛、淵、童、詞、博、巽、琵、朝、畫、越、都、陽、雲、景、黃、雅、菊、華、鄂、開、斐、焦、嵇、程、絳、舒、象、鈐

C44	※棠陰比事原編不分卷補編不分卷續編不分卷	宋・桂萬榮（補） 明・吳訥（續） 汪憲（魚亭）（振綺堂）舊藏	寫本	542a/※ 245b
D103	渭南文集五十二卷	宋・陸游	明正德刊本	999b
D203	※渼陂集十六卷續集三卷	明・王九思	明嘉靖刊本	1154b/ ※538b
D304	※湖湘校士錄八卷		明刊本	1307a/ ※624a
C203	湘煙錄十六卷	明・閔元京、凌義渠	明刻本	760b
D144	滋溪文稿三十卷	元・蘇天爵 繆荃孫（藝風堂）舊藏	盧抱經校鈔本	1069b
D120	※湛然居士集十四卷	元・耶律楚材 王紹蘭藏	清吳錫麟（穀人）手寫本	1026a/ ※471a
D139	淵穎先生集十二卷附錄一卷	元・吳萊	明翻宋璲寫刻本	1064b

D244	※童子鳴集六卷	明・童珮	寫本	1215a/ ※535a
C172	#〔玉海二百卷附〕詞學指南 四卷	宋・王應麟	元刊元印本	720b
C184	博物策會十七卷	明・戴璟 范欽（天一閣）舊藏	明嘉靖刊本	735b
D179	巽隱先生集四卷	明・程本立	汲古閣刻本	1119b
D334	※琵琶記　卷	明・高明	明朱墨（印）本	1354a/ ※650b
B123	※朝鮮史略六卷	不著撰人名氏	寫本	378b/ ※167b
D313	※朝鮮詩選七卷	吳明濟 盛昱（伯兮）舊藏	寫本	1320a/ ※631a
C133	畫史會要五卷	明・朱謀垔（隱之）	明刊本	666b
C134	※畫史會要五卷	明・朱謀垔（隱之） 百齡（百文敏公）珊 瑚閣舊藏	舊寫本（萊竹堂 抄本）	667b/ ※289b
B119	越絕書十四卷	黃中和（東莊）舊藏	明雙柏堂仿宋 丁黼本	373a
D54	※都官集十四卷	宋・陳舜俞 巴陵方功惠舊藏	清四庫傳鈔本	917a/※ 416b
D204	陽明先生文錄十四卷	明・王守仁 葉樹藩、葉德輝藏	明嘉靖癸巳門 人黃綰序刻	1156b
C258	※雲笈七籤一百二十二卷	宋・張君房	明刊（清真館） 本	838b/ ※361b
D307	※雲巖詩集六卷	范欽（天一閣）舊藏	明刊本	1313a/ ※629b
C72	#※景祐遁甲符應經三卷	宋・楊維德	精寫本	579b/ ※259a
C219	※景德傳燈錄殘本十七卷	宋・釋道原	元刊本	789b/ ※340b
D104	#※〔勉齋先生〕黃文肅公集 四十卷附錄一卷	宋・黃幹 臨海洪震煊（百里） 舊藏	景宋本	1000b/ ※459a
C21	※黃氏日鈔分類九十七卷	江聲（飛濤）舊藏	宋・黃震（東發） 元刊本	515a/※ 235a
C46	※〔新刊補注釋文〕黃帝內經 素問十二卷素問遺篇一卷運氣 論奧三卷黃帝內經靈樞十二卷		元古林書堂刊 本	546a/※ 248b

C47	〔補注釋文〕黃帝內經素問十二卷	唐・王冰注	明趙府居敬堂本	546b
C48	〔重廣補注〕黃帝內經素問二十四卷	唐・王冰注	明仿宋本	547a
C251	黃庭經分節解證四冊不分卷		明刊本	830b
A73	雅樂發微八卷	明・張敬	明刊本	124b
D219	雅宜山人集十卷	明・王寵	明嘉靖刊本	1174a
D321	菊坡叢話殘本十卷	明・單宇 繆荃孫（藝風堂）舊藏	明刊本	1332b
D153	華陽貞素文集七卷附錄一卷又北莊遺稿可庵搜枯集一卷	元・舒頔	誦芬堂精寫本	1083b
B146	華嶽全集十三卷	明・張維新	明刊本	409b
B102	※鄂國金陀粹編二十八卷續編三十卷	宋・岳珂 清永瑆（成哲親王）舊藏	元刊本	355b/ ※160a
C226	※開元釋教錄二十卷	唐・釋智昇	明寫本	802b/ ※346a
D174	#〔劉翰林〕斐然稿不分卷	明・劉三吾	寫本	1111a
C69	#焦氏易林上下卷	漢・焦延壽 清金門詔（二酉山房）藏	明潘藩刻本	575a
D5	※嵇康集十卷	晉・嵇康 邵彌（僧彌）舊藏 姚華（茫父）補寫	明寫本	847a/※ 378b
A13	程朱周易傳義十卷	宋・程頤、朱熹	元碧灣書堂刊本	20a
C24	程氏家塾讀書分年日程二卷	元・程端禮	明翻元本	517b
B100	程氏貽範集三十卷	明・程敏政	從明成化間刻本傳錄	353a
C136	#※程氏墨苑十二卷	明・程大約	明刊本	670b/ ※291a
D108	程洺水先生集三十卷	宋・程珌 周浚（雪客）舊藏	明萬曆刊本	1005a
D109	#程端明公洺水集二十六卷	宋・程珌	明喜靖刊本	1005b
B191	※絳帖平六卷	宋・姜夔	郁禮東歈軒寫本	478/ ※ 213a

D220	※舒梓溪先生集十卷	明・舒芬	明刊本	1174b/ ※569a
D99	※象山先生全集三十六卷	宋・陸九淵	明嘉靖刊本	993b/ ※456a
C230	象教皮編六卷	明・陳士元	明萬曆刻本	805b
D210	※鈐山堂集三十五卷	明・嚴嵩	明嘉靖刊本	1164a/ ※545a

十三畫：意、新、準、滄、溫、慈、詩、資、遂、道、雍、靖、楊、楞、
　　　　楚、殿、群、聖、嵩、敬、萬、蜀、路、農、傷、會、禽、稗、
　　　　筠、經、遁

C119	※意林五卷	唐・馬總	從明刊本傳錄	652a/※ 286b
C5	※新語二卷	漢・陸賈 明黃虞稷（千頃齋） 舊藏	明刊兩京遺編 本	492a/※ 221b
C68	準齋心製几漏圖式一卷	宋・孫逢吉	抄本	573b
D113	滄浪先生吟卷二卷	宋・嚴羽	明刊本	1011a
D245	※滄溟集三十卷附錄一卷	明・李攀龍 黃澄量（五桂樓）舊 藏	明隆慶刊本	1217a/ ※578a
B103	溫公年譜六卷	明・馬巒	明刊本	357b
C12	溫公家範十卷	宋・司馬光	明刊本	504a
A35	※慈湖詩傳二十卷	宋・楊簡	鈔本	64b/ ※ 46a
D318	※詩人玉屑二十卷	宋・魏慶之 蔣春農（冬友）舊藏	明刊本	1326b/ ※635b
D311	詩女史十四卷拾遺	明・田藝蘅	明刊本	1317b
A29	詩本義十二卷	宋・歐陽修	寫本	43a
A47	※詩外傳十卷	漢・韓嬰	明沈與文野竹 齋本	76a/ ※ 49b
A33	詩集傳二十卷	宋・朱熹	元刊本	49b
A34	※詩集傳二十卷	宋・朱熹 盧址（抱經樓）舊藏	寫本	50a/ ※ 38b
D319	〔增修〕詩話總龜前集四十八 卷後集五十卷	阮閱	明刊本	1328a

A43	詩傳注疏三卷	宋・謝枋得（君直）	寫本	73b
A44	詩傳通釋二十卷	元・劉瑾 程松韻（敦和堂）舊藏	元日新堂刊本	74b
A39	詩緝三十六卷	宋・嚴粲 焦循（理堂）舊藏	明味經堂翻刻本	66a
C175	※〔增修〕詩學集成押韻淵海二十卷	元・嚴毅 清天祿琳琅、揆敘舊藏	元刊本	723b/※310a
A30	※詩總聞二十卷	宋・王質	清四庫底本	44b/※36a
B25	※資治通鑑二百九十四卷	宋・司馬光	元刊本	248a/※120b
B26	※資治通鑑二百九十四卷考異三十卷	宋・司馬光	明嘉靖間孔氏據宋本刊	250b/※122a
B32	〔入注附音〕資治通鑑外紀一百卷	劉恕 劉銓福（子重）（竹樓）舊藏	宋刊本	259a
B27	資治通鑑考異三十卷	宋・司馬光 周星詒（季貺）舊藏	明嘉靖間仿宋本	253a
B33	#〔陸狀元集百家注〕資治通鑑詳節一百二十卷	宋・陸唐老 蔡文子校正	宋刊本	260a
B39	資治通鑑綱目五十九卷	宋・朱熹 嚴觀（子靜）舊藏	宋刊本	267b
B42	資治通鑑綱目大全五十九卷		明刊本	272b
B41	※資治通鑑綱目集說五十九卷前編二卷	明・扶安原輯	明刊本	271a/※128b
B28	※資治通鑑釋文三十卷	宋・史炤 阮元（文達）舊藏	宋刊本	253b/※123b
B29	※資治通鑑釋文辨誤十二卷	元・胡三省 王懿榮（文敏）舊藏	元刊本	256b/※125a
B183	※遂初堂書目一卷	宋・尤袤	寫本	465a/※205b
C28	道一編六卷	明・程敏政	從明弘治刊本傳錄	520b
C246	※道書十二種十二卷	不著撰者 范欽（天一閣）舊藏	明寫本二冊子	825a/※358b

D138	道園學古錄五十卷	元・虞集	元刊本	1064a
C237	道德眞經廣聖義五十卷	唐・杜光庭	明寫本	811b
C239	道德眞經取善集十二卷	宋・李霖	明抄本	816a
C240	道德眞經講義十二卷		明宣德刊本	817b
C257	道藏闕經目錄上下卷		舊寫本	837a
B142	雍大記三十六卷	明・何景明	明刊本	406b
D333	※雍熙樂府二十卷	明・郭勛	明刊本	1351b/※648b
B70	靖康孤臣泣血錄不分卷	宋・丁特起 張叔未舊藏	寫本	318b
D185	楊文敏公集二十五卷	明・楊榮	明刊本	1127b
D225	#〔太史〕楊升庵全集八十一卷	明・楊愼	明刊本	1186b
D183	#〔少師東里〕楊公文集二十五卷	明・楊士奇	明正統刊本	1126a
D9	※楊盈川集十卷附錄一卷	唐・楊炯 丁丙（八千卷樓）舊藏	明童子鳴校刊本	852a/※381a
C212	※楞嚴經義淵海三十卷	畢瀧（澗飛）、方功惠、吳農元（長卿）藏	明寫藍絲欄本（棉紙藍格寫本）	772a/※329a
D1	※楚辭八卷後語六卷	楚・屈原 陸時化（潤之）舊藏	明成化刊本	840a/※374a
D2	※楚辭章句十七卷	劉向編 明夫容館重刻宋本	王逸章句	841b/※373a
B113	殿閣詞林記卷	明・廖道南	明刊本	367b
C247	群仙語要纂集不分卷	元・董漢醇	明刊本	826a
D249	※群玉樓集八十四卷	明・張燮	明崇禎刊本	1223a/※582a
C126	群芳清玩不分卷	明・李璵	汲古閣本	659b
C165	#〔山堂先生〕群書考索前集六十六卷後集六十五卷續集五十六卷別集二十五卷	宋・章如愚	元刊本	710a
C166	#〔山堂先生〕群書考索前集六十六卷後集六十五卷續集五十六卷別集二十五卷	宋・章如愚	明愼獨齋本	710a
C179	群書鉤元十卷	高恥傳 孔千邱（堯山）舊藏	元刊本	729b
D286	#※聖宋文選三十二卷	不著輯錄人名	南海孔氏從文瀾閣傳鈔本	1279a/※608b

D287	＃聖宋名賢五百家播芳大全文粹一百二十六卷	宋・魏齊賢、葉棻	寫本	1280b
D73	※嵩山集二十卷	宋・晁說之 玉棟（讀易樓）舊藏	鈔宋本	954b/※437a
B93	※敬鄉錄二十三卷	元・吳師道	結一廬（朱澂、朱學勤）藍格寫本	344a/※154a
C180	※萬姓統譜一百四十卷附二十卷	明・凌迪知	明刊本	731a/※313b
B185	※萬卷堂藝文記一卷	明・朱睦㮮	舊寫本	469b/※208b
C167	※萬卷菁華前集八十卷後集七十八卷續集三十四卷	不著撰人 明・項篤壽（萬卷樓）舊藏	明藍絲欄精寫本	711a/※304b
D272	萬首唐人絕句一百一卷	宋・洪邁	寫本	1259a
D273	萬首唐人絕句四十卷	宋・洪邁	明刻本	1261a
C186	萬寶詩山三十卷	宋・葉景逵	舊刻巾箱本	737a
D215	※董文僖公集四十二卷	明・董越	精寫本	1170a/※547a
B53	蜀鑑十卷	宋・李文子	明刊本	287b
D306	路公軒詩上中下卷	明・王泰	明刊本	1312b
C45	※農書三十六卷	元・王禎	寫本	544a/※246b
C56	傷寒總病論六卷附音訓一卷修治藥法一卷	宋・龐安時	宋刊本	560b
D308	〔重脩〕會景編十二卷	明・趙廷瑞	明刊本	1313b
C75	※禽遁大全四卷	明・池本理	明刊本	584a/※259b
C183	稗編一百二十卷	明・唐順之	明刊本	734b
D131	※筠溪牧潛集不分卷	元・釋圓至 鮑廷博（淥飲）、陳撰（玉几）舊藏	從元槧精鈔本	1049b/※484a
A110	※經傳釋詞續編上中下卷	清・孫經世	胡澍（甘伯）手編精寫本	184b/※88a
B182	〔新刊〕經籍考卷	宋・馬端臨	明刊本	465a
C72	＃※〔景祐〕遁甲符應經三卷	宋・楊維德	精寫本	579b/※259a

十四畫：寧、漢、漫、誠、說、賓、齊、嘉、墉、壽、爾、瑤、疑、盡、趙、遜、圖、夢、蒼、鳴、僑、管、維、網

B140	寧志備攷十二卷	明・趙維寰	明寫本	405a
D136	＃漢泉曹文貞公詩集十卷	元・曹伯啓	影寫元刊本	1093b
C161	※漢雋十卷	宋・林鉞	宋刊本	706b/※303a
C162	※漢雋十卷	宋・林鉞	元刊本	707b/※304a
B8	漢書一百三十卷	東漢・班固 葉德輝舊藏	明德藩最樂軒刻本	220a
B9	漢書一百二十卷後漢書一百二十卷	漢・班固、晉・范曄	明嘉靖廣東崇正書院刊本	220b/※102b
B10	※漢書一百二十卷後漢書一百二十卷	漢・班固 晉・范曄	明汪文盛刊本	225b/※106a
B11	※漢書一百二十卷	東漢・班固	明高麗本	226b/※106b
B12	漢書地理志補注一百三卷	清・吳卓信	寫本（李兆洛抄本）	230a/108b
B22	※漢紀三十卷	漢・荀悅 汪肇龍（稚川）舊藏	明弘治間呂氏校刊本	243a/※117b
B23	※〔前〕漢紀三十卷後漢紀三十卷	漢・荀悅、晉・袁宏 辛耀文舊藏	明嘉靖刊前清果親王點讀番禺陳澧（蘭甫）批校本	245b/※119a
D107	漫塘文集三十六卷	宋・劉宰	明刊本	1004a
D106	※漫塘劉先生文集二十二卷	宋・劉宰	舊活字本	1002b/※460a
D169	※誠意伯文集二十卷	明・劉基	明林富編刊本	1102b/※510a
D170	誠意伯文集二十卷	明・劉基	明嘉靖刊本	1106a
C171	※誠齋文膾前集十二卷後集十二卷	宋・楊萬里 周永年（林汲）舊藏	宋刊本	718a/※308b
D101	※誠齋集百三十三卷	宋・楊萬里	寫本過錄宋賓王（題記及前人）校筆	996b/※458a
A20	※誠齋先生易傳二十卷	宋・楊萬里	明療鶴亭刊本	30b/※32b

A116	說文字原一卷	元‧周伯琦	元刊本	196b
A108	※說文解字義證五十卷	清‧桂馥 有諸名人手校	桂氏底本	178a/※82b
C8	說苑二十卷	漢‧劉向	明楚藩大字本	497b
C9	＃〔劉氏二書〕說苑二十卷新序　卷	漢‧劉向	明刊本	499a
C142	說郛一百卷	明‧陶宗儀	明刊本	683b
C100	※說楛七卷	明‧焦周	寫本	622a/※275a
C110	賓退錄十卷	宋‧趙與時 吳縣潘茉坡（椒坡） （桐西書屋）藏 傳錄胡珽（心耘）校筆	仿宋刻本	641b
C114	※齊東野語二十卷	宋‧周密 費莫文良舊藏	明正德刊本	645b/※282a
B141	齊乘六卷	元‧于欽	明刊本	406a
B138	※嘉靖彰德府志八卷	崔銑 虞山瞿鏞（鐵琴銅劍樓）舊藏	明刊本	401a/※179a
B134	＃嘉泰會稽志二十卷寶慶續志八卷	宋‧施宿、張淏	明正德重刊本	397a
C254	墉城集仙錄六卷	唐‧杜光庭 呂璜（月滄）舊藏	舊寫本	833b
C61	壽親養老新書四卷	宋‧陳直	元刊本	564b
A99	爾雅二卷	晉‧郭璞注 佛曨武（純齋）舊藏	元刻巾箱本	162a
A100	※爾雅二卷	晉‧郭璞注 吳棠（滌山堂）舊藏	從元刊巾箱本景寫	162b/※76b
A101	※爾雅二卷	晉‧郭璞注 揚州阮元舊藏	明刊本	164a/※77b
A102	爾雅注疏十一卷	清‧孔廣森	曲阜孔廣栻校乾隆四年刊本	165b
A104	※爾雅新義二十卷	宋‧陸佃	伊蒿學廬黑格寫本	168b/※78b
A105	爾雅翼三十二卷	宋‧羅願	明正德刊本	172b
D221	※瑤石山人詩稿十六卷	明‧黎民表	明刊本	1176b/※550b

C99	※疑耀七卷	明・李贄	明刊本	618a/※271b
B88	盡言集十三卷	宋・劉安世 天一閣、葉德輝舊藏	明隆慶辛未仿宋淳熙刻本	339a
D128	趙松雪文集四卷	元・趙孟頫 梁清標（蕉林）、陳鱣（簡莊）、陳鴻壽藏	舊刻本	1047a
D52	※趙清獻公文集十卷	宋・趙抃	明刊本	914b/※414a
D180	遜志齋集二十四卷	明・方孝孺	明刊本	1120a
C182	圖書編二百一十七卷	明・章潢	寫本	733b
C107	夢溪筆談二十六卷	宋・沈括	宋刊本	638a
C108	夢溪筆談二十六卷	宋・沈括 明徐萬齡（百城樓）舊藏 有校筆	元刊本	639a
D323	蒼崖先生金石例十卷	元・潘昂霄 沈欽韓（小宛）舊藏	元至正刊本	1334a
C87	※鳴道集說一卷	金・李之純	明寫本	598b/※266a
D150	※僑吳集十二卷	元・鄭元祐 秦更年識語	明宏治間張習（企翔）粵刊本	1079b/※497a
C41	※管子纂詁二十四卷	日・安井衡	日本刊本	538a/※242b
C217	維摩詰所說經上中下卷	後秦・鳩摩羅什譯	明刊本	788b
D95	※網山月魚先生文集八卷	宋・林亦之 查昇（聲山）舊藏	寫本	986b/※452a

十五畫：廣、慶、潘、潤、潛、論、鄭、諸、歐、穀、輟、震、墨、蔡、儀、劉、樂、盤、稼、稽、節、黎、緯

C131	廣川書跋十卷	宋・董逌 文徵明、季振宜、朱筠、朱少河、何紹基、韓安崎、葉德輝舊藏	明文氏玉蘭堂鈔本	663a
D45	※廣成集十七卷	唐・杜光庭	晚晴軒陳文田傳錄知聖道齋本	901b/※406a
B96	廣卓異記十卷	宋・樂史	舊寫本	348b

B174	※慶元條法事類八十卷附開喜重脩尚書吏部侍郎右選格二卷	洪頤煊（倦舫）舊藏	寫本	454b/※200b
B158	潘司空河防権十二卷	明・潘季馴	明刊本	428b
B98	潤州先賢事實錄六卷	明・姚堂	明天順刊本	351b
D166	潛溪先生集十八卷	明・宋濂 吳縣潘祖蔭（滂喜齋）舊藏	明天順蜀刻本	1100a
D168	潛溪集十卷	明・宋濂	明刊八冊本	1101b
C104	※論衡三十卷	漢・王充	通津草堂本	633b/※225a
C105	論衡三十卷	漢・王充	明刊本	636a
A25	〔敷文〕鄭氏書說一卷	宋・鄭朴	抄本	39a
D213	鄭詩十三卷附錄一卷	明・鄭善夫	明刊本	1168a
B91	※鄭端簡公奏議十四卷	明・鄭曉 葉繼雯（雲素）舊藏	明寫本	342b/※152b
B79	諸臣奏議一百卷	宋・趙汝愚 章貞（石卿）舊藏	影宋本	331b
C31	諸儒語要十卷	明・唐順之	明刊本	522b
C234	※諸佛世尊如來菩薩尊者名稱歌曲一卷	明成祖	明永樂官刊本	809a/※351a
D62	※歐陽文忠公全集一百五十六卷	宋・歐陽修 毛晉汲古閣舊藏	明天順刊本	933b/※422b
D63	※〔新刊〕歐陽文忠公集攷異殘本三十四卷	宋・歐陽修 陳微芝（蘭鄰）藏	明洪武刊本	936a/※424b
D38	※歐陽先生文集十卷附錄一卷	唐・歐陽詹	明焦竑（澹園）藏寫本	889a/※397a
C117	穀山子文定公筆塵十八卷	明・于愼行	明刊本	649b
C194	※輟耕錄三十卷	明・陶宗儀	明成化刊本	750a/※322a
C195	輟耕錄三十卷	明・陶宗儀 查繼佐（伊璜）舊藏	明玉蘭草堂刻本	751b
D196	※震澤先生集三十六卷	明・王鏊	明刊本	1144a/※532b
C79	墨子十五卷	周・墨翟	明刊本	589b
C136	#※〔程氏〕墨苑十二卷	明・程大約	明刊本	670b/※291a
C137	#※〔方氏〕墨譜六卷	明・方于魯	明刊本	673a/※292b

A26	〔書〕蔡氏傳纂疏六卷	元·陳櫟 胡虔（雒君）舊藏	元泰定刊本	39b
D48	#〔宋端明殿學士〕蔡忠惠公文集四十卷	宋·蔡襄	明刊本	909b
A50	儀禮十七卷	明·陳鳳梧校刻本	過錄前人校筆	83b
A51	儀禮圖十七卷	宋·楊復	元刊本	86a
A52	儀禮經傳七十三卷		明刻本	87a
A53	儀禮識誤三卷	宋·張淳	寫本	87b
A54	※儀禮集說十七卷	元·敖繼公 季振宜（滄葦）、秦恩復（敦夫）、葉德輝舊藏	元刊本	88a/※ 53a
A55	儀禮集說殘本十卷	元·敖繼公 有校筆	元刊本	92b
C124	劉子威雜俎十卷	明·劉鳳	明刊本	658a
D42	劉拾遺集不分卷	唐·劉蛻 葉德輝舊藏	明崇禎庚辰閔齊伋刻本	897b
D115	※劉後村先生大全集一百九十六卷	宋·劉克莊 蔣維基、巴陵方功惠舊藏（丁日昌（持靜齋）藏賜硯堂寫本方功惠借錄）	從賜硯堂本傳錄	1014b/ ※463b
D174	#劉翰林斐然稿不分卷	明·劉三吾	寫本	1111a
A71	樂典三十六卷	明·黃佐	拜詩閣寫本	121b
D263	※樂府詩集一百卷	劉宋·郭茂倩 蔣士銓（甘茶老人）舊藏	元刊本	1246a/ ※596a
D264	※樂府詩集一百卷	劉宋·郭茂倩 用公牘故紙印	明汲古閣刊本	1248a/ ※597b
A70	樂律全書四十七卷	明·朱載堉	明刊本	120b
A69	#〔三山陳先生〕樂書二百卷目錄二十卷正誤一卷	宋·陳暘	元刊本	120a
A74	樂經元義八卷	明·劉濂 繼昌（蓮龕）舊藏	明刻本	125b
D100	※盤洲文集八十卷目錄二卷	宋·洪适 洪氏振安舊藏	景宋本	995a/※ 457a

D326	※〔批點〕稼軒長短句十二卷	宋・辛棄疾 何紹基（子貞）、葉德輝舊藏	明嘉靖刊本	1345b/ ※636a
B30	稽古錄二十卷	宋・司馬光	宋刊本	257b
B31	稽古錄二十卷	宋・司馬光	明刊本	258b
C150	稽古堂叢刊		明高承埏校刊	691b
D61	※〔重刻〕節孝先生文集三十一卷	宋・徐積 桐城蕭穆舊藏	明（嘉靖）刊本	931b/ ※421a
D216	＃※黎陽王襄敏集四卷	明・王越	明刊本	1171a/ ※547b
C96	緯略十二卷	宋・高似孫 玉函山房、葉德輝遞藏	影寫明沈士龍刻本	614a

十六畫：憲、潞、諡、辨、駱、龍、塵、禪、樵、歷、燕、翰、遼、戰、默、儒、學、錦、鮑

B47	憲章錄四十七卷	明・薛應旂 南海孔廣陶、上虞羅振玉舊藏	明刊本	281a
D146	＃※潞國公張蛻庵詩集四卷	元・張羣	寫本	1071b/ ※494a
B171	諡法通考十八卷	明・王圻 孫星衍（淵如）題識	明萬曆丙申刻本	449b
C60	辨惑論三卷	元・李呆 清怡府舊藏	舊刊本	564b
D11	〔唐〕駱先生文集六卷	唐・駱賓王	明刊本	853a
D110	龍川先生文集三十卷	宋・陳亮	明嘉靖刊本	1006a
D242	龍江先生文集十四卷	明・唐錦	明隆慶刊本	1212a
C106	塵史一卷	宋・王得臣	舊抄本	636b
C222	禪宗永嘉集注上下卷		明刻本	798b
D158	樵雲獨唱詩集八卷	元・葉顒	舊鈔本	1090b
D231	歷下集不分卷花縣集四卷	明・莫叔明	明刻本	1194a
B77	※（成祖諭輯）歷代名臣奏議三百五十卷	明永樂十四年奉敕編	明永樂官刊本	328a/※151b
B78	歷代名臣奏議一百六十一卷	明・張溥	明刊本	329b
D324	燕喜詞一卷	宋・曹冠	楊紹和海源閣藏寫本	1337a

C135	翰墨會紀十九卷	明・金階	明刻本	670a
B20	遼史一百十六卷	元・脫脫	元刊本	242a
B68	戰國策校註十卷	元・吳師道 黟縣李宗煝（芸樓）舊藏	元刊本	315a
D133	默庵安先生文集五卷	元・安熙 鮑廷博、文廷式（道義）、蔣維基（子垕）、葉德輝舊藏	知不足齋鈔本	1055a
C83	儒門經濟長短經九卷	唐・趙蕤 王初桐（于陽）舊藏	舊抄本	594a
C140	※儒學警悟七集四十卷	宋・俞鼎經、俞經編 盛昱（伯兮）、繆荃孫（小山）舊藏	明嘉靖寫本	675b/ ※294a
C94	※學林十卷	宋・王觀國	清四庫底本	612a/※270a
C163	錦繡萬花谷前集四十卷後集四十卷續集四十卷	宋・蕭贊元	明徽藩刻本	708b
D36	※鮑溶詩集六卷集外詩一卷	唐・鮑溶 曹秋嶽、張孟公（拱端）校	寫本	882a/※392b

十七畫：濟、濯、禮、謝、擊、檀、臨、隸、韓、嶽、儲、徽、舉、輿、鍾、鍼

C58	濟生拔粹方十九卷	元・杜思敬	元刊本	562a
D74	濟北晁先生雞肋集七十卷	宋・晁補之	明詩瘦閣仿宋刊本	956b
C201	濯纓亭筆記七卷	明・戴冠	嘉靖刊本	758b
A56	禮記二十卷	明嘉靖翻宋本	吳農祥（寶名樓）舊藏	95b
A57	※禮記集說三十卷	元・陳澔 孔憲彝（紅荳軒）舊藏	明白口九行本	96b/※55b
A58	禮記集說三十卷	元・陳澔 楊大堉（雅輪）舊藏	明福建按察司刻本	98b
A59	禮記集說十卷	元・陳澔	明巾箱本	100a
A62	※禮經會元四卷	宋・葉時 南海孔氏三十三萬卷堂舊藏	元至正間刊本	103b/※57a

A64	禮書一百五十卷	宋・陳祥道	元刊本	112a
A119	〔增修互注〕禮部韻略五卷	宋・毛晃 張貞（寶墨樓）舊藏	宋刊本	202a
D247	※謝耳伯先生詩集八卷	明・謝兆申 葉元（赤堇山人）舊藏	明刊本	1220a/ ※580a
D60	※擊壤集二十卷	宋・邵雍 汪秀峰、黃壽玉、葉德輝先後藏	元翻宋本	927a/※ 418a
D255	※檀園集十二卷	明・李流芳 岳鍾琪（威信公）舊藏	明刊本	1232b/ ※589b
D64	※臨川先生文集一百卷	宋・王安石	宋刊本	941a/42 7b
D177	※臨安集十卷	元・錢宰 呂留良（講習堂）、韓泰華（玉雨堂）藏	明淡生堂祁承㸁寫本	1117a/ ※518b
B190	※隸續殘存八卷	宋・洪适	黃丕烈（蕘圃）手校汪氏樓松書屋翻元本	476b/ ※212a
C43	※韓非子廿卷附顧氏識誤三卷	周・韓非 清・顧廣圻 曾習經（剛父）過錄 陳澧（蘭甫）簽注	清嘉慶二十三年重刊宋乾道本	541b/ ※244b
D27	※韓昌黎集四十卷	唐・韓愈 明陳仁錫（明卿）手校	明刊本	869a/※ 385b
D28	〔唐〕韓昌黎集四十卷外集十卷附錄一卷	唐・韓愈 葉德輝藏	明崇禎癸酉蔣氏合刻本	874a
A31	韓魯齊三家詩考六卷	宋・王應麟	元泰定刊本	47b
D254	※嶽歸堂未刻稿不分卷	明・譚元春	明刊本	1231b/ ※588b
D201	※儲文懿集十六卷	明・儲巏	寫本	1151b/ ※537a
B137	徽州府志二十二卷	明・汪尚寧（洪垣）	明嘉靖刊本	399b
B179	※舉業正式六卷	不著撰人	明官刊本	461b/ ※204a
B187	輿地碑目四卷	明・王象之 吳騫（兔床）舊藏	寫本	472b

D253	#鍾伯敬詩集十卷譚友夏詩集十一卷	明・鍾惺、譚元春	明刊本	1230a
C66	※鍼炙擇日編集不分卷	高麗・全循義、金義日本吉家氏、多紀氏舊藏	舊寫本	569b/※257b

十八畫：顏、職、醫、轉、叢、舊、甌、雙、龜

C2	※顏子七卷附錄一卷	元・李鼐	元刊本	488b/※221a
D18	顏魯公文集十五卷附補遺	唐・顏眞卿	明錫山安氏刊本	858b
B161	※職方外紀五卷	明・艾儒略	明刊本	435b/※191b
B165	※職官分紀五十卷	宋・孫逢吉陳詩庭（妙士）、張穆（石洲）、何子貞舊藏	舊寫本	441a/※197a
D194	※醫閭集九卷	明・賀欽明陳仁錫（明卿）校讀	明刊本	1142b/※531b
A124	轉注古音略五卷	明・楊愼	明刊本	209b
D310	※叢書堂投贈集二冊	吳寬（文定公）手題潘叔潤（介祉）藏	明寫本	1316a/※630a
B15	※舊唐書二百卷	劉煦	明嘉靖間聞人氏（詮）校刊本	235a/※112a
D229	甌甄洞稿　卷	明・吳國倫	明刊本	1191a
D132	※雙溪醉隱集六卷	元・耶律鑄	文瀾閣傳鈔本	1053b/※486b
D78	龜山先生集十六卷	宋・楊時	明刊本	961a

十九畫：廬、瀛、譚、韻、類、麗、羅、蟻、關、藏、藝、藩

B149	廬山紀事十二卷	明・桑喬羅振玉藏	明刊本	416b
C221	廬山蓮宗寶鑑十卷	元・普度	元刻本	796b
D280	瀛奎律髓四十九卷	元・方回戴廷栻（楓仲）舊藏	明刊本	1271a
D253	#〔鍾伯敬詩集十卷〕譚友夏詩集十一卷	明・鍾惺、譚元春	明刊本	1230a

A120	韻府群玉二十卷	元‧陰時夫輯 陰中夫注	元刊本	203b
C174	〔重刊增廣分門〕類林雜說十五卷	金‧王朋壽	舊抄本	722b
C181	#※類書三才圖會一百六卷	明‧王圻	明刊本	732a/※314b
C14	麗澤論說集十卷	宋‧呂祖謙	宋刊本	505b
D192	羅一峰先生文集十四卷	明‧羅倫	從明萬卷樓刊本傳錄	1139b
D92	※羅鄂州小集六卷	宋‧羅願	桐鄉汪森裘杼樓寫本	979b/※447b
D328	※蟻術詞選四卷	元‧邵亨貞 鮑廷博（知不足齋）、方功惠舊藏	精寫本	1347b/※646a
B101	※關王事跡五卷玉泉志三卷	元‧胡琦	舊刊本	354a/※158a
C255	#〔祕傳〕關尹子言外經旨三卷	周‧尹喜 宋‧王夷	元刊本	834a
D121	藏春詩集六卷	元‧劉秉忠 壽陽祁嶲藻舊藏	舊抄本	1031b
B59	※藏書六十八卷續藏書二十七卷	明‧李贄	明刊本	295b/※139b
C155	藝文類聚一百卷	唐‧歐陽詢	元宗文堂刻本	698a
C156	藝文類聚一百卷	唐‧歐陽詢	明活字本	698b
B112	藩獻記三卷	明‧朱謀㙔（鬱儀）	明刻本	367a

廿畫：寶、蘇、釋、鐔

D250	※寶庵集二十四卷	明‧顧紹芳 顧淳德批校	明刊本	1226a/※584a
B134	#〔嘉泰會稽志二十卷〕寶慶續志八卷	宋‧施宿、張淏	明正德重刊本	397a
C130	〔圖繪〕寶鑑五卷續編一卷	元‧夏文彥	明刊本	662a
A19	蘇氏易解九卷	宋‧蘇軾	明南京吏部刊	29b
B104	蘇長公外紀十二卷	明‧王世貞	明刊本	359a
B109	蘇松武舉錄不分卷		寫本	363b
C207	釋氏源流上下卷	不著撰人	明刊本	768b
C206	釋迦譜十卷	蕭齊‧釋僧佑	舊寫本	768a

B227	#※〔貞元新定〕釋教目錄三十卷	唐・圓照	從日本享保刊本寫錄	803a/※347b
D50	※鐔津文集二十二卷	宋・釋契嵩 劉喜海（燕庭）舊藏	明宏治刊本	911b/※412b

廿一畫：蟻、鶴、續、鐵

D246	※蟻蟒集五卷	明・盧柟 汪文柏（季青）舊藏	明刊本	1219a/※579b
D112	※〔重校〕鶴山先生大全文集一百九卷	宋・魏了翁	明錫山安國活字本	1008b/※461a
D152	※鶴年先生詩集四卷	元・丁鶴年	舊寫本	1082b/※499a
C113	鶴林玉露十六卷	宋・羅大經	明小字本	644b
B34	續宋中興編年資治通鑑十五卷	宋・劉時舉	元刊本	260a
B197	續宋論三卷	明・蔣諿 魏肇泲（在杭）、姚舜咨（潛坤）舊藏	明刊本	485a
C232	※續高僧傳四十卷	唐・釋道宣	明支那本（明萬曆中徑山寂照庵刻）	807a/※349a
B37	續資治通鑑長編五百二十卷	宋・李燾	寫本	265a
B43	續編資治宋元綱目大全二十七卷		寫本	274a
D161	鐵崖文集五卷	元・楊維楨	明弘治間刊本	1093b

廿二畫：讀、權、疊

B194	※讀史管見三十卷	宋・胡寅	明寫本	481b/※214a
C22	讀書記乙集上大學衍義四十三卷	宋・眞德秀	宋刊本	515b
C29	讀書錄十卷	明・薛瑄	明萬曆間官刊本	521a
A27	※讀書叢說六卷	元・許謙	朱彝尊（潛采堂）、揆敍（謙牧堂）舊藏寫本	41a/※35a
D22	※權載之文集五十卷撫遺一卷附錄一卷	唐・權德輿	海源閣藏孫星衍（淵如）舊寫本	862b/※382b
D266	#疊山先生批點文章軌範七卷	宋・謝枋得	元刊本	1250b

廿三畫：欒

D68	※欒城集五十卷後集二十四卷三集十卷	宋・蘇轍	明嘉靖蜀府活字本	946b/※432a

廿四畫：蠹、靈、鹽

D98	※蠹齋鉛刀編三十二卷	宋・周孚	明寫本	991b/※455a
C71	靈棋經二卷	許丹臣、朱少河校藏	寫本	577b
D10	靈隱子六卷	唐・駱賓王	明萬曆刻本	852b
C6	※鹽鐵論十卷	漢・桓寬 有校筆	明刊本	495b/※224b

附錄三 《五十萬卷樓藏書目錄》著錄藏書家索引

凡　例

一、凡是《五十萬卷樓藏書目錄》著錄之藏書家舊藏，均予以收錄。

二、本索引依藏書家姓氏筆劃多寡排列。

三、撰有題跋者，只注明代號；無題跋者，則錄書名。

四、藏書家之生平資料，以楊廷福、楊同甫合編之《清人室名別稱字號索引》
及王河主編之《中國歷代藏書家辭典》爲依據。

時代	姓名	字號	里籍	題跋代號	傳記	藏書處所	備註
清	丁日昌	禹生、雨生 持靜	廣東豐順	A36	A36 ※A36	持靜齋 實事求是齋 百蘭山館 讀五千卷室	
清	丁丙	嘉魚、松生 松存	浙江錢塘	D9 明刻楊昱輯本 牧鑑十卷		八千卷樓 嘉惠堂 善本書室	
清	丁晏	儉卿	山陽	A79	A79 ※A79	頤志齋	
清	丁健	誠叔	浙江錢塘	D274	D274 ※D274		

清	于鬯	香草、醴尊	南匯	C67	C67		
清	方世舉	扶南、息翁	桐城	C141	C141 ※C141		
清	方功惠	慶齡、柳橋	湖南巴陵	C157 C212 D54 D71 D77 D115 D160 D328 勿齋集	※C157	碧琳琅館 十文選齋	
清	方濬師	子嚴、夢簪 蕪軒	定遠	D56	※D56	退一步齋	
清	王士禛	子眞、貽上 阮亭、文簡 漁洋山人	新城	D3 D47 季木詩稿	※D3	池北書庫	
清	王先謙	益吾	長沙	B143			
元	王元伯	金檀	B148	B148 ※B148			
清	王筠	貫山、綠友、 菉友	山東安丘	A32	A32		
清	王念孫		高郵	A112			
清	王懿榮	正儒、廉生、 文敏	山東福山	B29 B167 C36	B29 ※B29		
清	王鳴盛	鳳喈、禮堂、 西莊、西沚	江蘇嘉定	B69	B69 ※B69		
清	王芑孫	惕甫、念豐	長洲	B116 D53	B116 ※B116		
清	王紹蘭	畹馨、南陵、 思惟居士	浙江蕭山	D120	D120 ※D120	知足知不足 館	
清	王初桐	于陽	嘉定	C83	C83		
明	王守仁	陽明、伯安	餘姚	C123			
清	王蔭槐	味蘭、子和	盱眙	D81		偶園	
明	文徵明	衡山	長洲	C131 D34	D34 ※D34	梅谿精舍 辛夷館 竹塢 玉磬山房	

清	文廷式	道希、芸閣	江西萍鄉	D133			
清	孔憲彝	敘仲	山東曲阜	A57	A57 ※A57	紅萼軒 對嶽樓	
清	孔廣陶	鴻昌、少唐	廣東南海	A62 B47 D286 寫本今獻備遺	※A62	嶽雪樓 三十三萬卷樓	
清	孔繼涵	体生、荭谷、補孟	山東曲阜	A78 B130 D124	A78 ※A78 D124 ※D124	青曬書屋 春及園 微波榭 紅櫚書屋	父
清	孔廣栻	伯誠、一齋	山東曲阜	A102	A102		子
清	孔尚任	聘之、東塘	山東曲阜	B152	B152		
清	孔德昌	佩秋		C27	C27		
清	孔千秋	堯山	江陰	C179	C179		
清	毛扆	斧季	江蘇常熟	A1	A1		子
清	毛晉	鳳苞、子九、子晉、潛在	江蘇常熟	A15 A36 B132 B155 D62 D71 D147 D264 D296 D316 D330 D336	A36 ※A36 D62 ※D62	汲古閣 目耕樓	父
清	毛嶽生	生甫	嘉定	C102	C102 ※C102		
清	天祿琳琅			A117 C116 C175			
清	玉棟	子隆、筠圃	瀋陽	D73	D73 ※D73	讀易樓	
清	永瑆：成哲親王	少厂、鏡泉、詒晉齋主人	滿州怡王府	B102 C60 C65 C252 D258	B102 ※B102 ※C65	詒晉齋堂 樂善堂 安樂堂 明善堂	

清	安岐	儀周、儀舟麓村	天津	A95 C131	A95	古香書屋	
清	江筠	震滄	江蘇吳縣	A22	A22 ※A22		
清	江聲	飛濤、白沙	江蘇常熟	C21	C21		
清	伊秉綬	祖似、墨卿	福建寧化	A42	A42		
清	朱彝尊	錫鬯、竹垞、鷗舫	秀水	A27 D182 D336	A27 ※A27	曝書亭 潛采堂	祖
清	朱稻孫	稼翁、漁村、芊陂	秀水	B126	B126 ※B126		孫
清	朱學勤 朱澂	修伯 子清	浙江仁和	A27 B93	A27 ※A27 B93 ※B93	結一廬	子 父
清	朱駿聲	豐芑	元和	A118	A118		
清	朱錫庚	少河	大興	C711 C131			子
清	朱筠	竹君、笥河	大興	C131			父
清	百齡	子頤、菊溪、文敏公	承德	C134		珊瑚閣 橄欖軒	
清	汪輝祖	煥曾、龍莊、歸廬	浙江蕭山	A4	※A4	環碧山莊	
清	汪喜荀	喜孫、孟慈、孟伯、荀叔	江蘇江都	A67	A67 ※A67	問禮堂	
清	汪肇龍	稚川、松麓	婺源	B22	B22 ※B22		
清	汪文柏	季青、柯庭	浙江桐鄉	B121 D246		古香樓 摛藻堂 擁書樓 屐硯齋	
清	汪由敦	文端	休寧	D192		及謹堂	
清	汪立名	西亭	婺源	D290	D290	一隅草堂	
清	汪憲	千陂、魚亭	浙江錢塘	C44	C44 ※C44	振綺堂	
清	汪文琛	厚齋	長洲	C65	C65	藝芸書舍	父

清	汪士鐘	閬源、春霆		A63	※C65 ※A63		子
清	汪啓淑	秀峰、華國、慎儀、訒庵	安徽歙縣	D60 D127	※D127	開萬樓	
清	汪士鐸	振庵、梅村	江蘇江寧	D281	D281		
清	汪森		桐鄉	D92	D92 ※D92	裘杼樓	
清	沈炳垣	曉滄、魚門	海鹽	A40	A40 ※A40		
清	沈慈	十峰	上海	B13	B13 ※B13	古倪園	
清	沈復粲	霞西	山陰	B76 D86	B76	鳴野山房	
清	沈垚	子敦、寄簃	烏程	D267	D267 ※D267		
清	沈廷芳	畹叔、椒園、萩林、晚之	浙江仁和	D3	D3 ※D3	隱拙齋	
清	沈寶硯			D34			
清	沈欽韓	小宛、文起	江蘇吳縣	D323	D323		
清	宋筠	蘭揮、晉齋	河南商邱	C93	C93 ※C93	青綸館	
明	祁承㸁	爾光、夷度、曠翁	山陰	D177	D177 ※D177	澹生堂	
清	祁崶藻	叔穎、淳甫、實甫、觀齋	山西壽陽	D121	D121		
清	李宏信	柯溪	山陰	A80	A80	小李山房	
清	李宗楣	爰得、輝亭	黟縣	B68	B68	芸樓	
明	李廷相	夢弼、蒲汀、文敏	濮州	C238	C238 ※C238	雙檜堂	
明	李春芳	子實、石翁	揚州興化	D57			
清	辛耀文	仿蘇、芋花庵主人	廣東順德	B23 明刻邵集	※B23	芋花庵	
清	吳農祥	慶百、星叟	浙江錢塘	A56	A56	寶名樓	
清	吳棠	仲宣	盱眙	A100	A100 ※A100	滁山堂 望三益齋	

清	吳文溥	澹川、博如	嘉興	B51		硯山堂	
清	吳引孫		江蘇儀徵	B61 B62 明刻本天一閣集	※B61	有福讀書堂 測海樓	
清	吳若準	次平、耕石	錢塘	B128	B128 ※B128		
清	吳承德	懶庵	璜川	B175	B175 ※B175		
清	吳騫	槎客、兔床	浙江海寧	B187		拜經樓、千元十駕	
	吳漫士			C193			
清	吳振棫	宜甫、仲雲、再翁	浙江錢塘	D90	D90	花宜館	
清	吳焯	尺鳧、繡谷	浙江錢塘	D114		繡谷亭	
清	吳城	敦復、甌亭	浙江錢塘	D191	D191 ※D191	瓶花齋	
明	吳寬	原博、匏庵、文定	長洲	D310	D310 ※D310	叢書堂	
清	吳錫麟	聖徵、穀人	浙江錢塘	D120	D120 ※D120		
	吳農元	長卿	延陵	C212			
清	吳麟	子端	滿洲	寫本誠齋易傳			
清	呂璜	禮北、月滄	廣西永福	C254	C254		
清	呂留良	晚村、莊生	浙江石門	D177 D189		吾研齋	
清	何焯	屺瞻、蓼谷、義門	江蘇長洲	B155	B155 ※B155	賚研齋	
清	何紹基	子貞 東洲居士	道州	B165 C131 D35 D326 積古齋鐘鼎款識		東洲草堂	
	佛矓武	純齋		A99			
清	阮元	伯元、芸台、文達	江蘇儀徵	A101 B28 D305	A101 ※A101	文選樓 琅嬛仙館	

清	阮學濬	澄園、茝崖	江南山陽	D29	D29		
清	邵彌	僧彌、瓜疇	長洲	D5	D5 ※D5		
清	邵晉涵	二雲、與桐	浙江餘姚	D123			
	岳端	紅蘭主人		B168	B168 ※B168		
清	岳鍾琪	威信公 東美、容齋	成都	D255	D255 ※D255		
清	周永年	書昌、 林汲山人	山東歷城	C171	C171 ※C171	籍書園	
清	周星詒	季貺、窳翁	浙江山陰	B27 C109 C115	※C115	書鈔閣	
清	周在浚	雪客	祥符	B121 D108	B121		
清	季振宜	詵兮、滄葦	江蘇泰興	A54 C131 D145 D259	A54 ※A54		
清	季景和	靜芬		D335	D335 ※D335		
清	季錫疇	菘耘、范卿	江蘇太倉	D198	D198 ※D198		
清	金門詔	東山	江蘇江都	C69	C69	二酉山房	
清	金檀	星軺	浙江桐鄉	D186	※D186	文瑞樓	
清	姚舜咨	潛坤		B197			
清	姚華	重光、茫父、 蓮花庵主	貴州貴筑	D5	※D5		
清	俞正燮	理初	黟縣	A122			
清	查昇	仲韋、聲山	浙江海寧	D95	D95 ※D95		
清	查繼佐	伊璜	浙江海寧	C195			
清	柯逢時	懋修、遜庵、 巽庵、息園	湖北武昌	C109 C115			
清	胡虔	雒君	桐城	A26			
清	胡澍	荄甫、甘伯、 石生	安徽積縣	A110	A110 ※A110	二向堂	

				C109			
清	紀昀	曉嵐、春帆	直隸獻縣	A6		閱微草堂	
明	范欽	堯卿、東明	浙江鄞縣	A83 C184 C190 C220 C246 C248 D307 天一閣寫本後 村詩話		天一閣	
清	洪頤煊	旌賢、筠軒、 倦舫老人	浙江臨海	B174	※B174	小停雲山館	
清	洪震煊	百里	浙江臨海	D104	D104 ※D104		
	洪振安			D100			
清	郁禮	佩宣、潛亭	浙江錢塘	B191	B191 ※B191	東歗軒	
清	翁方綱	覃溪、石洲、 正三、蘇齋	直隸大興	A113 B120		寶蘇齋 三萬卷齋	
清	翁澍	季霖	江蘇吳縣	B65	B65 ※B65		
清	袁芳瑛	漱六	湖南湘潭	明刻本公孫龍 子		臥雪廬	
清	袁廷檮	廷壽、壽階	江蘇吳縣	D33 D291 D336	D33 ※D33	五硯樓 紅蕙山房	
民國	袁克文	寒雲、抱存	河南項城	C238	※C238		
明	晁瑮	君石、春陵	貴州開陽	B45	B45 ※B45	寶文堂	
清	孫星衍	淵如、伯淵	江蘇陽湖	B171 C231 D22 D127		廉石居 平津館 冶城山館 一榭園	
清	孫承澤	耳伯、退谷、 逸叟	山東益都	C238	C238 ※C238	萬卷樓 研山齋	
清	倪稻孫	米樓、穀民	仁和	B129	B129 ※B129		

清	倪模	迂存、匪瓶	安徽望江	D46 D207		江上雲林閣	
明	紐石溪	仲文	會稽	C11	C11 ※C11	世學樓	
民國	秦曼倩	更年	江蘇江都	D2 D150			
清	秦恩復	敦夫、澹生	江蘇揚州	A54	A54 ※A54	石研齋	
清	徐松	星伯	大興	D8	D8	治樸學齋	
明	徐萬齡	介壽	蘭谿	C108	C108	百城樓	
清	徐坊	矩庵、梧生、蒿庵、士言	山東臨清	A67 D126	A67 ※A67	歸樸堂	
明	徐光啓	子先、玄扈	上海	D278	D278 ※D278	後樂堂	
清	徐乾學	健庵、憺園	崑山	宋刻密庵語錄		傳是樓	
清	徐時棟	柳泉、定宇	鄞縣	C170		城西草堂	
清	馬釗	遠林	長洲	B18			
	馬竹銘	尙杰		D283			
清	馬國翰	詞溪、竹吾	山東歷城	C96	C96	玉函山房	
清	馬曰琯	秋玉、嶰谷	安徽祁門	D151	D151	小玲瓏山館	
清	馬曰璐	佩兮、半槎	安徽祁門	D155	※D151	街南書屋、叢書樓	
	張鳳翼			A18			
清	張基	德載		C235			
清	張金吾	月霄	江蘇常熟	D114		愛日精廬	
清	張廷濟	叔未	浙江嘉興	B70 D172			
清	張紹仁	學安、訒庵、巽翁	長洲	D291	D291 ※D291	綠筠廬 執經堂 讀異齋	
清	張拱端	孟公、孟恭	山西太原	D36	D36 ※D36		
清	張貞	起元、杞園	安邱	A119		寶墨樓	
清	張燕昌	芑堂、文魚	浙江海鹽	B131			
清	張穆	石洲、殷齋	平定	B165 D142	D142 ※D142		

清	張符驤	良御	泰州	C81	C81 ※C81		
清	張載華	佩兼、芷齋	浙江海鹽	C109	C109		
清	張宗楠	詠川、思嚴	浙江海鹽	C159	C159		
	章貞	石卿		B79	B79		
清	陳璘	谿齋、昆玉	浙江海寧	A9			
清	陳本禮	嘉惠、素村	江蘇揚州	A48		瓠室	
	陳上舍			A65			
清	陳澧	蘭甫、東塾	廣東番禺	B23 C244	B23 ※B23	東塾書樓	
清	陳鱣	仲魚、簡莊、河莊	浙江海寧	A109 B124 C91 D128 漢書地理志稽疑		津逮舫 六十四硯齋 向山閣	
清	陳詩庭	妙士、令華	嘉定	B165	B165 ※B165		
清	陳僅	漁珊、餘山		C176	C175 ※C175		
	陳姚衡	雪逸		B177			
清	陳在謙	六吉、雪漁	新興	C196	C196		
清	陳文田	硯香	泰州	D45		晚晴軒	
清	陳微芝	蘭鄰	福建閩縣	D63	D63 ※D63		
清	陳鴻壽	曼生	浙江錢塘	D128			
明	陳仁錫	明卿	長洲	D27 D130 D194	D130 ※D130	無夢園	
清	陳撰	楞山、玉几	浙江鄞縣	D131	D131 ※D131	玉几山房	
清	陳樹華	治泉	長洲	B124	B124 ※B124		
清	曹應鐘	念生	安徽歙縣	A3	A3	喈敢覽館	
	曹秋嶽			D36			
清	陸錫熊	健男、耳山	上海	A92	A92	竹素堂 萬池老屋	
清	陸時化	潤之、聽松	江蘇太倉	D1	D1 ※D1	翠華軒 嘯雲軒	

清	梁清標	棠村、蕉林	直隸眞定	D128		蕉林書屋	
清	許瀚	印林、培西	山東日照	A67	A67 ※A67		
	許丹臣			C71	C71		
清	畢瀧	澗飛	太倉	C 212			
清	莫棠	楚生、楚孫	貴州獨山	B175 C65 D21	B175 ※B175	銅井文房 文淵樓	
清	陶澍	文毅、雲汀	安化	D214		賜書樓	
清	陶湘	蘭泉	武進	A63 C140 D175		百川書屋	
清	盛昱	伯希、伯羲	滿州	C140 D313	※C140		
清	鄂忻	怡雲	滿洲	C39	C39		
	程松韻		黟縣	A44	A44	敦和堂	
清	程晉芳	魚門、蕺園	江蘇江都	B17	B17 ※B17	桂宦	
清	曾習經	剛父、蟄庵	廣東揭陽	B71 B122 C432 C244 D182	※B122	湖樓	
清	勞權	平甫、巽卿	浙江仁和	D122	D122	丹鉛精舍	
清	黃丕烈	蕘圃、復翁	吳縣	A63 B124 B133 B154 B189 B190 C193 C242 D23 D39 D175 D291 D336	A63 ※A63 D23 ※D23	百宋一廛 士禮居 求古居 學山海居	
清	黃中和	東莊、和叔	吳江	B119	B119		
	黃海長		瀋陽	D305			

明	黃虞稷	俞邰、楮園	福建晉江	C5	C5 ※C5	千頃堂	
清	黃叔琳	昆圃、研北	大興	D58			
清	黃壽玉			D60	D60 ※D60		
清	黃澄量	式筌、石泉	浙江餘姚	D245	D245 ※D245	五桂樓	
清	焦循	理堂	江蘇江都	A39	A39		
明	焦竑	弱侯、澹園、漪園、文瑞	山東日照	D38	D38 ※D38		
	項德棻		嘉興	A36	A36 ※A36		
明	項夢原	希憲、少溪	秀水	A77			
明	項篤壽	子長	秀水	C167	C167 ※C167	萬卷樓	
清	彭元瑞	文勤、芸楣、掌仍、輯五	江西南昌	B159 D155 D327	※B159	知聖道齋	
清	傅以禮	節子、灌園	浙江山陰	B106 傅忠肅集	B106 ※B106	華延年室	
民國	傅增湘	潤叔、沅叔、淑和、藏園	四川江安	C253		雙鑑樓	
清	馮登府	柳東、雲伯	浙江嘉興	B155	B155 ※B155		
清	費莫文良			C114	※C114		
清	單鈺	亦聲、振庵	易水	A103	A103		
清	葉繼雯	雲素、桐封	漢陽	B91	B91 ※B91		
清	葉樹藩	涵峰、星衛	長洲	D204			
清	葉元墀	仲蘭、心水、赤菫山人	浙江慈溪	D247	D247 ※D247	得一居	
清	葉樹蓮	石君、林宗	江蘇常熟	D302	D302 ※D302		

民國	葉德輝	煥彬、奐份、直山、郋園	湖南湘潭	A16 A54 A83 B8 B86 B88 B143 B148 C49 C88 C96 C131 C159 D6 D28 D30 D41 D42 D44 D57 D60 D91 D94 D97 D133 D172 D204 D256 D257 D275 D292 D325 D326 漢書地理志稽疑、明刻本雪心賦、明本臨川先生文集	A16 ※A16	觀古堂	
	葉德榮	國華		B189			
清	楊大堉	雅輪	江蘇江寧	A58	A58		
清	楊浚	雪滄	晉江	B186	B186 ※B186		
清	楊希閔	臥雲	新城	C188	C188 ※C188		

清	楊守敬	惺吾、鄰蘇	湖北宜都	C214	C214 ※C214	鄰蘇園 觀海堂	
清	楊泰亨	理庵	浙江慈谿	C223	C223 ※C223		
清	楊以增	益之、東樵	山東聊城	C242	D39	海源閣	父
清	楊紹和	彦合、勰卿	山東聊城	D22 D39 D324	※D39		子
清	楊承訓		山東聊城	D283			
清	溫日鑑	霽華、鐵花	烏程	D251	D251 ※D251		
清	揆敘	愷功、文端、容德	滿洲	A27 B75 C175 寫本江風松風集	A27 ※A27 C175 ※C175	謙牧堂	
	董康	授經、誦芬主人	江蘇武進	D160		誦芬室	
	趙次侯			D302		舊山樓	
清	端方	午橋	豐潤	B148	B148 ※B148		
明	鄭曉	窒甫、淡泉、端簡	浙江海鹽	D295	D295		
清	蔡泳	一帆、珠淵	金檀	C50	C50 ※C50		
清	劉銓福	子重、寬夫	大興	B32	B32	竹樓	
清	劉喜海	燕庭	山東諸城	D50 D162 D283	※D50	味經書屋	
清	厲鶚	太鴻、樊榭	浙江錢塘	D72 D325	D325 ※D325		
清	蔣春農	多友、星巖		D318	D318 ※D318		
清	蔣鳳藻	香生、香山	長洲	C115		書抄閣 鐵花館 心矩齋	
清	蔣維基	子犀、厚軒、蟄庵居士	浙江吳興	D115 D133		茹古精舍 儷籯館	

清	蔣士銓	心餘、清客、甘茶老人	江西	D263	D263 ※D263	
清	潘祖蔭	伯寅、鄭庵	江蘇吳縣	B64 D166		滂喜齋 八求精舍
清	潘介祉	叔潤、玉筍、椒坡、畇潤、茱坡	江蘇吳縣	B110 C110 C159 D310		淵古樓 桐西書屋
清	潘奕雋	守愚、榕皋、水雲漫士、三松老人 雪山、雲谷	江蘇吳縣	C205	C205 ※C205	三松堂
	德濟			D293	D293	
清	盧址	丹陛、青厓	浙江鄞縣	A34	A34 ※A34	抱經樓
明	盧世㴻	德水、柴房、南村病叟	山東德州	C198	C198 ※C198	
清	盧文弨	抱經、召弓	浙江仁和	D144		抱經堂
清	錢陸燦	湘靈、爾弢	江蘇常熟	A15 韋蘇州詩	A15 ※A15	東圃書堂 調運齋
清	錢曾	遵王、也是翁	江蘇常熟	A63	A63 ※A63	述古堂 也是園 莪匪樓
清	錢大昕	竹汀、曉徵、辛楣	上海嘉定	B125 B175 C102	C102 ※C102	
清	錢王炯	青文、陳人	嘉定	B147	B147 ※B147	
清	錢儀吉	藹人、衎石	浙江嘉興	C15	C15 ※C15	仙蝶齋
明	錢穀	叔寶、馨室	長洲	D37	D37 ※D37	懸馨室
清	錢謙益	牧齋、蒙叟	江蘇常熟	D190		絳雲樓
清	鮑鉁	冠亭、西岡、辛圃、待翁	應州	D283 A8	A8 ※A8	道腴堂
清	鮑倚雲	薇省	安徽歙縣	C151	C151	

清	鮑廷博	以文、淥飲	安徽歙縣	C192 D131 D133 D328 寫本冷然齋集	※C192	知不足齋	
	謝寶樹			D283			
明	謝肇淛	在杭	福建長樂	B197 C191	C191 ※C191		
清	繆荃孫	炎之、筱珊、 小山、藝風	江蘇江陰	A66 C140 C158 D23 D70 D85 D144 D159 D295 D305 D321	※A66 D23 ※D23	藝風堂 對雨樓 藕香簃 雲自在龕 聯珠樓	
清	戴廷栻	楓仲	太原祁人	D280	D280		
清	額勒布	履豐、約齋		C1	C1	藤花榭	
明	韓霖	雨公	山西絳州	A12 寫本墨華通考	A12 ※A12		
清	韓崇	履卿、元芝	江蘇吳縣	B132		寶鐵齋 寶鼎山房	
	韓葑亭			B167			
清	韓文琦	蔚林、三橋	浙江仁和	D84	※D177	玉雨堂	祖
清	韓泰華	小亭	浙江仁和	D177		無事爲福齋	孫
清	瞿鏞	子雍	江蘇常熟	B138	※B138	鐵琴銅劍樓	
清	蕭夢松	靜君、蓼亭	福建晉安	A79		名山草堂	
清	蕭穆	敬孚、敬甫	安徽桐城	D61	D61 ※D61	文徵閣	
民國	羅振玉	雪堂、貞松、 叔蘊、叔言	江蘇淮安	B47 B149 C54		唐風樓	
清	羅有高	臺山	瑞金	D123	D123 ※D123		
清	嚴觀	子靜、子進、 述齋	江寧	B39	B39		子

清	嚴長明	多友、道甫	江寧	D65	D65	歸求草堂	父
清	繼昌	蓮龕	滿洲	A74	A74		
清	顧瑞清	河之	吳縣	A106	A106 ※A106		
清	顧廣圻	千里、澗薲	江蘇元和	A39	A39 ※A39		
	顧淳德			D250			
清	顧錫麟	竹泉	上海松江	D292 明刻本洞庭集	D292 ※D292	謏聞齋	
清	龔橙	公襄、孝拱、石匏	浙江仁和	A68	A68 ※A68	自珍子	
清	麟慶	見亭、振祥	滿洲	A10	A10 ※A10	半畝園 嫏嬛妙境	
日	向山黃村			C214			
日	多紀氏			C66			
日	吉家氏			C66			
日	森立之			C54			

書　影

丹鉛總錄卷之一

天文類

密雲不雨、

易曰密雲不雨自我西郊天地之氣東北陽也西南陰也雲起東
北陽倡陰必和故有雨雲起西南陰倡陽不和故無雨俗諺云雲
往東一場空雲往西馬濺泥雲往南水潭潭雲往北好晒麥是其
驗也風電亦然或問東為陽方西為陰方是矣而本陰而獨陰此
幽陰而屬陽何也曰一陽生于子仲天之氣所始也卦又當離南非陰而何
非陽而何一陰生于午仲地之氣所始也卦又當坎北

博南山人升菴楊慎用脩著集

滇南心泉梁佐應台校刊

丹鉛總錄二十七卷十冊　明楊　慎撰
近人樊德輝手書題記（○七一六○）
明嘉靖三十三年梁佐福建刊本　匡二一‧八×一六‧五

1日三1

—263—

書影二　《丹鉛總錄》二十七卷（明嘉靖三十三年梁佐福建刊本）

明史藝文志載楊慎丹鉛總錄二十七卷續錄十二卷餘錄十七卷新

錄七卷閏錄九卷四庫全書總目同惟無新錄閏錄而有摘錄十二卷

其書為浙江范懋柱家藏本即天一閣書目所載明刻各本也此本題

丹鉛錄二十七卷並刊有嘉靖三十三年滇南門人梁佐校刻序云先生著

丹鉛餘錄摘錄流有刻本藝林珍之惜不多見戊申秋佐自司馬部奉

使歸省先生乃盡以三錄別錄附錄閏錄諸稿授之佐乃刪閏按

異析之以類合而為一曰總錄捐俸以梓攝此則總錄實包括諸錄刪并

異同而為之諸錄皆贅刻也余向藏陸鈔刻本六止二十七卷取校此本

絕無異同終不如此本之最舊最善若世行李氏南海本則存十

春則不足道矣升庵先生博洽多聞在明時可与王弇州對壘近世

漢學家動乃疏陋譏明人於楊王二公世復有幾士恨不學耳君戴東

原動誇中秘顧千里專事校勘而下筆輒軒輊古人豈足道哉

乙卯端午後二日葉德輝記

書影三　《丹鉛總錄》二十七卷（明嘉靖三十三年梁佐福建刊本）

以受之先生者授之鋟刻弗以自私而不以

亦因之以自淑不終於無聞焉先生于是乎

垂教成物之功大矣況又未必止於不肖乎

是敢附之用以誌所自與

嘉靖甲寅春三月吉

賜進士文林郎知上杭縣事

後學豫章郡靖安趙文同拜撰

書影四　《白沙子》八卷（四部叢刊三編據明嘉靖刊本影印）

上海涵芬樓景印
東莞莫氏五十萬
卷樓藏明嘉靖刊
本原書板高十九
公分寬十四公分

書影五　《白沙子》八卷（四部叢刊三編據明嘉靖刊本影印）

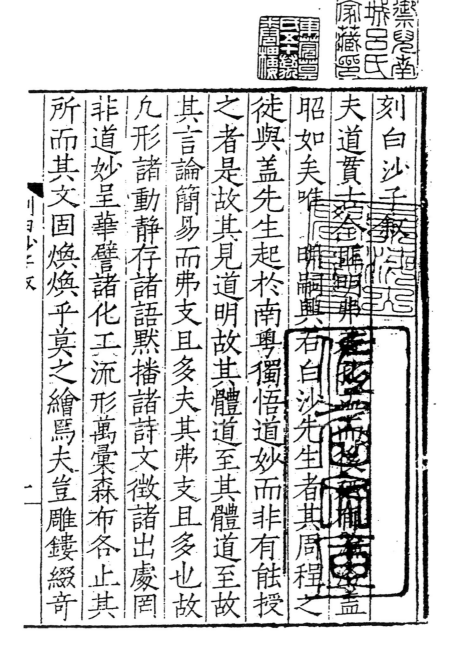

書影六　《白沙子》八卷（四部叢刊三編據明嘉靖刊本影印）

白沙子卷之一

奏疏

乞終養疏

臣原籍廣東廣州府新會縣人由本縣儒學生員應正統十二年鄉試中式正統十三年會試下第成化二年本監撥送吏部文選清吏司歷禮部中副榜告入國子監讀書景泰二年會試下第成化五年復會試下第告回原籍累梁虛弱事自汗等疾又有老母朝夕侍養不能赴部聽選

書影七　　《五十萬卷樓藏書目錄初編》（廣文書局書目叢編）

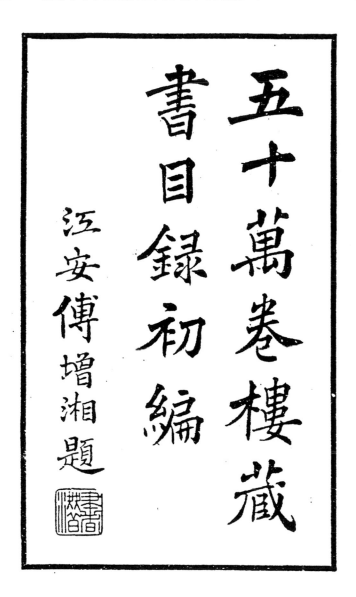

五十萬卷樓藏
書目錄初編
江安傅增湘題

書影八　《五十萬卷樓藏書目錄初編》（廣文書局書目叢編）

書影九　　《五十萬卷樓藏書目錄初編》（廣文書局書目叢編）

五十萬卷樓藏書目錄初編卷一

東莞莫伯驥天一撰

經部一

十三經注疏四百一十六卷　明嘉靖中福建巡按御史李元陽校刻本毛斧藏季

凡周易兼義十卷尚書正義二十卷毛詩正義七十卷、周禮注疏四十二卷、儀禮注疏五十卷、禮記正義六十三卷、春秋左傳正義六十卷、公羊傳注疏二十八卷、穀梁傳注疏二十卷、孝經注疏九卷、論語注疏二十卷、孟子注疏十四卷、爾雅注疏十卷共四百一十六卷、考南京國子監存有宋元舊版注疏、明正德中遞有修補、至嘉靖中葉、福建

書影十　《五十萬卷樓群書跋文》（東海大學藏本）

書影十一　　《五十萬卷樓群書跋文》（東海大學藏本）

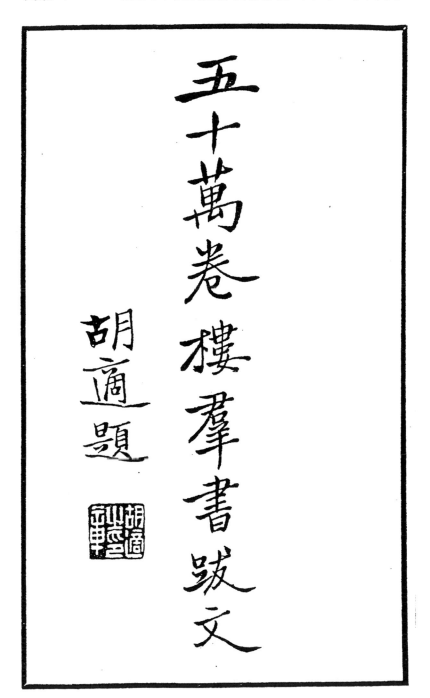

五十萬卷樓群書跋文

胡適題

書影十二　　《五十萬卷樓群書跋文》（東海大學藏本）

五十萬卷樓羣書跋文

東莞莫伯驥天忠撰

經部一

御定補刊通志堂經解百四十種一千七百八十六卷　清刻朱絲校本　汪龍莊舊藏

原書清康熙間徐乾學編輯納喇成德鐫板乾隆五十年勑館臣訂正補刊此本得之杭州紙

墨甚精全書均有前人朱校字小如螘考訂甚有家法惜不知其爲何人也前有乾隆五十年

二月二十有九日高宗御旨云朕閱成德所作序文係康熙十二年計其時成德年方幼稚何

以卽淹通經術向卽聞徐乾學有代成德刊刻通志堂經解之事茲令軍機大臣詳查成德

出身本末乃知成德於康熙十一年壬子科中式舉人十二年癸丑中式進士年甫十六歲

徐乾學係壬子科順天鄉試副考官成德由其取中夫明珠

伯驥按徐乾學撰嘉志韓菼撰神道碑謂成德中鄉人時年大明年癸丑中進士年十九與此旨不符

在康熙年間柄用有年勢燄薰灼招致一時名流如徐乾學等互相交結植黨營私是以伊子

羣書跋文　經一　一七二